Qui sont les Russes ?

www.maxmilo.com

www.timeli.ch
ISBN : 2-914388-85-3
ISBN : 2-940342-25-3 - Timéli

Alla Sergueeva

Qui sont les Russes ?

Traduit du russe par Isabelle Deschamps

En coédition avec Timéli Éditions

Max Milo
L'inconnu

Introduction

On constate ces dernières années un intérêt grandissant pour la Russie et ses habitants de la part des étrangers s'interrogeant sur l'« énigmatique âme russe » et sur les Russes eux-mêmes. En Occident, les Russes sont perçus comme des êtres aussi incompréhensibles et imprévisibles que leur « âme slave ». Avec l'ouverture des frontières, de nombreux Russes se sont installés à l'étranger et, aussi étrange que cela puisse paraître, cela les a amenés à « réfléchir » sur eux-mêmes. De plus en plus souvent, ils s'interrogent : « Pourquoi sommes-nous différents des autres ? » Cette question revient à l'occasion de plaisanteries et propos de table entre amis, elle est même abordée lors des débats télévisés de grande écoute. Toutefois, ni les brochures, ni les « tables rondes » ou débats télévisés sur ce thème n'apportent de réponse satisfaisante ; elles ne font qu'embrouiller le lecteur (le spectateur), en renforçant sa conviction que le caractère du Russe reste insaisissable. Dans le feu des discussions sont proférées (et écrites) quantité de choses injustes et tout simplement des bêtises sur les Russes, leur mode de vie et leur mentalité.

Au demeurant, la question n'est pas simple. Si l'on sort de leur contexte certains traits de caractère du Russe ou certains aspects de son mode de vie pour les comparer aux modèles occidentaux, on ne peut que s'interroger. Voilà déjà longtemps que les Russes se demandent avec inquiétude : *Comment se fait-il que, malgré notre territoire immense et ses ressources naturelles, nous soyons plus pauvres que les habitants des pays qui se disent civilisés ?* Les dirigeants stupides et adulés ne sont tout de même pas les seuls responsables de cette situation ? Et *pourquoi le développement économique de la Russie est-il si saccadé ?* Un bond en avant suivi de périodes d'inertie, et c'est l'effondrement. Est-ce le résultat d'une gestion absurde, d'un manque de volonté, ou le rythme normal du développement ? Ou bien est-ce lié à notre tradition des « pauses-cigarette » pendant le travail, à notre *oblomovchtchina* (« aboulie à la Oblomov »). Est-ce autre chose encore ?

De façon plus générale, la Russie est-elle *orientale* ou *occidentale* ? Ce qui compte n'est pas tant la situation géographique du pays que la *mentalité*[1] des Russes. Comment distinguer ce qui est plus « occidental » de ce qui est plus « oriental » chez eux ? À quel type ethnique rattacher cette mentalité ? Pour tout Russe, « l'Orient est une civilisation raffinée », mais qu'en avons-nous pris ? Nous nous critiquons souvent parce que la subtilité et la capacité d'adaptation des Orientaux nous font défaut. Peut-on trouver la « clé » du *caractère russe*[2] ? Et si elle existe, ses traits n'ont-ils pas changé sous l'influence des derniers revirements historiques en Russie ? *Est-il justifié de traiter le Russe de « sovkom »* (« soviétique » au sens péjoratif) ? Pourquoi les Russes aspirent-ils tant à l'« art de vivre » des autres pays et ne cachent-ils pas leur admiration pour la « civilisation occidentale » ? Ils rêvent de faire des affaires avec une firme étrangère et sont très nombreux à épouser des étrangers. Et c'est avec joie qu'ils quittent le pays natal, las des vicissitudes qu'ils y rencontrent. Ils ont déjà peuplé une grande partie du monde. Mais, en même temps, ils ont bien souvent du mal à s'enraciner dans le pays d'adoption et à éviter la nostalgie du pays natal. On dit aussi que les Russes sont fortement imprégnés de l'esprit collectiviste. D'où vient alors qu'ils s'entraident si peu à l'étranger et ne forment pas de « communautés » comme le font les autres expatriés dans le monde entier ? En fin de compte, sont-ils *collectivistes ou individualistes, patriotes ou apatrides* ?

Et d'où leur viennent ces *habitudes étranges et typiquement russes* dans leur comportement quotidien qui choquent les étrangers ? Ils sont, par exemple, enclins à la *toska*, sorte de « spleen » russe, et ont des visages renfrognés, rarement illuminés d'un sourire, alors que, plus que quiconque, ils aiment faire la fête en compagnie d'amis et des inévitables boissons alcoolisées ; ils sont alors d'une gaieté exubérante dans des endroits où il ne viendrait pas à l'idée des étrangers de se détendre. Parmi ces singulières habitudes russes, on ne peut que déplorer celles d'arriver en retard aux rendez-vous – y compris ceux d'affaires –, de ne pas respecter les délais d'un travail et ses obligations, d'oublier de rembourser les emprunts. Mais faut-il pour autant renoncer à tout partenariat d'affaires avec eux ?

Voilà quelques-unes des questions que se pose tout Russe en regardant autour de lui pour se comparer aux autres. Son approche n'est pas très objective. Il arrive que des étrangers contaminés par de l'*autocentrisme culturel* n'apprécient que leur propre culture et trouvent les autres « barbares » ou immatures. Ils ignorent les réalités profondes de la vie des Russes et ne peuvent comprendre leur comportement « bizarre » et « inconséquent ». D'où le mythe du « caractère énigmatique et ambigu » des Russes, voire leur hypocrisie et leur fausseté, ce que répètent les autres par ignorance, crédulité ou méchanceté. Chaque peuple est unique et possède sa part de mystère, chaque pays a suivi une voie différente des autres. En somme, il ne s'agit pas tant de *comparer* que de *connaître.*

Nous ne parlerons donc pas tant de l'« âme énigmatique » que de ce qui fait l'originalité du caractère russe. Le modèle des rapides « montagnes russes » avec ses montées, ses descentes et ses détours inattendus le décrit parfaitement. On peut découvrir dans le tempérament russe des traits et des qualités que l'on retrouve chez les autres peuples du monde. Mais chez les Russes, ces qualités peuvent s'agencer d'une autre façon pour des raisons historiques, culturelles et climatiques. Nous tâcherons d'analyser les particularités des Russes dans le contexte général du pays, sans nous arrêter à un aspect en particulier. Notre objectif est de décrire certaines de leurs particularités et démontrer que le « caractère énigmatique de l'âme russe » est un mythe qui ne correspond pas au stéréotype : nous essayerons de le dissiper dans cet ouvrage.

Ce livre vise à présenter les Russes par étapes successives. La 1re partie répertorie les *valeurs communes* aux Russes et aux autres peuples pour faciliter la compréhension réciproque. Dans la 2e partie (chap. 1 et 2), on aborde les *particularités ethno-culturelles* des Russes, formées depuis les temps les plus anciens en Russie et restées presque inchangées depuis : il s'agit de leur *mode de vie*, des *règles de leur comportement* en société, etc. Puis sont évoqués (chap. 3) leur *conception de la vie*, en particulier leur fameux collectivisme, leur sens de la justice, leur rapport à la liberté, à la propriété et à la morale, leur tendance à l'alcoolisme, et d'autres aspects curieux – bref, tout ce qui les rend si différents des autres peuples. La mentalité des Russes après la perestroïka fera l'objet de la 3e partie. La dernière partie, quant à elle, traite de ce qu'il est utile *pour les hommes d'affaires* de savoir lorsqu'ils souhaitent travailler avec des Russes.

L'ouvrage s'adresse à un large public. Il aidera les partenaires étrangers à éviter de nombreuses erreurs lors de leur collaboration avec des Russes, à trouver des réponses à leurs questions concernant ce qui leur paraît contestable dans le caractère russe et le peuple russe en général. De précieux conseils sont donnés à la fin du livre.

Quant aux Russes, il leur sera intéressant de se voir de l'extérieur, de réfléchir à ce qui les rapproche et les différencie des autres peuples et de comprendre pourquoi Pouchkine (chap. 3), il y a encore deux siècles, affirmait : « Nous n'avons pas changé et le monde entier nous est étranger ! » D'où cela vient-il ? Et se peut-il que rien n'ait changé depuis ?

PREMIÈRE PARTIE

LES VALEURS HUMAINES : QU'EST-CE QUI NOUS UNIT ?

1. Les premiers repères : l'aspect extérieur, la langue

On peut supposer que le Français qui s'apprête à aller travailler en Afrique, en Asie du Sud-Est ou en Amérique latine s'adaptera plus facilement dans ces pays car il sait d'avance qu'il aura affaire à des personnes totalement différentes de lui – soit par la couleur de leur peau, soit par la forme de leurs yeux ou leur « accoutrement » exotique.

Le fait d'être prêt à trouver des différences extérieures évidentes amène l'individu à être plus tolérant envers celles-ci, adoucit le « choc culturel » ; « de toute façon, ils sont différents de nous, aussi ne faut-il s'étonner de rien ». Lorsque les Occidentaux se rendent en Afrique, tout est fait pour leur rappeler qu'ils sont en Afrique et ils ne s'attendent à rien d'autre – que ce soit au restaurant, dans la manière de mener les négociations ou dans le style propre aux affaires locales.

Mais dans les relations entre Russes et Européens, c'est justement leur « ressemblance » extérieure qui déconcerte : il s'agit bien de la même race blanche de type européen et se vêtant à l'européenne. De plus, les Russes parlent couramment l'anglais, plus rarement le français ou l'allemand.

À l'époque de l'URSS, les choses étaient plus simples : on pouvait facilement différencier le Russe de l'étranger : les Russes étaient généralement mal vêtus, de façon démodée ou carrément sans goût. Et le visage des Russes se distinguait de la foule « européenne » par leur expression trop tendue ou exprimant à l'évidence leurs sentiments. Et si, autrefois, ils ne passaient pas inaperçus dans les rues des villes européennes en raison de leur habillement ridicule, aujourd'hui, c'est plutôt le contraire : ils ont souvent une apparence soignée, portent des vêtements de prix, aux couleurs plus vives que, mettons, le Parisien moyen. Pour les Européens, il est encore surprenant de voir de jolies femmes russes, à l'allure soignée et aux toilettes coûteuses. Du reste, ce ne sont pas seulement les femmes des « nouveaux Russes » (nouveaux riches) qui s'efforcent d'être attrayantes, mais aussi des personnes qui, selon les standards européens, sont loin d'être fortunées. Cette conduite chez les femmes russes est une tradition qui remonte aux temps les plus anciens.

Il est probable que le Français se rendant pour la première fois à Moscou découvre une ville riche ayant, certes, son cachet propre, mais tout à fait européenne. Les habitants y ont un physique européen – et il se « détend », pensant que tout ici est exactement comme chez lui. Cependant, ce n'est pas toujours le cas, dans la mesure où les Russes sont une autre nation, avec des qualités et une mentalité bien à eux. Il ne faut pas oublier le vieil adage : « L'habit ne fait pas le moine. » Ce n'est pas sans raison que les Russes disent : « On se rencontre selon l'habit, mais c'est l'esprit qui fait le reste. »

La *langue* est aussi un point de repère important lorsque vous fréquentez des Russes. Les particularités de la culture, de la psychologie et de la mentalité du pays se reflètent dans la langue parlée, dans l'utilisation des mots, c'est eux qui donnent une saveur particulière au monde. D'où les difficultés immenses qui se présentent lors de la traduction de textes d'une langue à l'autre. On sait que les traducteurs professionnels des Nations unies se heurtent chaque jour à ce type de problème. Certains mots sont souvent difficiles à traduire de façon adéquate dans une autre langue. Il est, par exemple, très difficile de rendre dans certaines langues européennes ces notions familières à tout Russe : l'*espace*, la *volonté*, la *liberté*, le *bien-être*, la *bravoure*, le *rire*, la *cordialité*, le *sentiment de solitude*, le *spleen*, la *nostalgie* ainsi que de nombreux autres.

Les *usages dans les relations* déterminent, à leur tour, les comportements gestuels et parlers stéréotypés de chaque nation. Il va de soi que ces usages changent selon le pays. Pour se saluer, les Japonais ne se serrent pas la main mais se courbent, et ils n'ont pas l'habitude de se moucher en public. Les Grecs vous regardent dans les yeux et font un signe de tête quand ils veulent dire « non ». Les Français embrassent des personnes peu connues (et réciproquement) et nettoient la sauce de leur assiette avec du pain. Les Britanniques mangent les petits pois en retournant leur fourchette et jouent au golf même sous la pluie. Toutes ces manières peuvent nous sembler amusantes, mais nous pouvons nous les approprier afin de nous y accoutumer. Ou pour nous distraire. Même si au fond de nous-mêmes, ce comportement n'aura aucune incidence.

On peut, en principe, connaître les coutumes d'un peuple, ses préférences et tabous, on peut épouser sa religion, étudier sa philosophie. Mais seule l'étude de la langue permettra de briser les barrières et de percevoir le monde comme l'interlocuteur d'une culture différente. Il est très important pour les hommes d'affaires d'en tenir compte.

L'important est que le représentant de chaque culture porte un autre regard sur le monde. Vous avez beau être tolérant et ouvert à l'international, vous n'êtes pas en mesure de sentir et percevoir le monde comme un individu d'une culture différente, car vous ne possédez pas sa langue. Or le discours de toute personne est fortement déterminé par la construction de sa langue natale. On peut, généralement, connaître les coutumes d'un peuple, ses préférences et ses tabous, on peut même épouser, étudier sa philosophie. Mais seul l'apprentissage de la langue permet de s'extraire de sa langue natale et de percevoir le monde comme l'interlocuteur d'une autre culture. Il est très important pour les hommes d'affaires d'en tenir compte. En bref, pour réussir à faire des affaires avec les Russes, il est indispensable de connaître le russe.

En analysant les valeurs humaines communes aux Russes et aux Européens, on peut citer les points suivants :

- le respect de l'intellect, de la science et de l'instruction ;
- L'amour de la patrie, le patriotisme ;
- la fierté de l'histoire de son pays, de sa culture et de ses grands hommes ;
- le désir naturel d'être heureux ;
- la prédominance des traditions, le conservatisme ;
- le désir de justice ;
- le tempérament et la sensibilité ;
- le sens de l'humour ;
- le sens artistique, le goût, les dispositions pour la création artistique ;
- la sociabilité, l'amour de la discussion.

Comme nous pouvons le constater, de très nombreux points nous rapprochent : ces mêmes critères ne suffiront, toutefois, pas à l'individu d'une nationalité différente qui désire réellement « jeter un pont » entre les deux cultures. Ce n'est que par la maîtrise de certaines connaissances que vous saurez poser les « bonnes » questions, « faire parler » votre interlocuteur, vous entretenir avec lui et l'écouter attentivement. Car ces mêmes valeurs ont un sens différent pour les Français et les Russes et ont leurs particularités.

Examinons certaines d'entre elles. En voici une, par exemple, qui est universelle et concerne aussi les hommes d'affaires.

2. Le respect de l'intellect et des hommes intelligents

À l'heure actuelle, dans le monde, on observe un intérêt croissant pour l'intellect en tant que valeur importante et positive. Et cela est normal : il est bien plus agréable, plus simple et enrichissant d'avoir affaire à une personne intelligente qu'à un imbécile. Comme disent les Russes, « En compagnie de quelqu'un d'intelligent tu apprends, avec un imbécile tu t'ennuies ».

Toutefois, ce n'est que récemment que les savants ont commencé à se demander : mais qu'est-ce qu'un homme intelligent et qu'est-ce qu'un intellectuel ? Qu'est-ce qui fait qu'un homme devient intelligent (ou peut être considéré comme tel) ? L'expérience, la faculté d'apprendre, celle de tenir compte des autres ou la capacité à s'adapter à n'importe quelle situation et trouver la solution aux difficultés ? Et les critères déterminant un homme intelligent concordent-ils d'un pays à l'autre[3] ?

Dans la mentalité russe, et même dans la langue russe, on différencie et on délimite les notions de l'« intelligence » et de l'« intellect ».

Pour les *Russes*, le mot « intelligence » inclut obligatoirement une notion de morale et d'éthique, cependant que l'intellect correspond au terme européen équivalent, c'est-à-dire comporte en soi un élément de rationalisme. Seule la première notion a une valeur incontestable pour les Russes.

Qu'ont les gens à l'esprit dans les différents pays lorsqu'ils parlent d'un « homme intelligent » ? Cette notion varie beaucoup selon les pays.

En Afrique du Sud, par exemple, un homme intelligent est celui qui est prêt à travailler pour la famille, respecter les anciens – c'est-à-dire que la notion d'*intelligence* a une connotation sociale importante, et l'attention, la rapidité d'assimilation et l'observation passent au second plan.

Les critères des *Américains* sont totalement différents pour juger de l'intelligence d'une personne. Sont importants pour eux : 1) l'aptitude à résoudre les problèmes de façon pragmatique : la personne « raisonne de façon logique », « considère tous les aspects du problème » ; 2) l'élocution : la personne « s'exprime bien et clairement », est généralement « loquace » ; 3) la tolérance en société : la personne sait « prendre les autres tels qu'ils sont » et « s'intéresse à son entourage ».

Les *Japonais* ont une tout autre idée de l'intelligence. Chez eux, cette qualité, notamment chez les femmes, inclut le comportement de l'individu en société. Pour être considéré comme quelqu'un d'intelligent, il est indispensable de : savoir se mettre au diapason de l'autre, savoir compatir, écouter et être discret. Il est aussi important d'« être un bon orateur », d'« être sociable » et de « savoir raconter avec humour ». Au dernier plan, nous trouvons des critères tels que « savoir ne pas perdre son temps », « savoir planifier à l'avance » et « être original ». Ainsi, comme nous le constatons, les critères d'intelligence chez les Japonais n'ont rien à voir avec ceux des Américains !

Les travaux des savants *finnois* traitant de l'intelligence mettent en avant les facteurs suivants : 1) l'habitude de coopérer en société : « tenir compte des autres », « savoir écouter l'autre », « être prêt à aider » ; 2) l'aptitude à résoudre des problèmes, à comprendre aisément et étudier facilement quelque chose de nouveau ; 3) le dynamisme ; 4) « savoir défendre son point de vue », « être persévérant », « lier facilement connaissance » ; 5) la prudence, la précision, l'aptitude à planifier avant d'agir, l'atteinte des objectifs dans la vie et au travail et ainsi de suite... Comme on le voit, les critères définissant l'intelligence diffèrent beaucoup selon que l'on se trouve en Finlande ou au Japon et encore plus en Afrique...

Chez les *Russes*, de tout autres facteurs sont pris en compte pour définir une personne intelligente. Pour eux, le *facteur social et éthique* est le plus important : la discrétion, l'honnêteté, la bienveillance, la bonté, la sincérité et le désir d'aider les autres (10,5 %). Au deuxième plan, on trouve le goût de la réflexion : l'érudition, l'intelligence, une bonne éducation, l'amour de la lecture, un esprit souple et créatif (9,1 %). En troisième lieu vient le fait de *savoir s'organiser*, c'est-à-dire faire abstraction de ses émotions, être pragmatique, ne pas réitérer ses erreurs, trouver la solution à une situation complexe, la logique et l'aptitude à se concentrer sur le but fixé. En quatrième place viennent les *qualités relationnelles de l'individu* ; l'art de plaire ; l'art de bien s'exprimer, le sens de l'humour, la sociabilité, être un bon interlocuteur (6,8 %). Et ce n'est qu'en fin de liste que sont mentionnées des qualités telles que l'*expérience*, la *diversité d'intérêts*, la *capacité de travail*, la *sagesse* et l'*esprit critique* (5 %) – c'est-à-dire ce qui joue un rôle de premier plan pour, mettons, les Anglo-Saxons.

Si nous faisons une analyse interculturelle générale des mentalités américaine, finnoise, japonaise et russe sur cette question, nous arrivons à un résultat étonnant[4]. Les caractéristiques sociales, le comportement en société sont ce que tous ces pays ont en commun dans leur définition de l'homme intelligent. Bien entendu, selon les cultures, ces qualités ont plus ou moins d'importance.

Dans l'ensemble, les Américains et les Finnois se font une idée très proche de l'homme intelligent : pour eux, le plus important est la *capacité d'apprendre*, c'est-à-dire le facteur *cognitif*.

Mais les Japonais et les Russes, quant à eux, mettent au premier plan le *facteur social*, la *capacité de s'adapter au milieu environnant*.

Peut-être cela est-il dû à la différence de mentalité entre l'Occident et l'Orient, plus précisément, aux traditions rationalistes et individualistes de la société occidentale face aux habitudes collectivistes et au mode de réflexion « non scientifique » (selon les normes européennes) de l'Orient.

Ce n'est pas un hasard si les Russes différencient radicalement des notions telles que « intelligence » et « intellect ». Pour eux, l'« homme intelligent » se caractérise par sa spiritualité, sa délicatesse, sa responsabilité sociale, de hautes qualités morales ; il n'est pas censé être un intellectuel, avoir un diplôme de l'enseignement supérieur et utiliser son esprit. Et l'on peut être un intellectuel tout en étant dur, grossier et mal élevé, et même sot au sens courant du terme, en un mot, sans susciter de respect particulier.

Toutefois, les Russes ont, jusqu'à aujourd'hui, conservé une « soif européenne » de culture spirituelle. En Russie, on juge, par tradition, du niveau de culture d'une personne par le nombre de livres lus. La comparaison dans ce domaine entre Russes et étrangers n'est pas toujours à l'avantage des derniers. Dans vos relations avec les Russes, si vous souhaitez produire une bonne impression sur eux, ayez à l'esprit cette approche des Russes, peut-être pas forcément objective, pour évaluer une personne.

Ainsi, de par leurs *traditions* et leur *mode de pensée*, les Russes sont *plus proches de l'Orient que de l'Occident*, ce qui ne les empêche pas de *développer plutôt les traditions culturelles de l'Europe*. Dans la mentalité russe où cohabitent deux principes – oriental et occidental – ce sont, toutefois, *les qualités orientales qui prédominent. Et les qualités morales et éthiques*, ainsi que *le comportement de l'individu en société* y jouent un rôle prédominant. Alors que dans la perception occidentale de l'homme « intelligent », les éléments de rationalisme, de logique et d'éloquence occupent une place prépondérante.

3. L'AMOUR DE LA PATRIE

« L'individu sans patrie est tel le rossignol sans chanson »
(proverbe populaire russe).

De l'avis général, les Français vivent dans un monde avec la France pour centre. Ils se rassasient de leur histoire et tendent à penser que c'est leur pays qui est à l'origine des modèles de démocratie, de justice, des systèmes étatique et juridique, de la philosophie, de la science, de l'art culinaire et de l'« art de vivre ». Et aux autres pays de s'en inspirer ! C'est pour cette raison que les Français savent, généralement, peu de choses sur les autres peuples (en raison de leur programme scolaire) et se comportent vis-à-vis d'eux avec condescendance[5].

Comparés aux Français, les Russes ne sont pas aussi sûrs d'eux et hautains dans l'amour qu'ils portent à leur pays. La conscience d'avoir réalisé de grandes choses n'est pas à l'origine de leur patriotisme ; c'est quelque chose de plus physique, plus émotionnel. Cela se traduit par l'attachement presque physique des Russes aux lieux de leur enfance et de leur jeunesse, par leur nostalgie excessive lors d'une séparation avec la patrie, par leur quasi-incapacité à s'enraciner à l'étranger.

Le caractère spécifique du patriotisme russe est aussi lié historiquement au culte du pouvoir et de l'État. Dans la culture russe, l'amour de la patrie est indissociablement lié à l'amour de la terre natale, aux paysages naturels et – contre toute logique – à l'État! La structure de l'État a généralement eu dans l'histoire de la Russie et dans sa culture une signification particulière. Le soldat russe combattait pour « sa foi, son tsar et sa patrie » : il va de soi que ces notions étaient indissociables. L'élément orthodoxe et étatique a, du point de vue de l'histoire, occupé une place particulière dans le patriotisme russe. Mais il n'y a pas que cela. Les quelques siècles qui ont opposé la Russie à l'Occident catholique et à l'Orient musulman y sont aussi pour quelque chose. Entouré de toutes parts par des « hérétiques », le peuple russe s'est imaginé être un peuple unique, exceptionnel et différent des autres. Ce sentiment a, au cours des ans, donné naissance aux idées messianiques sur la grande prédestination de la Russie dans l'histoire de l'humanité et les a renforcées.

Tous ces enchevêtrements firent du patriotisme russe non seulement un *phénomène culturel* dans lequel entre l'amour du pays (l'attachement à son histoire, sa nature, sa culture, etc.), mais ils ont engendré aussi une perception originale du *destin* de la Russie, de ses relations particulières avec le reste du monde, la conception d'une « voie spécifique » et, à proprement parler, le sentiment d'une « solitude historique ».

Il y a encore une qualité, hautement appréciée dans le monde et qui nous rend tous semblables, c'est le sens de l'humour.

4. Le sens de l'humour

Le développement des communications internationales amène les hommes d'affaires à se rencontrer de plus en plus souvent et à mieux se connaître les uns les autres. Il est naturel que l'on ait envie, pour nouer des contacts plus étroits, de renoncer à un ton trop sérieux et de créer une atmosphère plus détendue. L'échange de plaisanteries et d'anecdotes aide, dans bien des situations, à briser le mur de silence et de méfiance et à gagner la bienveillance des autres à son égard.

On sait que l'humour a du mal à franchir les barrières nationales. Pour quelle raison?

Premièrement, il est parfaitement évident que la « victime » des moqueries peut ne pas discerner le côté amusant de vos réflexions humoristiques. Par exemple, les anecdotes françaises sur les Belges seront appréciées pour ce qu'elles valent à Bruxelles. De même, nous doutons fort que les Français soient charmés par les anecdotes sur, disons, la légèreté des Parisiens.

Deuxièmement, on peut très bien ne pas être en mesure d'apprécier une plaisanterie ou une anecdote étrangère, non pas parce qu'elle est ouvertement dirigée contre son interlocuteur, mais tout simplement parce qu'il manque à ce dernier la connaissance du contexte culturel, des informations précises sur le pays qui l'empêchent d'apprécier la plaisanterie à sa juste valeur.

Y a-t-il un humour national? Avant de répondre à cette question, rappelons l'existence d'un humour international, c'est-à-dire certaines plaisanteries et formes d'humour, présentes dans toutes les cultures. C'est le cas, par exemple, de la *farce*, bien connue tant des Russes que des Français. Il existe aussi nombre d'anecdotes racontées dans de nombreux pays, comme celle de l'arrivée inopinée du mari alors que sa femme est avec son amant, ou les blagues sur les restaurants, sur les éléphants. Toutefois, même l'humour international fait apparaître les différences de style propres à chaque pays.

Voici, par exemple, une vieille anecdote sur les journalistes qui organisaient une compétition pour le meilleur article sur les éléphants. Les titres étaient les suivants :

L'Anglais : « La chasse aux éléphants en Afrique orientale britannique. »

Le Français : « L'amour chez les éléphants en Afrique équatoriale française. »

L'Allemand : « Origine et évolution de l'éléphant indien entre 1200 et 1950. » (600 pages.)

L'Américain : « Comment transporter le plus gros et le plus fort des éléphants. »

Le Russe : « Comment nous avons envoyé un éléphant sur la Lune. »

Le Suédois : « Les éléphants et l'État social organisé. »

L'Espagnol : « Technique du combat chez les éléphants. »

Le Finnois : « Que pensent les Finnois des éléphants ? »

Cette blague a peut-être vu le jour dans les couloirs de la conférence de presse, mais elle met en évidence les différents points faibles nationaux : la grivoiserie française, la fierté russe pour les succès antérieurs dans la conquête du cosmos, la vantardise américaine, l'éternel souci des Finnois pour l'opinion que les autres ont d'eux. Les Finnois, généralement, rient beaucoup de cette anecdote. Mais le Russe peut se renfrogner s'il se sent atteint dans sa dignité nationale.

Il est quand même préférable de connaître les sujets d'hilarité favoris des Russes si vous souhaitez détendre l'atmosphère et gagner leur confiance.

À propos, voici un exemple d'anecdote dans laquelle les Russes (soviétiques) rient d'eux-mêmes. Question : « En quoi le sida américain se distingue-t-il du soviétique ? » Réponse : « Le sida américain est incurable alors que le soviétique est invincible. »

Notons que l'anecdote est un des genres les plus populaires en Russie. L'individu qui possède l'art de raconter des anecdotes est un invité apprécié dans toute maison, il dispose d'une autorité particulière à chaque table – celle d'organiser la fête le plus joyeusement possible. Les conteurs d'anecdotes sont si appréciés que nombre d'entre eux ont été encouragés dans leur carrière par leur seul talent à divertir le public et surtout les autorités.

Il n'est pas exagéré de dire que l'*anecdote* (une histoire racontée de vive voix, courte et amusante) s'est développée très rapidement et a eu son époque de gloire en URSS, précisément sous le pouvoir soviétique et, qui plus est, grâce à ce dernier. Le contrôle sévère sur la vie privée et la censure, non moins stricte, en littérature et dans les médias, alimentèrent le développement de ce genre nouveau. Les défaillances du système, les erreurs révoltantes et, tout simplement, la stupidité des dirigeants de l'époque sautaient aux yeux de tous. Mais on ne pouvait exprimer ses critiques sans perdre sa dignité et sans risque particulier que dans la conversation, par le biais d'une histoire courte. Au demeurant, des personnes furent soumises à des persécutions sévères à cause d'anecdotes « politiques » et ce ne sont pas les témoins qui manquent pour dire que ces gens furent condamnés au Goulag ou, dans le meilleur des cas, qu'ils eurent leur carrière, leur santé et leur vie brisées.

Toute anecdote était construite à partir du commentaire ironique d'une situation, qui, par elle-même, suscitait l'horreur ou les larmes, mais dans l'anecdote, elle apparaissait comme étant comique. La nature de ce rire – une ironie légère ou un sarcasme amer – dépendait du sujet. De longues années d'entraînement dans ce genre ont développé chez les Russes une relation particulière à l'humour ; à savoir, un humour de « qualité », authentique et subtil, qui doit obligatoirement comporter une note de tristesse ou, comme le disait l'écrivain Nicolas Gogol, ce doit être « le rire à travers les larmes ».

Un autre humour, franchement joyeux et à connotation érotique et sexuelle (c'est-à-dire scabreux, « rabelaisien »), un humour « salace » peut sembler grossier et primitif aux Russes, et donc pas amusant. Du reste, on ne trouve jamais le mot « amour » dans les anecdotes russes. Il existe une quantité d'anecdotes « familiales », dans lesquelles les époux peuvent ne pas s'aimer, changer, regretter de s'être mariés, mais on évite toujours d'y parler divorce. Un changement de conjoint ne provoquera, en aucune façon, un divorce, ce sera seulement le prétexte à un scandale. Par exemple : « Le mari arrive chez lui, sa femme est au lit avec son amant. Et voilà de nouveau les reproches, les soupçons qui fusent ! "Tu crois, comme toujours, tes yeux impudents mais pas en ta propre femme !" se met à crier la femme, l'esprit querelleur tout en croisant sa robe de chambre… » Mais parfois le mari trompé ne remarque absolument pas le changement chez sa femme, ne lui accorde aucune attention, est pris d'une autre passion : « J'arrive un jour à la maison. Je vois que ma femme est au lit avec un mec. J'ai tout de suite eu des soupçons. Je cours vérifier le frigo. J'avais raison : plus de vodka. » De nombreuses anecdotes « familiales » russes donnent cette idée de la famille russe (pas toujours justifiée) que, en général, c'est la femme au bras long et à la langue bien pendue qui commande, c'est elle qui porte le pantalon. Avec cela, le mari le mérite, dans la mesure où c'est un imbécile, incapable de gagner de l'argent, passif au lit, grand amateur de boisson, bref, un être inutile pour la famille.

En plus des anecdotes politiques « sur le vif » et aussi des anecdotes « de famille », on trouvait des séries entières d'anecdotes « à caractère national ». (Rappelons que l'URSS était un pays multiethnique.) Dans ces anecdotes, les traits de certaines nations faisaient l'objet de plaisanteries.

Par exemple, du temps de l'URSS, les Russes raffolaient des anecdotes sur les Tchoukes, l'équivalent russe des blagues françaises sur les Belges. Les Tchoukes sont un peuple du grand Nord. Les anecdotes qui les prennent pour cible sont généralement liées à leur méconnaissance de la vie réelle en Russie centrale, à leur naïveté, à leur bonasserie. Les Tchoukes connaissent des mésaventures, particulièrement dans les grandes villes, où ils se perdent comme des enfants et où n'importe qui peut les gruger. Par exemple : « Un Tchouke arrive à Moscou et se retrouve sur la Place Rouge. Comme envoûté, il écoute, des heures durant, le carillon de la tour du Kremlin. L'ayant remarqué, un Caucasien rusé lui demande : "Tu veux acheter ce carillon ?" On sait que les Tchoukes ont beaucoup d'argent et ne savent comment le dépenser dans la toundra déserte. "Ah ça, oui alors !" – "Très bien, donne-moi deux mille dollars et je vais chercher une échelle." Le Tchouke l'attend encore. L'année suivante, l'histoire se répète, mais le frère aîné du précédent qui a déjà entendu parler des gens rusés et mal intentionnés à Moscou a décidé de ne faire confiance à personne. Et voilà que s'approche de lui le même Caucasien, qui lui demande s'il ne veut pas acheter le carillon du Kremlin pour deux mille dollars. "C'est d'accord", répond le Tchouke, prudent. "Prends l'argent, mais c'est moi qui irai chercher l'échelle." »

Dans la série d'anecdotes sur les *Caucasiens*, leurs traits nationaux sont tournés en dérision : leur impétuosité envers les blondes, leur fierté démesurée, leur goût pour la grande vie et les gestes larges. Un exemple : « À Moscou arrive pour la première fois une Française qui ne parle pas un mot de russe et s'est perdue dans la grande ville... La voyant, un Caucasien entreprenant vient à sa rencontre. "Parlez-vous français ?" lui demande-t-elle timidement. Sur quoi, il la regarde droit dans les yeux et lui répond : "Bien sûr que je le veux !" » Le Caucasien (plus souvent le Géorgien) avec son accent original et son comportement « macho » plein d'assurance donne une note humoristique particulière à ces anecdotes.

Dans la série d'anecdotes caucasiennes, la lutte pour la suprématie entre les Géorgiens et les Arméniens occupait une place de choix. Un exemple : « La radio arménienne annonce que sur le mont Ararat on a trouvé un fil de cuivre à deux mètres de profondeur. Suit le commentaire de spécialistes arméniens : “Ceci prouve l’existence du télégraphe sur le territoire arménien il y a déjà deux mille ans.” À son tour, la radio géorgienne annonce : “Les fouilles n’ont pas fait apparaître de fil de cuivre sur le territoire arménien. Ceci prouve l’utilisation du télégraphe et de la radio sans fil dans cette région il y a déjà deux mille ans.” » Les anecdotes sur ce thème sont légèrement teintées d’ironie, l’agressivité et le sarcasme n’y ont pas leur place. Après avoir reçu leur indépendance, ces républiques ne font plus partie du répertoire de blagues entre Russes.

Par la suite, les anecdotes sur les *Ukrainiens* sont devenues très populaires ces dernières années et c’est un phénomène récent. Le caractère « paysan » des Ukrainiens est tourné en dérision dans ces anecdotes, conformément aux stéréotypes les concernant, soit leur amour affiché pour le lard, leur gloutonnerie, leur avarice. Un exemple : « Une Ukrainienne demande : “Hormis le lard, tu manges des pommes ?” – “Oui.” – “Combien en manges-tu ? Une caisse ?” – “Oui.” – “Deux d’un coup ?” – “Sans problème.” – “Et trois caisses ?” – “Trois caisses peut-être pas, mais je mordrai dans chaque pomme.” » Dans ces anecdotes, le parler ukrainien se prononce avec un accent chantant et un « g » caractéristique du Sud de la Russie, ce qui rend ces anecdotes extrêmement comiques aux oreilles des Russes. La raison pour laquelle les intonations de la langue ukrainienne font tant rire les Russes n’est pas tout à fait claire. Il est fort possible que l’ukrainien ne soit pas perçu par les Russes comme une langue évoluée sur le plan littéraire mais plutôt comme un dialecte provincial évoquant l’argot russe.

Il faut noter que le *contexte culturel* du pays et surtout le cinéma ont joué leur rôle dans l’élaboration de nombreuses séries d’anecdotes. Il existait une quantité de films, maintes fois regardés par plusieurs générations de gens, et dont des extraits entiers étaient connus par cœur et repris du public qui en faisait des phrases proverbiales. Ainsi une série d’anecdotes très variée et aimée des Russes était celle sur Vassili Ivanovitch Tchapaev, un héros rustaud et peu instruit de la guerre civile. C’est le film *Tchapaev*, souvent regardé par la génération plus âgée, qui était à l’origine de cette série d’anecdotes dont tout Russe connaît par cœur chacune des répliques. Ce sont ces courtes phrases « stéréotypées » qui sont à l’origine de ces histoires drôles. Par exemple : « Vassili Ivanovitch fait aligner ses troupes et leur demande : “Camarades soldats ! Pourquoi les oiseaux ont-ils besoin d’argent ?” – “Ils n’en ont pas besoin, Vassili Ivanovitch”, répondent les soldats. – “Très juste, mes aigles ! Alors j’ai bien fait de boire celui qui devait vous revenir !” »

À la suite d’une série télévisée très populaire sur un espion soviétique de haut niveau, infiltré chez l’ennemi au cours de la Seconde Guerre mondiale, apparut une série d’anecdotes sur Chtirlis, l’espion soviétique se sortait habilement de toutes les situations et aimait proférer ses pensées profondes. Pour cette raison, les anecdotes sur Chtirlis étaient empreintes de philosophie et d’ironie comme son héros. Un exemple : « Chtirlis part en mission et voit venir à sa rencontre un Arabe en costume national. “C’est Ben Laden”, se dit Chtirlis. “C’est Chtirlis”, se dit Ben Laden. » Elles sont proches de ce que les Russes nomment les « anecdotes anglaises », construites sur l’absurde et le jeu de mots.

Aujourd’hui, il existe toute une série d’anecdotes à l’« humour noir » sur les « nouveaux Russes », sur leur bêtise, leur mauvaise prononciation et leur soif démesurée d’une « vie de luxe ». Pour être exact, il ne s’agit pas tant des « nouveaux Russes » que des « nouveaux bandits ». Elles sont très sarcastiques et reflètent l’attitude méprisante de la grande masse des Russes à l’égard de ceux qui estiment que l’argent et la façon de le dépenser sont ce qu’il y a de plus important dans la vie. Un exemple : « Un nouveau Russe se plaint d’en avoir assez d’acheter chaque semaine une nouvelle Mercedes. Son interlocuteur compatit (quelle barbe, en effet !) et lui demande ce qui est arrivé à sa dernière Mercedes gris métallisé, la voiture est-elle définitivement en panne ou a-t-elle eu un accident ? – “Pas du tout, mais le cendrier était plein.” »

Après la perestroïka, les anecdotes politiques, si appréciées des Russes, perdirent de leur popularité. Auparavant on se moquait de Brejnev, savourant son marasme sénile. Un exemple : « Une personne de l’entourage de Brejnev lui annonce : “Le Christ est ressuscité !” Et Brejnev de répondre : “Je suis au courant ; on me l’avait signalé, mais je l’avais oublié !” » Ensuite, ce fut le tour de Gorbatchev, qui en prit pour son grade en raison de sa campagne anti-alcoolique, son bavardage et ses erreurs de calcul politiques. Pour Eltsine, les plaisanteries étaient plutôt bon enfant, comme on rit d'un « ours » malhabile en politique ou plutôt d'un « éléphant dans un magasin de porcelaine ». Mais les anecdotes sur l'actuel président de Russie sont impopulaires.

Actuellement, les Russes préfèrent de loin les blagues à caractère patriotique, où dans les différentes compétitions (y compris dans le domaine sexuel), ils « ne font pas mauvaise figure » face aux Français, aux Américains et surtout aux Ukrainiens. Un exemple : « Les trois Présidents (américain, français et russe) se disputent pour savoir lequel est le plus habile et peut accomplir, par exemple, quelque chose d'incroyable : amener un chat à manger de la moutarde. Bush se débat longtemps, essayant de fourrer de vive force la moutarde dans la gueule du chat mais n'y arrive pas : le chat se venge en le griffant jusqu'au sang. Chirac le caresse longtemps, chuchote doucement, essaye de persuader le chat, mais, bien sûr, ne réussit pas à ce que le chat lèche la moutarde. Notre président (russe) ne réfléchit pas longtemps et enduit de la moutarde sous la queue du chat. Tom hurle de douleur et se met à lécher l'endroit douloureux. Et le Président d'ajouter fièrement : "Voici comment les choses se font chez nous – de plein gré et en chantant !" »

Au demeurant, un sujet inépuisable est apparu ces derniers temps pour les diseurs de bons mots, sujet lié à la montée au pouvoir des « Pétersbourgeois », c'est-à-dire des gens originaires de la ville de Saint-Pétersbourg. Ces histoires se sont inspirées d'événements réels dans le pays : le remaniement de l'élite politique. Si, auparavant, c'était habituellement les Moscovites qui « menaient le bal », ils ont à présent été écartés des structures du pouvoir (voir aussi 2e partie, chap. 3, § 6) avec l'arrivée du nouveau président de la Fédération de Russie, originaire de Saint-Pétersbourg. Cela s'est produit si ouvertement que cette constatation ne pouvait qu'alimenter le sens de l'humour des Russes. Il fut même un temps où les actualités télévisées diffusaient l'anecdote suivante : « À chaque train en provenance de Saint-Pétersbourg, un membre de l'administration présidentielle s'approche des passagers ; il les aborde à tour de rôle en leur demandant s'ils ne veulent pas faire partie du gouvernement en "qualité" de "Pétersbourgeois". » Et voici une anecdote racontée par V. Jirinovski : « Un type se présente pour postuler à un poste à responsabilités. Le

Responsable du personnel lui demande : “Vous avez travaillé pour le KGB?” – “Non.” – “Êtes-vous né à Saint-Pétersbourg?” – “Non.” – “Mais vous avez bien quelques parents à Saint-Pétersbourg?” – “Non.” – “Bon, d’accord. Et quelle est votre adresse à Moscou?” – “J’habite avenue de Leningrad.” – “Eh bien, voyez! On a fini par y arriver.” »

Bien entendu, un peu d’humour au cours de négociations entre hommes d’affaires peut être manifestement d’un grand secours : pour briser la glace, pour accélérer le temps de réflexion, détendre le partenaire et bien le disposer à votre égard, gagner sa confiance d’homme à homme. Mais chaque médaille a son revers, lié à tout risque. Ce qui peut sembler distrayant et drôle à un Français ou un Américain peut susciter la réaction opposée chez un Russe et même l’amener à vous considérer d’un mauvais œil!

Il faut être prudent, notamment dans les blagues touchant à l’actualité russe. Cela est peut-être lié au patriotisme russe (soviétique), qui est particulier. Le Russe, en tant que représentant de son pays, se sent responsable de tout ce qui s’y passe, même de son Président, pas toujours à la hauteur. Les Russes aiment se moquer de leur gouvernement, et le font fréquemment en présence d’étrangers, mais... si cela vient de vous, ça pourra paraître déplacé.

Les différences religieuses, culturelles et autres font que tout le monde est loin de rire des mêmes plaisanteries. En fin de compte, si toutes les valeurs sont relatives et conditionnées par une culture donnée, l’humour, la patience et même la vérité ne font pas exception à la règle. Il ne faut pas oublier que le rire n’est pas seulement une manifestation de joie, il peut parfois dissimuler une gêne, le mépris ou le sarcasme, ou peut être interprété comme cela.

Et prenons maintenant une qualité universelle qui nous rend tous identiques.

5. Le désir d’être heureux

Tout homme souhaite être heureux et se demande ce qu’est le bonheur. Plus d’un philosophe a tenté de donner une réponse à cette question.

En rapport avec le sujet du présent ouvrage, nous tenterons d’étudier la question du bonheur sous l’angle de la culture russe et des traditions spirituelles du peuple russe. D’autant plus que cet aspect est particulièrement d'actualité aujourd'hui : le pays traverse une période difficile de son développement, une transition dans ses repères et concepts habituels. On sait que la problématique morale du bonheur est apparue dans la Grèce antique et a été activement développée par les philosophes de l'Antiquité (Platon, Sénèque, les stoïciens, etc.). Dans la conscience des peuples européens, elle était tout particulièrement liée à la foi chrétienne. « Bénis soient les malheureux » est l'un des leitmotivs de l'Évangile selon saint Matthieu, le bonheur y est la récompense pour la patience, l'humilité dans la lutte contre les difficultés, l'honnêteté et l'équité.

L'orthodoxie a fortement marqué la conscience des Russes, surtout dans leur *philosophie du bonheur* au quotidien. Dans leur idée du bonheur, aussi paradoxal que cela puisse paraître, c'est la *souffrance* qui prédomine. Les étrangers ont déjà, depuis longtemps, relevé cette particularité de la mentalité russe et ont traité les Russes de masochistes et d'hypocondriaques. Ce jugement est grossier et superficiel.

De fait, les Russes ne conçoivent pas le *bonheur* en tant que tel, mais comme un fait isolé ou un aspect de la vie que l'on peut simplement organiser, « construire », atteindre, etc. Ils conçoivent le bonheur *de façon complexe* : en relation avec la souffrance et le malheur. Entre le bonheur et le malheur, il y a une relation de cause à effet. Cette idée transparaît, par exemple, dans les proverbes russes : « Il n'y a pas de bonheur sans malheur », « On craint le malheur, mais on ne voit pas le bonheur », « Celui qui ne connaît pas le besoin ne connaît pas le bonheur », etc.

Cette même idée se retrouve dans les chansons populaires russes. Le grand poète Alexandre Pouchkine y a prêté attention : il ne cessait de s'étonner que « le malheur dans la vie de famille soit un trait distinctif du caractère du peuple russe. Le contenu habituel des chansons russes est soit la complainte d'une jeune beauté que l'on marie contre son gré, soit les reproches d'un jeune époux à sa femme qui ne l'aime pas. »

On retrouve dans toute la littérature russe classique du XIXe siècle cette même *considération envers le malheur*. Y prédominent le thème du destin humain malheureux, des souffrances spirituelles. Au demeurant, il ne s'agit pas ici du tragique de Shakespeare où les passions bouillonnent et le sang coule. Non, il s'agit plutôt de destins brisés, de vie personnelle ratée, du malheur d'une âme blessée, de vie insatisfaite. Il ne s'agit pas de tragique accessible à la logique et au bon sens mais d'un tragique au niveau de l'intuition, du sentiment d'une âme en peine. L'évocation des souffrances de l'âme dans la littérature et le folklore russes amènent à la conclusion que : *la souffrance est la manifestation de l'âme*, par conséquent de la vie elle-même! Et l'*absence de souffrance* ne signifie pas le *bonheur* dans la vie, mais est souvent signe de solitude et de froideur de l'âme ou indique tout simplement la bêtise et une personnalité immature.

C'est précisément de cette façon qu'est traité le thème de l'« âme russe » dans les romans de F. Dostoïevski. Ses livres persuadent le lecteur qu'il est important de souffrir car les souffrances purifient et subliment l'individu. Souffrir est tout simplement indispensable en vue de devenir quelqu'un. La souffrance enseigne l'indulgence, elle rend plus attentif à la vie et à la souffrance d'autrui. « Le malheur enseigne la sagesse », disent les Russes.

Cette considération particulière pour les aspects malheureux de la vie a déterminé, à son tour, l'attitude extrêmement réservée vis-à-vis du bonheur dans la vie. Le bonheur est un rêve, un idéal et, dans le meilleur des cas, un bref épisode de la vie que l'on ne retrouvera plus.

Vu sous cet angle, il convient de prêter attention au fait que, dans la mentalité russe, la question du *droit moral à être heureux*, celle du bonheur et de la faute, est d'une extrême importance. Par exemple, pourquoi arrive-t-il fréquemment dans la vie que, alors même qu'il dispose de tous les attributs extérieurs du bonheur, qu'il a réalisé tous les buts qu'il s'est fixés, que tous ses désirs possibles et inimaginables se sont réalisés, l'homme, hélas, ne trouve pas le bonheur ? À quoi cela est-il dû ? L'homme en est empêché par un certain sentiment moral. Souvenons-nous du début de *Boris Godounov*, le drame de Pouchkine. Ce dernier dit « avoir atteint le pouvoir suprême », mais son âme ne connaît pas le bonheur. Ni le pouvoir ni la vie ne lui procurent de joie, il pressent le malheur et rien, rien ne peut l'apaiser hormis... sa conscience.

Ainsi pour être heureux, il faut obligatoirement avoir une « conscience pure », affranchie de tout sentiment de faute : tel est l'archétype russe. La démonstration de son bonheur, l'étalage de sa réussite dans la vie sont perçus par les Russes comme un signe d'« amoralité », de médiocrité et même de bêtise. C'est pourquoi à la question « Comment allez-vous ? », un Russe répondra tout à fait différemment d'un Européen ou d'un Américain et essayera d'éviter une question aussi directe ou d'atténuer le fait qu'il « n'est pas heureux ».

Voilà ce qui différencie nettement les Russes des Occidentaux. Les réponses exagérément « heureuses » des Européens et, en particulier, des Américains sont compréhensibles : chez eux, il faut être heureux, se sentir toujours « en pleine forme » et sourire. Vos sentiments personnels n'intéressent personne. Un individu bien élevé ne doit pas les montrer. Dans le cas contraire, il risque de perdre son crédit de respect et de confiance auprès de ses collègues de travail et de ses connaissances, de perdre ses chances de faire carrière et d'acquérir une position élevée dans la société. Les perdants dans la société occidentale ne peuvent compter sur l'indulgence ni même espérer que ceux à qui tout a réussi leur manifestent un tel sentiment.

Un autre point intéressant à souligner : le mode de vie, le bonheur ou le malheur, la satisfaction ou l'insatisfaction dans la vie ne sont pas toujours étroitement liés. Par exemple, selon un sondage effectué auprès de l'opinion publique, 75 % des Russes se montrent insatisfaits de leur vie et de leur situation matérielle ; ils se plaignent de vivre sans espoir et sans idéaux ; ils ressentent du stress, de l'irritation, de la tristesse et d'autres sentiments négatifs.

Un pourcentage si important d'individus malheureux et déprimés est alarmant. Récemment, la sociologue O. Zdravomyslova a procédé, lors d'une émission à la radio russe, au même sondage. La Russie y apparaît comme le leader incontesté quant au nombre d'individus malheureux dans leur vie personnelle : 42 % des Russes s'y déclarent *malheureux* contre 1 % pour les Anglais et 0 % pour les Américains[6] ! Comme c'est étrange ! Il semblerait pourtant que les raisons ne manquent pas de se sentir malheureux dans ces pays : la moitié des mariages se terminent en divorces après une année de vie commune, les conflits ne manquent pas en famille, les gens y sont malades comme partout ailleurs et les enfants ne sont pas que source de joie. Mais non ! En dépit de tous les échecs et problèmes rencontrés dans la vie, ils ne se considèrent pas comme malheureux ! Cette attitude dans la vie ne peut susciter que l'admiration et l'envie des Russes !

La prospérité matérielle n'est pas la seule raison de cette attitude optimiste dans la vie. Un tour d'horizon international effectué par l'institut Hellap dans différents pays et régions du monde n'établit pas de liens étroits entre le niveau d'aisance matérielle de ces populations et leur sentiment de bonheur. Par exemple, on sait depuis longtemps que les Sud-Américains, qui vivent au seuil de la pauvreté, sont plus heureux que les Européens. Les Ukrainiens sont plus heureux que leurs voisins russes ou biélorusses en dépit de la tragédie de Tchernobyl. Les pays de la CEC afficheraient des indicateurs économiques à peu près équivalents. Mais il apparaît que ce sont les Belges, les Danois et les Hollandais qui sont les plus heureux dans leur vie, alors que les Français, les Anglais et les Italiens sont les moins satisfaits[6]. C'est pourquoi l'on peut dire que, quels que soient les efforts pour atteindre le bonheur, chaque peuple a sa conception du bonheur et du malheur, liée aux traditions culturelles.

La particularité la plus intéressante chez les Russes semble être leur bon cœur et leur capacité de compassion, de bienveillance et d'attention envers ceux qui sont malheureux et ont besoin d'aide. Les Russes perçoivent le malheur d'autrui sans porter de jugement, sans préjugés et même mieux : sans sentiment de supériorité. Pour eux, le malheur n'est pas le résultat d'une faute personnelle mais comme un coup du destin dont personne n'est à l'abri. « On n'échappe pas à la disette ni à la prison », dit un proverbe russe.

Il est intéressant de noter que l'étymologie des mots russe et français pour « bonheur » est totalement différente, ce qui en soi reflète bien la différence entre ces peuples dans la conception du sentiment de bonheur. En français, « bonheur » signifie littéralement « un bon moment », « une heure agréable » capable de faire naître un sentiment de satisfaction ou de joie à partir des choses les plus simples : un bon repas, un bon café, un jour ensoleillé, sans parler des manifestations plus conséquentes du bonheur. N. A. Berdiaïev, dans son livre *La Conscience de soi*, soutient que « les Français comparés à nous, les Russes, savent jouir de la vie, en tirer le maximum de plaisir, se satisfaire de nourritures intellectuelles et matérielles[7]. »

Ce rapport à la vie n'est pas toujours compréhensible pour un Russe. Souvent les Français donnent aux Russes l'impression d'individus beaucoup moins exigeants dans ce qu'ils attendent de la vie. Il semble plus simple et plus facile aux Français d'être heureux, ils ne sont pas aussi nerveux que les Russes.

Il n'est pas si évident de ressentir le « bonheur à la russe » ! Le mot russe signifiant « bonheur », *schast'e*, vient de l'hindou ancien sЪ?' (« bon ») suivi du mot *schast'* qui veut dire « destin », le tout réuni formant « un heureux destin ». D'autres historiens de la langue disent que *schast'e* vient de « participation conjointe à quelque chose ». Le bonheur à la russe ne se réalise pas toujours dans sa concrétisation matérielle. Un bon repas, du confort, une journée ensoleillée ou même une réussite ne suffit pas au bonheur d'un Russe. Il s'agit ici ni plus ni moins que de destin, de relations avec les autres individus !

C'est pourquoi il ne sert à rien de leur reprocher de ne pas sourire, d'être souvent tristes, de se plaindre sans retenue de la vie, ou que leurs chansons soient aussi tristes et vous donnent le cafard. Il ne s'agit pas de caprices de leur part. C'est une composante de leur conception de la vie, envers laquelle il faut se comporter avec tact. Et si pour atteindre le *bonheur*, l'individu doit déployer des efforts, dans le *malheur*, il est inutile de persévérer : celui-ci arrive indépendamment des actes et des efforts.

On comprend que l'attitude bienveillante et compatissante des Russes vis-à-vis du malheur ait déterminé leur comportement stéréotypé : ils ne cherchent pas à dissimuler leurs malheurs, ce qui peut déconcerter un Occidental, peu habitué à de tels épanchements. L'Occidental fuit une telle attitude, a du mal à imaginer qu'elle puisse être désintéressée. Alors que le Russe a l'habitude de parler de ses malheurs, de raconter ses chagrins, sans douter une seconde de ce qu'on l'écoute attentivement et de ce qu'on essaye, par la suite, de l'aider, de le soutenir. Le sentiment de compassion est profondément ancré dans la mentalité russe et présent encore aujourd'hui. On peut y voir l'expérience d'un peuple qui a beaucoup enduré et souffert, a été dans le besoin et a appris à se comporter dignement et sans hystérie, fût-ce dans le plus grand des malheurs.

Il ne faut pas, toutefois, considérer les Russes comme des êtres moroses, comme des pessimistes éternellement insatisfaits, des geignards qui ne savent que se plaindre de leur sort. C'est faux. Le bonheur, « en forte demande » depuis des siècles, la réalité complexe et le climat froid déclenchent un mécanisme psychique de compensation. Cela transparaît dans le besoin naturel de se réjouir de la vie « ici et maintenant », sans remettre à plus tard la possibilité d'éprouver une joie immédiate, sans attendre un « plus tard » hypothétique – résultant d'une action planifiée. Les Russes ont développé des qualités psychologiques qui leur permettent d'éprouver des émotions positives dans la vie quotidienne, vie qui peut sembler incompréhensible et misérable à d'autres. Pour cette raison, la principale sagesse consiste à pouvoir se réjouir de la vie en toutes circonstances. Cela est naturel et même tout simplement indispensable pour « se ressourcer », retrouver l'énergie vitale et garder sa fermeté d'âme. C'est ce mécanisme de compensation psychique qui permet aux Russes de « tenir le coup » et d'affronter les conditions de vie difficiles. La seule alternative, autrement, reste l'alcool, les drogues – ce que tout étranger peut constater de ses propres yeux, – et pour les cas les plus désespérés, le recours au suicide.

La majorité de la population russe, malgré tout, affiche une bonne santé (physique et psychique) et sait combattre l'austérité de la vie. Cela s'exprime dans le goût prononcé et constant pour toutes sortes de fêtes et célébrations pouvant durer plus d'une journée, lors de tablées, où l'on chante et danse. La résistance à la morosité de la vie s'exprime chez les Russes par la profusion de fêtes, jours fériés et chômés. Les fêtes d'hiver (Noël et le Jour de l'an) et les fêtes de printemps (Pâques et les fêtes de mai) durent plusieurs semaines. Habituellement, tout « jour férié » dans le calendrier peut se transformer en « fête populaire » de plusieurs jours, surtout si ça tombe un dimanche. Alors les fêtes « sur décision du gouvernement » se prolongent, débordant sur les jours de semaine. Cela n'est pas loin d'interrompre le rythme de travail dans la quasi-totalité du pays, ce qui ne laisse pas d'étonner les étrangers : la situation du pays est-elle à ce point mirifique que l'on puisse « se reposer » et faire la fête des semaines durant? Cette tradition a de lointaines racines.

Avant la Révolution, les fêtes populaires débordaient quasiment sur la moitié du temps de travail et encourageaient l'ivresse. Les autorités et l'Église luttaient, dans la mesure de leurs moyens, contre cette tradition et réduisirent le nombre de jours fériés à 98 (dont 52 dimanches), ce qui, malgré tout, l'amenait à être *deux fois* plus important qu'en Autriche-Hongrie par exemple.

À l'époque soviétique, le nombre de jours fériés fut diminué mais largement compensé par les fêtes « professionnelles ». À des fins de propagande, le gouvernement annonçait pratiquement chaque dimanche une fête dédiée à une catégorie professionnelle d'individus. C'est ainsi que l'on avait la « fête des pêcheurs », la « fête de la milice », la « fête des commerçants », la « fête des cheminots », la « fête des enseignants », etc. Il ne se trouvait pratiquement aucune profession qui n'eût son jour de fête. Il est vrai que ces fêtes tombaient un dimanche. Il est aussi vrai que seuls les représentants de ces professions étaient concernés par le jour férié en leur honneur. Mais quel enthousiasme à « faire la noce », à se décorer réciproquement de médailles, à se réjouir de tout cœur ! Le battage impressionnant des médias et les buffets bien garnis dépendaient directement de la branche professionnelle de l'économie nationale. Malgré la chute de l'URSS, cette tradition s'est perpétuée jusqu'à aujourd'hui. Et pas seulement en Russie, mais aussi dans les anciennes républiques (particulièrement en Ukraine et en Biélorussie). Le système précédent s'est effondré, mais le goût prononcé pour les fêtes et les réjouissances n'est pas mort !

Le penchant des Russes pour les « joies de la vie » s'exprime dans l'habitude de « se laisser aller », de « se reposer », ce qui dans la pratique correspond à « être entre amis » avec des boissons fortes, conformément au dicton de sagesse populaire « Vis, ne regarde pas à la dépense, fais la fête entre amis ». L'optimisme naturel des Russes se manifeste aussi dans leur amour des histoires drôles et des anecdotes, des surprises amusantes et des blagues, dans leur façon d'éclater d'un rire tonitruant qui leur fait venir les larmes aux yeux, exprimé par le verbe russe *khokhotat* (difficile à rendre dans les autres langues). Les linguistes, au demeurant, affirment que ce verbe est sans équivalent dans les langues européennes, si ce n'est en portugais.

Les Russes apprécient depuis toujours tellement les loisirs que ça a donné lieu il y a près de 300 ans au phénomène typiquement russe de la « datcha ». L'Europe n'a connu un phénomène de ce type qu'à la fin du XIXe siècle. Avant cela, l'Europe protestante, par tradition, se reposait peu : les dimanches étaient consacrés à l'église et à la famille et les congés étaient rares. Le repos était alors réservé à une classe restreinte et aisée d'oisifs. Le repos était presque exclu du mode de vie des Européens, ce qui contribua grandement au boom économique de l'Occident. Ainsi la « vie à la datcha » en Russie peut être vue à la fois comme un progrès social et comme une contribution au retard économique de la Russie. Toutefois, pendant que les Russes « se laissaient aller » aux joies de l'existence, les Européens, eux, construisaient sans répit leur société d'abondance.

Dans l'ensemble, au niveau du sentiment de « bonheur ou malheur », les Russes peuvent décontenancer : rares sont ceux qui, comme les Russes, peuvent se réjouir avec autant d'entrain et de façon aussi exubérante, mais rares aussi sont ceux qui, comme eux, peuvent tomber dans l'abattement et connaître la *toska'* (un mot intraduisible – sorte de « spleen » à la russe). C'est peut-être de là que vient le mythe de l'« énigmatique âme slave », si inconséquente et contradictoire.

De par leur caractère et leur goût pour les fêtes, les Russes peuvent en effet étonner l'observateur étranger : « Ils sont si gais – et n'ont aucune raison à cela ! » Comparée à la vie en Europe, la vie en Russie peut sembler austère et sans confort aux étrangers, mais contre toute logique, elle est gaie, insouciante, riche en événements et contacts humains.

Et les Russes, bien entendu, apprécient la vie européenne pour son confort et sa tranquillité mais supportent avec difficulté sa monotonie, qui, pour eux, est synonyme d'ennui en raison de l'« incapacité » des Européens à s'amuser « vraiment », c'est-à-dire à fond et avec tapage.

Conclusion de la première partie

Nous avons donc étudié les points communs entre individus issus des cultures les plus différentes possible et qui sont les *valeurs humaines fondamentales*. Elles constituent l'essence de tout être et sont présentes dans la conscience de chaque individu. Elles sont d'un grand secours à ceux qui cherchent à établir un contact avec les représentants d'une autre civilisation, à leur compréhension réciproque et à la sincérité de leurs relations.

Mais il est deux choses qu'il convient de ne pas oublier.

Premièrement, les valeurs universelles, en dépit de tout, existent et peuvent servir de point de départ dans les relations humaines. C'est précisément sur elles que vous pourrez vous appuyer, en construisant des relations avec des personnes d'une culture différente, et pas seulement avec des Russes. Le *respect de l'intelligence* de l'interlocuteur, l'*amour de la patrie*, le *sens de l'humour* et le *désir d'être heureux* sont des éléments autour desquels vous pourrez nouer vos premiers contacts.

Deuxièmement, il faut garder à l'esprit que les mêmes valeurs humaines formées dans deux cultures différentes peuvent avoir un autre contenu, un autre sens, une résonance différente liée à la mentalité de chacun de ces peuples. Et même si, au premier abord, vous avez la même vision des choses, n'oubliez pas que cette « même perspective » peut avoir un sens différent.

DEUXIÈME PARTIE

Les traditions ethno-culturelles des Russes : entre l'Orient et l'Occident

L'éventail des valeurs fondamentales communes n'efface pas pour autant les différences, liées aux particularités de la *civilisation matérielle*, au *mode de vie*, aux *comportements stéréotypés* ainsi qu'aux particularités du *comportement social* des Russes.

En principe, il est question plus loin du *mode de vie* et du *caractère national* russe. Le philosophe français Helvétius en parlait déjà au XVIIIe siècle, définissant le caractère du peuple russe comme « sa façon particulière de voir, de sentir... et de vivre ». Ses origines sont indissolublement liées à la géographie, au climat et à l'histoire du pays. À cela, il faut ajouter la situation géopolitique. Il y a un siècle déjà, les philosophes russes, dans leur appréciation de la Russie, constataient que les Russes ne sont un peuple ni purement européen ni exclusivement asiatique et que le pays réunissait deux mondes, deux civilisations[8].

L'*orientalisme* de la Russie est particulier, dénué de l'exotisme que nous trouvons, par exemple, dans le yoga indien, dans les cérémonies chinoises ou dans les secrets cosmiques du Tibet... On peut parler de l'« orientalisme » de la Russie si l'on a à l'esprit les deux composantes de sa culture.

La première est *byzantine*, empruntée à Byzance après la christianisation selon le rite de Byzance en 988. L'Empire byzantin, formé après la chute de l'Empire romain et à partir des territoires orientaux de ce dernier, a existé du IVe au XVe siècle (soit pendant 1 200 ans !). Il était alors le chef de file de la civilisation européenne et était peuplé de Syriens, de Grecs, d'Arméniens, de Coptes, et autres. Ce qui signifie que la Russie reste liée spirituellement non pas tant à l'Orient qu'au Moyen-Orient. La vieille Russie a hérité de Byzance certaines particularités : l'appareil d'État centralisé, le système d'imposition, l'absence de cloisonnement social, les communautés villageoises et les communes urbaines, les églises aux nombreuses coupoles, les traditions de l'iconographie et les armoiries à l'aigle bicéphale[9].

L'influence de Byzance se maintint même après la chute de l'Empire : au XVe siècle naquit en Russie l'idée de « Moscou – troisième Rome », qui reportait sur la « Rus » (vieille Russie) l'importance mondiale de Byzance. Moscou fut alors considérée comme le dernier bastion orthodoxe, comme le symbole de la pureté de la foi. Ce qui, à son tour, engendra la *conscience messianique* dans le modèle russe – l'idée du rôle spécifique de la Russie dans l'histoire de l'humanité. Ce n'est pas un effet du hasard si la Russie subit le poids de l'invasion de la Horde d'or du khan Baty (l'un des successeurs de Gengis Khan) au XIIIe siècle. Après de nombreuses guerres, elle vint à bout de l'Empire ottoman et délivra l'Europe sud-orientale de l'esclavage turc. Elle subit de plein fouet les deux guerres mondiales. « Personne, comme les Russes, n'est venu au secours des autres. Personne, comme les Russes, n'a causé sa propre destruction », dit le poète Eugène Evtouchenko. Ces paroles reflètent la dominante du « caractère russe » : des actions à son encontre au nom de quelque objectif noble (et souvent illusoire), le mépris de ses propres intérêts. Dans ses manifestations les plus extrêmes, ce messianisme est allé jusqu'à un nationalisme démesuré et même jusqu'au chauvinisme. L'idée de son exclusivité et de son « rôle de sauveur du monde » s'est cruellement fait sentir jusqu'à aujourd'hui, car elle a entraîné le pays dans de nombreuses guerres sanglantes et ruineuses; et cette idée n'a pas été totalement abandonnée à l'époque soviétique, nourrissant la machine de propagande qui présentait la Russie comme étant « à la tête du progrès pour l'humanité ». L'expérience a montré que les idées messianiques ont coûté très cher à la Russie. Ce n'est qu'aujourd'hui que les Russes ont commencé à se faire à l'idée que « tout État ne doit avoir qu'un seul "objectif" : celui de créer les conditions pour le bien-être et le bonheur de ses citoyens ».

La seconde composante orientale de la culture russe est constituée des fruits de ses nombreux contacts avec les *Tataro-Mongols* résultant de l'influence *tatare*. Il ne s'agit pas seulement ici de la situation géopolitique de la Russie mais de son histoire. Les relations entre la Russie et les Tatars s'établirent sous des aspects multiples. Il est vrai que les affrontements furent nombreux entre les deux parties. Tout le monde connaît les résultats de l'invasion tataro-mongole : la destruction des villes, le massacre des populations, la rupture des liens traditionnels avec l'Europe occidentale, la trêve dans le développement culturel du pays, l'endurcissement général des mœurs, l'apparition de mots grossiers dans la langue russe, etc.

Mais ce n'est vrai qu'en partie. Les Russes et les nomades n'ont pas fait que se combattre, ils ont aussi sympathisé et commercé entre eux. Les steppes, peuplées de nomades, étaient sillonnées de voies de transit, reliant la Russie à l'Asie centrale et au Proche-Orient. Les Tatares influèrent sur le développement de l'État russe. Ainsi, selon le philosophe S. N. Troubetskoï, « l'État moscovite est né grâce au joug tatar ». Les tsars russes firent leur apparition, une fois le khan tatar renversé. De plus, les savants estiment que ce sont précisément les Tatars qui ont donné aux terres russes conquises les bases de l'État russe : l'*autonomie*, le *centralisme* et le *servage.*

Les Tatars ont exercé une influence sur les aspects les plus différents de la vie des Russes. D'après les savants, c'est précisément sous l'influence de la composante turque que s'est formé un *type ethnique* particulier, à l'origine de la psychologie de l'homme russe. Les Mongols ont aussi apporté la cruauté dans le domaine du droit pénal : ils ont introduit le châtiment mortel, la punition par le fouet et la torture. De nombreux termes mongols se rapportant à l'argent et à l'imposition ont été conservés jusqu'à aujourd'hui dans la langue russe. Les tsars russes ont emprunté aux Tataro-Mongols l'étiquette régissant les relations diplomatiques. Ce qui les a aidés dans l'établissement de relations diplomatiques avec les autres États du Levant; et explique les malentendus constatés dans leurs relations avec les pays occidentaux, dans la mesure où les règles des étiquettes occidentale et orientale ne correspondaient pas.

L'invasion tataro-mongole a laissé des traces profondes dans la mémoire du peuple russe. Elle fut, pour les Russes, une leçon sévère qui leur montra le danger des dissensions internes et leur prouva que l'établissement d'un pouvoir étatique fort et unifié est indispensable à sa survie. La victoire des Russes sur les Mongols leur donna le sentiment de leur propre *force* et d'une *fierté nationale*, le sentiment du *patriotisme* et de la *méfiance vis-à-vis des étrangers*. Ces qualités sont encore présentes dans l'archétype russe.

On peut affirmer que c'est justement la position de la Russie au carrefour des civilisations occidentale et orientale qui est à l'origine de sa *dualité*. Avec un pied en Europe et l'autre en Asie, la Russie a réuni en elle les traits des deux civilisations (orientale et occidentale). Mais plus important encore est l'apparition en Russie de représentations du monde et d'idées étrangères aux deux cultures connues. Leur très grande originalité les rend étrangères et à l'Occident et à l'Orient. Ce sont elles qui ont créé en Russie une atmosphère favorable à un développement culturel diversifié, dynamique, tumultueux et surtout original. Mais, par ailleurs, c'est justement cette originalité de la civilisation russe qui l'a condamnée à l'incompréhension des autres pays, on peut même dire, à son propre isolationnisme culturel. De là viennent les nombreux clichés et opinions préconçues sur la Russie, dont le fameux jugement sur l'« énigmatique âme russe », incompréhensible et imprévisible dans la mesure où il est impossible de trouver la « clé » menant au « secret » de la psyché russe.

Oublions les spéculations sur le « caractère insaisissable » du peuple russe et persistons dans l'opinion suivante : la situation géopolitique de la Russie a influé sur l'apparition d'un *modèle culturel particulier*, soit « les orientations profondes d'un inconscient collectif » (C. G. Jung[10]) qui sont *immuables, inconscientes chez les individus et difficilement sujettes à modification.* Ce qui revient à dire que ces mêmes qualités et particularités du comportement des Russes pouvaient être observées aussi bien lors de la christianisation de la Russie et sous le règne d'Ivan le Terrible que durant la période soviétique. Cela concerne : le mode de vie, les comportements stéréotypés des Russes dans la vie courante, les particularités de l'habitat, les vêtements et la nourriture, la morale publique et l'éthique personnelle de chacun, les orientations de la conscience et les conceptions de la vie et autres spécificités de l'archétype russe.

C'est une erreur que de vouloir expliquer le comportement des Russes actuels en ramenant tout à la période soviétique et en jonglant avec des clichés péjoratifs (du genre « Homo sovieticus » et « sovok » – abréviation de « soviétique »). S'agissant des particularités du comportement du Russe d'aujourd'hui, de l'apparition de tel ou tel détail incompréhensible ou rébarbatif, rappelons-nous que ceux-ci remontent à des temps anciens et n'ont pratiquement pas évolué au cours des siècles, constituant la structure même de l'*archétype russe.*

I. La civilisation matérielle et le mode de vie des Russes

1. Le problème du logement en Russie

> « Que voulez-vous, les gens se ressemblent tous, ma foi… des gens ordinaires… généralement, à l'image de ceux qui les ont précédés… le problème du logement n'a fait que les corrompre. »
>
> *Mikhaïl Boulgakov, Le Maître et Marguerite.*

En travaillant avec des Russes, vous constaterez assez rapidement que le problème du logement est l'un des plus actuels et des plus aigus en Russie. En effet, d'un point de vue européen, le problème du logement en Russie est de taille. Il date de l'époque soviétique et n'a pas été résolu depuis des décennies.

Le plus malheureux, pour les Russes, n'est pas que ce problème ne soit toujours pas résolu, mais que la « question du logement » ait effectivement discrédité le modèle culturel russe, détruit l'ordre moral traditionnel et mis en danger la vie et la santé psychique de plusieurs générations d'individus.

Le fond du problème est que les Russes n'avaient pas accès à la propriété privée à l'époque soviétique : ce droit leur était refusé. Ils ne pouvaient ni acheter ni vendre ni transmettre un bien en héritage. Ils pouvaient seulement en jouir, après une sorte de « transaction » avec l'État qui consistait à obtenir de lui une surface de logement gratuite et un « enregistrement » dans le passeport confirmant le droit à la jouissance de ce logement. C'était comme si, sa vie durant, le citoyen du pays se voyait « offrir » un logis par l'État. À une condition : sa loyauté vis-à-vis de lui. Dans le cas contraire, l'État lui retirait sans états d'âme son « cadeau » et la personne « sans toit au-dessus de sa tête » se retrouvait démunie. L'attribution d'un logis était pour l'État soviétique un moyen de manipuler les citoyens du pays. En outre, les causes du « problème du logement » ne sont aucunement d'ordre économique (par exemple, le manque de mètres carrés de surface habitable dans le pays, la pauvreté et ainsi de suite) mais d'ordre social : elles apparaissent comme le résultat d'une politique étatique voulue.

L'État avait le monopole du logement. Il pourvoyait à sa construction et à sa répartition. Il était aussi responsable de son état et prenait à son compte la majorité des dépenses publiques : les citoyens soviétiques payaient une somme symbolique pour leurs logis qui ne dépassait pas 15-20 % des dépenses communales. Par exemple, pour un salaire moyen de 250 roubles, les services publics réunis (logement, gaz, électricité, téléphone, etc.) ne dépassaient pas 10 roubles (bien entendu, le montant dépendait de la qualité de l'habitat et des services).

D'une part, cela facilitait la vie des citoyens, développait en eux une certaine insouciance, une indifférence vis-à-vis de l'argent et, en général, de l'aspect matériel des choses.

D'autre part, les citoyens du pays n'étant pas impliqués pour se trouver eux-mêmes le plus essentiel – le logement –, la pénurie dans ce domaine était permanente et ne fit que s'accentuer. En fait, selon la constitution soviétique, « chaque citoyen du pays a droit à un logement ». Mais ce droit n'était que proclamé, rien ne le garantissait. La « question du logement » était particulièrement critique dans les principaux centres industriels du pays. Elle était très difficile dans les deux capitales, même si d'après les statistiques, elle n'était pas si tragique. L'élite du parti, elle, s'en sortait très bien. Les chiffres exacts concernant ceux qui avaient besoin d'un logement étaient cachés ou falsifiés. Ce n'est qu'après la perestroïka que furent publiées des études sociologiques, selon lesquelles, en 1990, 45 % de la population des villes du pays manquaient cruellement de logement.

Les « listes d'attente pour le logement » qui se constituaient au comité politique d'arrondissement évoquent de façon significative ce problème. Afin que l'individu (la famille) parvienne à être enregistré(e) sur ces listes, il lui fallait affronter la bureaucratie et prouver le bien-fondé de ses prétentions au logement. À Moscou, par exemple, il ne fallait pas avoir résidé moins de 10 ans (et avoir le « droit de résidence » dans le passeport), la surface de logement précédente ne devait pas dépasser 9 m^2 par personne, etc. Si, par exemple, une famille de trois personnes disposait d'une pièce de 28 m^2 dans un appartement communautaire, elle n'avait pas le droit de s'inscrire à ces « listes » et devait s'accommoder de cet espace pour le reste de ses jours.

Et si soudain, par chance, le comité politique du district s'intéressait à tous vos documents et vous mettait « sur la liste d'attente », vous aviez alors à affronter une autre épreuve non moins usante : attendre pas moins de 10-15 ans.

Naturellement, essayer d'être inscrit sur la liste d'attente en vue d'un logement, accélérer ensuite le processus d'obtention du logis et obtenir enfin la possibilité d'augmenter le nombre de mètres carrés obligeait les citoyens à recourir à différents stratagèmes et à ruser avec la loi. Tous les moyens étaient bons : les mariages blancs, les divorces, l'enregistrement sur sa surface d'habitation de parents éloignés ou de parents âgés vivant à la campagne, des certificats de grossesse (et pas seulement des faux), certains diplômes. Le fait est qu'à cette époque les représentants de certaines professions (écrivains, scientifiques, artistes) disposaient de privilèges d'État et avaient droit à un logis plus grand. Ce qui impliquait non seulement le recours aux documents, aux attestations, certificats, etc., mais encourageait aussi la corruption, les pots-de-vin, l'utilisation des relations personnelles et autres intrigues.

La lutte pour les mètres carrés de logement, pour le droit d'en disposer (si possible dans une grande ville) était si acharnée que parfois les gens oubliaient tout principe moral et ne reculaient devant aucun moyen, même le plus lâche. De nombreux témoignages montrent que, dans les années 30, au plus fort de la terreur stalinienne, il était courant de dénoncer sur faux témoignage une personne innocente au KGB, afin de pouvoir récupérer son appartement. Cette période, qui marqua toute une génération de gens, ne manqua pas d'avoir des répercussions sur la santé psychique de la nation ainsi que sur l'évolution de son mental.

Le logement individuel en Russie prit des formes variées au cours des différentes périodes. Dans les années 20, aussitôt après l'instauration du pouvoir soviétique, une vaste expérience fut tentée sur le peuple russe. On introduisit une nouvelle forme de logement : les « appartements communautaires» ou *kommounalki.* Ce nom vient du latin *communis* («commun») et se rapproche du mot «communisme» – l'objectif principal proclamé par le nouveau pouvoir.

Les *kommounalki* dans les années 30-50 étaient le mode principal de logement dans le pays. Ce qui permit d'atteindre plusieurs objectifs à la fois. Premièrement, avec leur création, les bolcheviques tenaient les *promesses faites au cours de leur propagande* : chasser de leurs appartements les riches et humilier les personnes socialement «nuisibles» (les aristocrates, les scientifiques, les médecins, etc.), et installer à leur place tous les nécessiteux, ceux qui vivaient avant dans la pauvreté, autrement dit les couches prolétarienne et paysanne du pays. Jusqu'en 1925, il n'y eut pratiquement pas de construction d'habitat, alors que les riches et les grands appartements se trouvaient être considérablement moins nombreux que les pauvres. Pour cette raison, les précédents propriétaires furent refoulés dans les chambres les plus petites et les plus éloignées, cependant que les chambres restantes étaient occupées par des familles – à raison d'une famille par pièce – ou, parfois, par des regroupements de plusieurs personnes «serrées» contre leur gré.

Deuxièmement, les *kommounalki* représentaient un nouveau type de logement pour la Russie avec ses *règlements* et sa *forme particulière d'administration.* Dans chaque appartement, on désignait un «doyen» qui détenait le pouvoir : il établissait des «règlements» affichés bien en évidence : il s'agissait de la liste de ceux qui, à tour de rôle, devaient nettoyer l'appartement à fond – depuis le nettoyage des cuvettes jusqu'au cirage du parquet dans le corridor central : le «doyen» veillait à l'ordre, à la propreté, pour ainsi dire : chaque appartement avait son petit dictateur au niveau de la vie de tous les jours. Pas besoin d'avoir une grande imagination pour se représenter combien ces petits dictateurs «dépassaient les bornes» selon leur bon plaisir...

Troisièmement, les appartements communautaires reflétaient un mode spécifique de *vie en communauté* et de *relations entre les gens.* Ils permettaient d'expérimenter un nouveau mode de vie, de lutter contre l'esprit petit-bourgeois. La famille russe traditionnelle était décrite comme source d'égoïsme et d'individualisme, comme une menace pour la société socialiste.

La plupart des gens dans le monde occidental ne peuvent même pas se représenter ce que cela signifiait dans la réalité. « Le rideau de fer », le manque d'informations dans la presse et la littérature, les histoires des occupants racontées à contrecœur sur les conditions de vie humiliantes dans les appartements communautaires ont fait que ce mode de vie est resté ignoré des étrangers (même ceux des anciens pays socialistes). Mais dans la mesure où ce système a été vécu des décennies durant par des millions de Russes, leur vie mérite d'être décrite.

Il est difficile de se représenter que pour tous les occupants de ce type d'appartement, il n'y avait qu'une cuisine, une salle de bains et un cabinet de toilette. On ne peut que se figurer les drames et batailles qui se déroulaient entre les familles pour aller, par exemple, aux toilettes ou pour prendre une douche non parce que c'était « son tour » mais parce qu'on en avait l'envie ! Se laver, laver son linge, laver les enfants sales après leur promenade devenait un véritable événement, un rituel.

Mais il y avait plus douloureux encore : la promiscuité de gens différents qui « ne s'accordaient pas ». La possession d'un logis en URSS n'a jamais été le résultat d'un choix, puisqu'il était réparti de façon centralisée selon la volonté d'un fonctionnaire du comité politique du district. Pour cette raison, sous le même toit pouvaient vivre d'« anciens » paysans et ouvriers, des étudiants et des retraités, des docteurs ès sciences et des alcooliques – tous étaient contraints de supporter la promiscuité, pas toujours agréable, et contraire à l'hygiène.

N'oublions pas que, dans les appartements communautaires, il y avait une famille par chambre qui, avec les années, s'agrandissait. La vie d'une famille confinée dans une chambre étroite (parfois on y trouvait deux et même trois générations de gens) ne pouvait manquer d'influer sur la santé nerveuse des Russes. L'entassement des gens et une promiscuité contre nature faisaient que les relations entre mari et femme, entre parents et enfants, entre frères et sœurs se détérioraient sérieusement.

Enfin, avec les appartements communautaires, c'est une *nouvelle esthétique* qui fut introduite dans la vie quotidienne des hommes. On fit une croix sur des concepts tels que la « chambre à coucher », le « cabinet de travail », la « salle à manger », et ainsi de suite. Cette répartition devint dépassée en raison de l'impossibilité de la réaliser et, plus tard, fut même en partie oubliée. Voici une anecdote : « Un étranger arrive en Russie et se met à raconter sa vie tout en savourant l'effet produit : "Voici ma chambre à coucher, et ici c'est mon bureau, là c'est la chambre des enfants..." Le Russe écoute patiemment puis commence à en avoir assez et intervient en disant : "Oui, d'accord, ne te fatigue pas, nous avons tout pareil, seulement sans cloisons." »

Généralement, ce n'était pas tant le *principe d'esthétique* que le *principe d'hygiène* qui était important dans les appartements communautaires. Les lourds rideaux de velours qui accumulaient la poussière, les divans avec les coussinets, le mobilier pesant et encombrant appartenaient au passé. Ils exprimaient l'art bourgeois et petit-bourgeois. À présent, la préférence allait à un mobilier léger, neutre et que l'on peut facilement dépoussiérer et nettoyer.

La « manie de l'hygiène » était si fortement ancrée, qu'une fois par semaine, toutes les pièces d'usage commun étaient sévèrement rangées, nettoyées et lavées au chlore – conformément au règlement établi par le « doyen » de l'appartement. Toute tentative de couper à cette obligation était punie.

Dans l'ensemble, les appartements communautaires sont un des exemples les plus durables de la réalité soviétique incluant les premiers *aspects* (à partir des années 20) stables (conservés jusqu'à présent) *de la vie soviétique.* Il est intéressant que dans la langue russe la désignation d'un logement individuel nécessite quelque éclaircissement : « appartement particulier ». Ce qui signifie que, dans la logique intérieure des Russes, le concept de la vie en communauté dans un appartement à partager avec des gens étrangers est plus clair et normal. On ne peut comprendre la « vie soviétique » de l'intérieur qu'après avoir fait l'expérience de la vie en appartement communautaire.

Et encore : les appartements communautaires sont intéressants en raison de leur *apport conséquent dans la formation du caractère national russe actuel.*

D'une part, entre voisins qui ne se sont pas choisis, les scandales et l'ambiance de haine, la disparition des frontières entre vie privée et vie sociale prédominaient. Chez soi, à la maison, il était impossible de se laisser aller et de « délier » sa langue : à côté, se trouvaient toujours des oreilles indiscrètes. Dans les appartements communautaires, les voisins savaient tout les uns des autres : qui couche avec qui, qui mange quoi, qui pense quoi, ce qui renforçait l'impression d'un contrôle total de la part de l'État. Rappelons la pratique de la dénonciation de l'« ennemi du peuple » quand le dénonciateur, en récompense de sa diligence, recevait le logement disponible dont le précédent propriétaire était envoyé au goulag. On utilisait pour cela des gens cyniques et intéressés. La menace suivante : « Je te dénoncerai ! » n'est pas oubliée jusqu'à nos jours. Il va de soi que cette pratique ne pouvait pas manquer d'accroître la corruption des principes moraux.

D'autre part, il est impossible d'éprouver de la haine toute sa vie, on finit par se lasser... Et alors l'individu se résigne, apprend la patience, la pitié, il prête attention au malheur d'autrui... Dans les appartements communautaires, c'est ensemble qu'on célèbre les fêtes et les enterrements, envoie les futurs soldats à l'armée, élève les enfants, prend part aux soucis du voisin...

De nombreux Russes (presque toute la génération de l'après-guerre, les vieux) ont été élevés dans l'exiguïté des appartements communautaires et ne peuvent s'imaginer un autre mode de vie. Ils n'ont pas l'habitude d'une vie privée autonome et indépendante. Ils ne supportent pas la solitude et, parfois, il leur est même impossible de s'endormir sans la présence de quelqu'un d'autre dans la pièce. Ne vous étonnez donc pas d'entendre quelqu'un qui a passé sa jeunesse dans un appartement communautaire dire qu'il en garde de bons souvenirs et que, dans son nouvel appartement, il s'ennuie souvent et s'y sent seul...

Même dans la Russie d'aujourd'hui, on trouve encore des appartements communautaires, bien qu'ils apparaissent comme un pur vestige du régime soviétique. Ce régime s'est effondré il y a déjà longtemps, ce qui n'empêche pas les gens qui ont été refoulés dans ces appartements d'être, encore aujourd'hui, condamnés à mener cette vie contre nature.

Il est vrai que la composition sociale des locataires a changé : les personnes dynamiques et entreprenantes avec une formation supérieure ou dans les affaires n'y habitent plus et achètent un logis digne de ce nom. Mais tout le monde n'a pas forcément de l'argent ou de l'énergie à revendre ; ce qui explique qu'à Moscou, par exemple, les appartements communautaires représentent 6 % de l'habitat dans le centre ville cependant qu'à Saint-

Pétersbourg, où le niveau de vie est moins élevé, ce chiffre est beaucoup plus important.

À la fin des années 50, sont apparus en Russie les *khrouchtchevki* («logements khrouchtchéviens») – des immeubles préfabriqués et bon marché à cinq étages construits sous Khrouchtchev. Dans ces immeubles formant des blocs de béton gris uniformes dans toutes les villes de l'Union soviétique, chaque famille possédait un appartement, petit certes, mais individuel – d'une surface totale de 25-30 m^2. Ce n'était pas, bien sûr, un palais, mais le fait de posséder, à l'époque, un logement «indépendant» était perçu comme une marque de prestige et de réussite dans la vie. Le fait que la vie privée ne soit plus sous le diktat des voisins provoqua une sorte de révolution dans l'esprit des Russes, leur donna le goût de l'autonomie, de l'indépendance d'opinion... allant jusqu'au non-conformisme et à la création d'un mouvement de dissidents. Le phénomène culturel des «cuisines moscovites» en Russie remonte précisément à l'époque des *khrouchtchevki*. Là, dans une atmosphère amicale et en présence de simples *zakouski* (hors-d'œuvre), naquit la tradition du libre échange d'opinions, dont la critique du régime soviétique, l'indépendance d'esprit... Ces malheureux appartements étaient conçus pour durer 50 ans et, à présent, on les rase pour, dans la mesure du possible, construire à leur place des gratte-ciel.

Aujourd'hui, la situation à Moscou et dans les grandes villes de Russie a considérablement évolué. Ces derniers temps ont vu l'apparition d'un grand nombre de logements améliorés, d'appartements bien agencés, de grands ensembles d'habitation et de «cottages». Il y a encore dix ans, les *logements d'État* représentaient presque la *moitié* des appartements à louer dans la Fédération de Russie – ils n'en constituent plus que les 6 % à présent[11]. 63 % des Russes ont eu la possibilité d'acheter (et non de se le voir attribuer «gratuitement») un appartement en fonction de leurs moyens, de leurs désirs et de leurs intérêts. La construction de logements a pris des proportions colossales à Moscou (sur une estimation de 360 m^2 pour 1 000 personnes), encore plus à Astrakhan (718), Belgorod (632), à Tioumen en Sibérie (500) et dans de nombreuses autres villes de Russie, qui, jusque-là, n'étaient pas considérées comme importantes[12].

Malheureusement, seuls les gens très aisés, dans les affaires, peuvent aujourd'hui prétendre à ces nouveaux logements. Dans la seule ville de Moscou, il s'achète chaque mois de 2 000 à 8 000 appartements. Le prix moyen d'un mètre carré est d'environ 1 000 dollars. Les prix du logement à Moscou dépassent parfois ceux des pays européens avancés. La plupart des acheteurs sont des dirigeants d'entreprise et cadres supérieurs d'entreprises commerciales.

Malgré la construction impressionnante de logements, le problème de l'habitat n'est pas pleinement résolu aujourd'hui. En 2001, se tenait à New York la session spéciale de l'ONU sur les problèmes de l'urbanisation, au cours de laquelle furent examinées les perspectives de développement des plus grandes villes du monde. Selon les données de cette commission, chaque individu en Russie dispose aujourd'hui de 18,9 m^2 de surface habitable. Ce chiffre, considéré comme « normal » en Russie, est nettement insuffisant au regard des normes internationales de niveau de vie. Dans son rapport final, la commission de l'ONU ne fait que constater que « la population de Russie vit très à l'étroit[13] ».

2. L'HABITATION, SA DISPOSITION, SA DÉCORATION

La plupart des immeubles dans Moscou et les grandes villes de Russie sont imposants ; ils comportent de nombreux étages et ont plusieurs entrées. En fonction de son standing, chaque immeuble de cette catégorie essaie, d'une façon ou d'une autre, de protéger ses habitants. Les quartiers d'habitation les plus prestigieux et les plus chers sont séparés des autres par de solides palissades et une garde privée dont les services ne sont pas donnés ; autrement dit, ils ne sont pas à la portée du Russe moyen. Le coût de leurs services est d'environ 2 000 roubles par mois (environ 70 $). Ils ne patrouillent pas seulement l'immeuble mais aussi la rue et tout le quartier environnant.

Dans les grandes villes, le recours à des concierges et des gardiens d'entrée est de plus en plus à la mode. Chaque appartement paie pour ces services de 10 à 15 roubles mensuels en fonction de sa superficie. Ce sont, souvent, des grands-mères à la retraite, impuissantes à s'opposer aux menaces ou aux agressions, qui acceptent ce travail (en raison de sa très modeste rémunération). Malgré tout, les locataires de l'immeuble se sentent plus en sécurité, les actes de vandalisme ou de violence envers les enfants sont moins fréquents. Il est plus difficile de franchir inaperçu une entrée où siège un « contrôleur » aussi singulier.

Les « cottages » (villas en banlieue) sont extrêmement populaires parmi les hommes d'affaires. Bien entendu, ce type d'habitation n'est pas encore accessible à la classe moyenne, mais il existe bel et bien et se présente comme la carte de visite de l'homme d'affaires, un signe de son aisance financière et de sa réussite dans les affaires. C'est, de plus, un investissement intéressant dans l'immobilier. Habituellement, ces « cottages » (souvent dénommés « palais ») sont construits pour former un hameau de 20-30 maisons situé non loin de l'artère menant à la ville. Il est ainsi plus facile de se rendre à son lieu de travail, d'organiser et d'assurer la protection des maisons. Vous remarquerez que ces cottages ne sont pas très populaires auprès de beaucoup de Russes, car ils sont persuadés que ces villas ne peuvent avoir été acquises de façon honnête. De sorte que les propriétaires de ces villas doivent vivre selon l'adage « ma maison est ma forteresse », avec gardes de sécurité, chiens et hautes palissades...

Ce n'est même que récemment que l'expression de « marché immobilier » est entrée dans le langage courant, ce concept n'existant que depuis dix ans. C'est un des « marchés » dont l'essor est le plus dynamique en Russie.

En ville, le confort des appartements peut varier, l'intérieur de l'appartement peut aussi dépendre des propriétaires. Mais ce qui ne varie pas, c'est la saleté des entrées, des escaliers et des ascenseurs. Invoquer l'indifférence des Russes envers la propreté serait trop généraliser. Alors comment peut-on expliquer cela ? Il semble que les actes de vandalisme qui se perpétuent dans les entrées des immeubles en Russie soient de même nature que ceux se déroulant dans les banlieues de presque toutes les villes européennes : ils sont dus au déracinement de la population. La majorité de la population urbaine aujourd'hui dans le monde est constituée d'individus qui ont précipitamment changé de lieu de résidence et même de citoyenneté, arrivant on ne sait d'où sur leur nouveau lieu de résidence – de contrées villageoises, d'autres républiques et villes. Ainsi, avant la Révolution, les *citadins* constituaient moins de 10 % de la population en Russie et ils atteignent, à présent, les 75 %. D'où viennent-ils ? De la campagne, bien sûr ! La plupart des citadins actuels en Russie ne le sont que depuis une génération. Ce qui explique peut-être les entrées sales, les fenêtres brisées, les murs couverts de graffitis et, de façon générale, le nombre important d'habitations mal entretenues... Une période de transition est sans doute nécessaire avant que les gens puissent s'enraciner et apprendre à se soucier de leur maison et des environs comme s'ils leur appartenaient.

Dans l'esprit des Russes, la « maison » (*dom*), c'est bien sûr l'appartement. On considère avoir de bonnes conditions de logement dans les grandes villes, quand il y a, par exemple, une chambre par personne dans l'appartement.

Quels sont les critères retenus dans le choix d'un logement que vous vous apprêtez à louer à Moscou ? Ce sont :

1) Une grande cuisine, d'au moins 10 m^2.

2) L'étage. Par tradition, on essaie d'éviter le premier et le dernier étage.

3) Le style d'immeuble, l'année de sa construction. Par exemple, les immeubles de la « période stalinienne » (c'est-à-dire de la fin des années 30 au début des années 50) sont très appréciés ; ils sont généralement en briques avec de hauts plafonds et de grandes pièces (de 20-30 m^2) ; ou encore les immeubles de 17 à 23 étages construits ces dernières années et qui sont bien conçus.

4) L'emplacement dans un quartier prestigieux et dans un environnement sain.

5) La proximité du métro est très importante ; dans les grandes villes, il y a des « cités dortoirs » sans aucune entreprise mais seulement des immeubles d'habitation.

6) La présence d'un balcon, et encore mieux : une loggia de verre.

7) Un parquet est plus coté que le linoléum. Le carrelage ne convient que pour la cuisine.

8) La présence d'une ligne téléphonique.

De nombreux Russes, qui se sont enrichis, font rénover leur appartement « à l'européenne » : une rénovation correspondant, selon eux, aux standards européens. Cela inclut le réagencement des pièces, le recours aux technologies les plus avancées, un design contemporain et ainsi de suite, bref, un réaménagement qui revient très cher.

Pourquoi dit-on « à l'européenne » ? Cela s'explique seulement par les complexes des « nouveaux Russes », pour lesquels tout ce qui est européen ne saurait souffrir une quelconque comparaison avec les standards les plus prestigieux du pays (Kremlin inclus). Seule la « classe européenne » peut correspondre au niveau de leurs prétentions. Le terme « européen » correspond ainsi à un standard déterminé, toujours très élevé. Progressivement, le qualificatif d'« européen » a été accolé à la dénomination d'autres objets dans l'achat et la vente, notamment sur les marchés. Lorsque le vendeur parle d'une « serrure européenne » au lieu d'une simple « serrure », d'une « porte européenne » au lieu d'une « porte blindée », d'une « colle européenne » au lieu d'une « colle » ordinaire, cela signifie qu'il souhaite convaincre l'acheteur que la marchandise est d'une excellente qualité et même de la meilleure qualité qui soit.

Et pourtant, les riches « nouveaux Russes » ne constituent qu'un faible pourcentage de la population en Russie (pas plus de 7 %-10 %) ; la plupart d'entre eux résident à Moscou, Saint-Pétersbourg et autres grandes villes accueillant des géants de l'industrie.

« La classe moyenne de Russes » habitant dans les grandes villes constitue 6-8 % de la population. Leurs revenus mensuels s'élèvent à 320-480 $ par mois et par personne[14]. Ils peuvent se permettre de bien manger, s'acheter de beaux vêtements, de l'électroménager courant, presque tout sauf une voiture et un appartement coûteux. Une « rénovation à l'européenne » est, habituellement, encore trop coûteuse pour eux et ils habitent des appartements de type traditionnel.

Il est plus vraisemblable que vous ne réussirez pas à voir en détail la décoration intérieure des appartements russes et à obtenir quelques éclaircissements. Il n'est, en effet, pas dans l'habitude des Russes de faire visiter leur habitation, même s'ils vous reçoivent pour la première fois. Cela diffère considérablement des traditions de l'hospitalité en France, où les maîtres de maison font visiter leur intérieur avec force détails aux invités qu'ils reçoivent pour la première fois. Ne vous sentez donc pas offensés si l'on ne vous donne pas cette possibilité dans une maison russe. Peut-être les maîtres de maison jugent-ils leur intérieur non digne d'être montré ou pensent-ils qu'il y a des choses bien plus intéressantes à discuter dans leurs relations avec vous que des questions d'ordre matériel.

Quoi qu'il en soit, que peut-on considérer comme un « appartement russe typique » ? Le plus souvent, dans les appartements situés en ville, il n'y a pas de délimitation marquée entre la chambre à coucher, le salon et le bureau. Ce serait l'idéal s'il y en avait une, mais on manque de pièces. Habituellement, il n'y a que la chambre d'enfants qui est bien à part, surtout si l'enfant est encore petit. Dans la plus grande pièce – qu'on peut considérer comme la salle de séjour –, il n'y a pas de lit, mais le divan sert habituellement de lit à l'un des membres de la famille la nuit. Ce divan est décoré le jour d'un tapis qui le recouvre ou d'un revêtement brodé. Et si, par manque de place, il n'y a pas de chambre à coucher, il est alors rare que les époux puissent disposer de lits jumeaux. Les lits traditionnels dans un foyer russe à revenus moyens sont rares. Du reste, il n'y a pas de traversin sous l'oreiller et l'on n'utilise pas les grands draps et la couverture pour border le lit comme cela se fait en Europe : on utilise, à la place, des draps de lits carrés et doubles au milieu desquels on fait glisser la couverture. En fait, durant la période froide, il fait généralement très chaud dans les maisons russes, on n'a donc pas besoin d'y « économiser la chaleur » en bordant le lit du drap et de la couverture. Cette manière de dormir semble en effet inconfortable aux Russes.

La pièce où se réunissent traditionnellement les membres de la famille est la cuisine, surtout si elle est grande. Il se peut que cette tradition remonte au passé communautaire qu'a connu presque chaque Russe. Là, les gens passent une bonne partie de leur temps libre, les membres de la famille et parfois les invités s'y réunissent ainsi que les amis et les parents si ce sont des gens proches. On y trouve d'ordinaire, comme dans la pièce principale, un téléphone et un petit téléviseur ; un tableau est accroché au mur, quantité d'objets décoratifs égaient la pièce, on ne fait pas qu'y préparer la cuisine, on y vit ! Mais vous y verrez rarement une machine à laver la vaisselle, un four micro-ondes et des robots de cuisine – ce sont des objets de luxe pour un Russe moyen. Bien que toute famille qui travaille ait son frigidaire et sa machine à laver le linge.

Aujourd'hui, la mode dans les familles aisées est de posséder dans son appartement des meubles anciens ou étrangers en vogue. Sur ce plan, l'appartement d'une famille aisée en Russie ne diffère pratiquement pas d'un appartement européen. Mais les murs sont recouverts, avant tout, de papiers peints, à la différence de l'Europe où les murs sont peints. Peut-être qu'en raison du climat froid, les Russes leur préfèrent les papiers peints qui donnent une atmosphère plus chaleureuse et plus intime.

Chez les Russes, ce sont, par tradition, les étagères à livres et les bibliothèques qui occupent la place d'honneur. Les livres, dans une maison, reflètent le niveau de culture de la famille et les Russes ont toujours eu du respect pour les livres. Cela distingue les maisons russes des maisons européennes, où des objets matériels sont mis en évidence. Dans une maison russe, les livres sont la « marque » de la maison, et renseignent, du premier coup d'œil, sur les goûts et les intérêts de ses occupants : sur leur profession, sur leur intérêt éventuel pour l'art, sur leurs « hobbys », sur leur connaissance des langues étrangères, et donnent d'autres informations... sans avoir à poser de questions.

À la différence de nombreux autres pays, vous verrez des tapis en Russie, même chez des gens très modestes. Les Russes aiment beaucoup les tapis et en recouvrent non seulement le sol mais aussi les murs, habituellement à côté du divan ou du lit. Cela donne à leur maison un cachet quelque peu oriental. On considère que les tapis rendent l'atmosphère plus chaleureuse et donnent plus de confort.

Autrefois, dans chaque maison russe, il y avait dans le *kras'nii ougol* (le « joli coin » en français, soit la place d'honneur en face de la porte) une icône accrochée au mur de la pièce principale. Aujourd'hui, il s'agit plutôt de sacrifier à la mode : rares sont les appartements dans lesquels vous ne verrez pas une icône au mur ou sur l'étagère à côté des livres, même si la famille n'est pas croyante.

Ce qui est important dans toute maison russe, c'est l'*ouiou't* (le « sentiment de bien-être ») – un mot parfois difficile à traduire dans les langues européennes –, une atmosphère chaleureuse, rendant la vie agréable et apaisant l'esprit, même dans une demeure modeste. Il se peut que cet attachement original au bien-être chez soi et à l'individualité rehaussée de chaque foyer soit une réaction à l'expérience de vie dans les appartements communautaires avec leur ascétisme forcé. De plus, c'est comme si le bien-être et la chaleur éprouvés dans la demeure russe étaient là pour protéger de la rue – avec son froid et ses dangers qui guettent partout les individus. Les demeures russes dégagent un sentiment de bien-être beaucoup plus important que les maisons européennes et américaines, où, selon le goût russe, tout est trop « apprêté », exposé, calculé pour l'effet extérieur et où il fait froid (dans la mesure où il faut économiser le chauffage). Les Russes, par exemple, sont étonnés de constater combien les Européens, avant Noël, aiment décorer leurs fenêtres de poupées, figurines, guirlandes, etc. Et l'effet de ces décorations étincelantes n'est pas destiné aux occupants de la maison mais à la rue, c'est-à-dire qu'elles sont exposées au regard des passants éventuels. Pour les Russes, il est difficile de comprendre ce « détournement de l'idée » pour l'effet extérieur, c'est tout juste s'il n'est pas perçu comme de la bêtise. En effet, pour eux, tout ce qui se déroule derrière leurs fenêtres ou leur porte leur est complètement égal.

Si vous êtes invités dans une maison russe aux revenus moyens, vous serez peut-être frappés par la profusion de babioles : quantité de fleurs d'appartement sur les rebords de fenêtres ou sur des tables basses à cet effet, toutes sortes de recouvrements, d'élégantes serviettes et nappes, des tapis et des napperons, des rideaux, des tableaux et de nombreuses photographies sur les murs, des petits vases, des statuettes et autres bibelots, sans parler de souvenirs sentimentaux longtemps conservés en mémoire des événements et des gens.

L'appartement de Russes modestes est d'ordinaire propre, mais la profusion désordonnée de bibeloteries y donne une impression d'excès, d'incohérence, de spontanéité réelle. Voilà pour ce qui est du style d'une authentique maison russe.

Vous verrez rarement dans une maison russe des objets vraiment anciens dont le maître de maison puisse dire : « Cela me vient de ma grand-mère », hormis, cela va de soi, chez les « nouveaux riches » qui raffolent des antiquités. Presque chaque chose n'a servi que le temps d'une génération, au maximum deux. Cette simple observation en dit long sur les brusques changements que pratiquement chaque famille en Russie a vécus au cours de son existence quand il fallait se débarrasser de tout le passé et se mettre à nouveau à vivre. L'héritage des anciens ne se trouve que dans les musées, les magasins d'antiquités et dans les maisons des nouveaux riches. Les événements historiques ont comme coupé les Russes du contexte culturel passé. Arrivant en Europe, les Russes sont sincèrement médusés par la profusion et les prix abordables des objets anciens courants sur les « marchés aux puces » et dans les maisons de Français même peu aisés.

3. Les toilettes, la salle de bains

Le « point faible » des maisons russes, ce sont les toilettes ou la salle de bains, surtout dans les foyers à revenus modestes. Tous n'ont pu rééquiper leur appartement en achetant des sanitaires occidentaux, et ce qui reste des temps soviétiques est réellement de très mauvaise qualité. C'est pourquoi il n'est pas étonnant que les robinets fuient, que la chasse d'eau soit de construction ancienne et fonctionne mal et que l'émail dans la baignoire en fonte soit parti ou ait noirci par suite des récurages avec des poudres corrosives.

Mais cela ne signifie pas que les maîtres soient négligents vis-à-vis de la propreté, mais plutôt qu'ils manquent de moyens.

Les cabinets de toilette dans les campagnes et les datchas produisent une impression encore plus triste : sans eau courante, ce sont des cabines de bois délabrées dans le jardin potager ou dans le champ. L'été, c'est encore supportable, mais l'hiver, ces installations menacent la santé. Essayez donc de « rester assis » dans cette cabane quand dehors il gèle !

De plus, l'aspect primitif de ces constructions ne veut pas dire que les maîtres de maison sont si pauvres qu'ils ne peuvent faire construire des toilettes plus dignes, ou du moins faire réparer l'ancien. Non, telle est la tradition. À Moscou court l'anecdote selon laquelle le « nouveau Russe » se fait construire un château dans le style moyenâgeux avec tourelles et un toit en cuivre ; les toilettes sont dans le style du château, avec aussi des tourelles mais situées indépendamment dans la cour. En cela, il n'a fait que suivre la tradition russe, selon laquelle l'expression « aller dans la cour » signifie aller aux toilettes (qui peuvent aussi se trouver dans la maison).

4. L'HYGIÈNE

L'un des aspects les plus positifs de la santé publique à l'époque soviétique – elle s'est terminée avec la chute de l'URSS en 1991 – était ce que l'on peut appeler la « campagne médicale de prévention des maladies infectieuses ». Elle prenait souvent la forme d'une campagne de propreté et d'hygiène. Et dans la mesure où cette campagne était assurée par les organismes d'État, l'affaire était prise très au sérieux. Dans chaque polyclinique, à l'école, dans les camps de pionniers et les jardins d'enfants, dans les magasins d'alimentation, dans les pharmacies, les cantines et autres lieux de rassemblement public, des pancartes aux couleurs vives étaient affichées, bien en vue, avec les slogans : « Lavez-vous bien les mains ! », « Lavez-vous les mains avant de manger », « La propreté est le gage d'une bonne santé », et ainsi de suite.

Ces slogans furent martelés aux citoyens pendant des décennies dès leur naissance et les ont accompagnés toute leur vie. Et il n'y avait pas que les slogans, il y avait aussi des « actions » concrètes. Par exemple, dans le primaire à l'école, on choisissait des « infirmières » d'un type particulier : des petites filles très soigneuses qui contrôlaient vos mains et vos oreilles avant de vous laisser entrer en cours. Celui qui était pris sur le fait (généralement un garçon) avec des mains ou des oreilles sales était soumis à l'ostracisme général, chassé de la classe sous les huées pour aller se laver les mains !

Et le mot « poux » était prononcé seulement en chuchotant, car leur présence chez l'enfant était quelque chose de honteux, presque une « disgrâce » pour les parents dans l'éducation de leur enfant.

Une campagne menée avec autant de virulence ne pouvait pas ne pas imprégner la conscience et les habitudes des Russes. Chaque individu depuis l'enfance s'est vu inculquer le réflexe inconscient de se laver autant que possible les mains. Où que les Russes se trouvent, revenus du dehors, après avoir fait les courses ou pris les transports en commun, ils vont systématiquement se laver les mains avant de se mettre à table.

Pour cette raison, les Russes ne seront nullement étonnés si, étant invités chez eux, vous demandez avant de passer à table : « Où puis-je me laver les mains ? » La seule chose qui puisse les embarrasser, c'est que leur salle de bains ne corresponde pas aux « standards européens » et ne soit pas en très bon état.

Encore une habitude de toilette caractéristique des Russes : celle de se débarbouiller, se laver, se raser, laver la vaisselle et même faire une petite lessive uniquement sous l'eau courante (en laissant couler l'eau). Les Russes sont sidérés de voir, par exemple, comment les Anglais bouchent le lavabo, le remplissent d'eau et commencent, mettons, à se raser ou à se débarbouiller ou à laver la vaisselle.

Cette pratique russe de *laisser couler l'eau* différenciait les Slaves de toutes les autres tribus voisines déjà au IVe siècle[15]! C'est un signe qui permettait justement aux historiens de l'histoire ancienne de ne jamais confondre les Slaves avec d'autres tribus. Les Varègues, par exemple, se lavaient avant le repas dans une bassine commune. Cette habitude quotidienne de se laver, se raser, laver la vaisselle ou même le linge en remplissant l'évier et en utilisant un bouchon et non sous l'eau courante s'est maintenue chez de nombreux peuples européens : les Français, les Anglais, les Américains...

Mais pour les Russes, cette tradition n'est pas très saine et, de ce fait, elle ne leur plaît pas. Et tous les arguments en faveur de l'économie d'eau ou d'énergie ne pourront contrer cette habitude : il leur faut laisser couler l'eau sous le robinet et, si possible, à grand jet!

Au demeurant, cette habitude, propre aux « femmes russes », énerve au plus haut point les maris étrangers dans les couples mixtes, surtout quand ils habitent non en Russie, mais dans les pays où l'on recourt à des compteurs spéciaux et des doseurs dans l'usage quotidien de l'eau, ce qui permet de mieux gérer son utilisation.

Dans les maisons russes, on n'utilise les bouchons d'évier que lorsqu'on veut prendre un bain, et après celui-ci, on se rince à grande eau sous la douche. On ne cherche pas à économiser l'eau en Russie, à l'inverse des autres pays; cette pratique en Occident est source d'agacement chez les femmes russes et provoque même leurs remarques sur l'« avarice » des Européens, qui économisent sur tout, même sur l'eau.

Il se peut que, dans le futur, les Russes se mettent à changer leurs habitudes pour des raisons écologiques et économiques. Mais c'est un processus à très long terme.

Enfin, nous en venons aux *bains russes*, qui sont une véritable institution en Russie.

Savez-vous comment, il y a 250 ans, le faux Dimitri, qui prétendait être le tsar russe, fut démasqué ? C'est très simple : il n'allait pas aux bains. Pour les Russes, c'était le premier indice qui caractérisait un « Allemand », un « Polonais », un « Latin », un étranger. Indice, qui, hélas, n'était pas sans fondement.

Les bains, hérités en Europe de la Rome antique, disparurent à deux reprises. Ils disparurent en Europe tout d'abord entre le Ve et le XIIe siècle. Les croisés qui s'abattirent sur le Proche-Orient étonnèrent les Arabes par leur sauvagerie et leur saleté. Les Francs (les croisés) apprécièrent à leur juste valeur les bains orientaux et rapportèrent cette institution en Europe au XIIIe siècle.

Toutefois, dès la Réforme, les bains furent à nouveau et pour longtemps bannis d'Europe par les pouvoirs religieux et laïcs comme foyers de débauche et de contagion. De fait, les marins de Christophe Colomb revinrent d'Amérique avec le tabac, la pomme de terre et la syphilis, contre laquelle les Européens n'étaient pas immunisés. Les bains, tout comme la tradition de se laver régulièrement, disparurent. Au palais du Roi-Soleil, les dames de la cour se grattaient constamment, et ce, pas seulement en raison des insectes. Étant donné leurs formes généreuses, ces dames ne pouvaient atteindre toutes les parties de leur corps et des *attrape-poux* spéciaux et longs *grattoirs* en ivoire furent inventés qui sont aujourd'hui exposés dans les musées. À ce propos, les parfums, précieuse invention européenne, apparurent en réponse à la disparition des bains.

Ce n'est qu'au XIXe siècle que les bains réapparurent pour la troisième fois. On raconte que les bains de camp utilisés par les troupes russes lors de leur marche sur Paris en 1814 furent à l'origine de ce renouveau. On ne peut dire, toutefois, que celui-ci fut très rapide. Les premiers bains, par exemple, ouvrirent à Berlin en 1818, mais il fallut attendre 1889 pour que soit organisée la « Société allemande des bains publics », qui avait pour devise : « Un bain par semaine pour chaque Allemand. » Au début de la Première Guerre mondiale, il n'y avait que 224 bains pour toute l'Allemagne[16]. L'écrivain Vladimir Nabokov se souvient dans ses Mémoires, *Autres rivages*, qu'il ne dut son salut lors de ses voyages en Angleterre, en Allemagne et en

France dans les années 20-30, qu'à une baignoire de camp qu'il emportait partout avec lui. Les salles de bains en Europe occidentale sont, dans une large mesure, un acquis de l'après-guerre.

Autrefois, avant le développement des bains et des douches, le seul endroit pour faire ses ablutions en Russie était les bains. On les chauffait une fois par semaine et, pour toute la famille, c'était presque un jour de fête. Aujourd'hui encore, les bains sont si appréciés que, souvent, l'élément déterminant pour la construction d'une maison, une datcha, un « cottage » à la campagne, est de se faire construire simultanément des « bains privés ». C'est, dans ce cas, une sorte de petite *isba* (petite maison de bois) construite à part. Les bains sont un rituel en vue de se détendre en compagnie d'amis et, souvent, de boissons alcoolisées.

Actuellement, les bains russes publics ne sont pas tant un moyen de se laver, se faire masser ou soigner qu'une sorte de club de gens « bien placés » qui ont souvent le pouvoir ou l'argent. Il est à noter qu'à Moscou, par exemple, presque la moitié des bains (26 sur 58) ont été fermés sous la perestroïka et ceux qui sont restés ouverts sont les plus chers, luxueusement décorés et pourvus de fontaines et de piscines ; ils ont été construits avant la Révolution. Mais seuls les gens les plus fortunés y ont accès.

Enfin, Les bains russes sont un phénomène unique, extrêmement différent des « thermes » romains et des « hammams » turcs. Ils se différencient aussi des bains orientaux et européens. Tout d'abord, Ils ne sont faits que de bois et sont dépourvus de tout luxe. Dans les thermes romains, les salles étaient en marbre et chauffées à des températures différentes. Dans les bains russes, le chauffage se fait graduellement dans une pièce à cet effet. Habituellement, les bains se répartissent en trois locaux. Le premier est le *razdevalka* (« vestiaire »), qui, dans les bains huppés, peut aussi faire fonction de club avec téléviseur, bar à bières et autres éléments de distraction et de repos. À côté peut se trouver une salle de gymnastique. Le second local est le *milnoe otdelenie* (« pièce à savon »), où l'on se lave proprement dit à l'aide d'une bassine ou sous la douche avec du savon et du shampooing. C'est aussi là, au chaud, que vous pourrez vous faire masser. La troisième pièce est la *parilka* (« bain de vapeur ») : il s'agit d'une petite salle avec des planches sur lesquelles vous pouvez vous allonger : plus la planche est haute, plus la vapeur est concentrée et vous transpirez, ce qui est très sain, car la vapeur ne fait que chasser les maladies. Une bonne préparation est toutefois nécessaire au bain de vapeur afin de ne pas risquer sa santé inutilement.

Le plus important, bien entendu, est le massage particulier que l'on pratique avec un *venik* (« balai ») fait de jeunes branches de bouleau séchées. Au demeurant, le balai peut être fait de branches de chêne, de tilleul, de conifère et éventuellement d'ortie pour les puristes. En tout cas, il doit être trempé dans de l'eau chaude pour être ramolli avant son usage, puis on se fait « fouetter » en quelque sorte avec ce balai. Vu de l'extérieur, ce procédé peut sembler quelque peu cruel : la personne qui se fait « masser » de cette façon ne peut retenir ses cris et ses gémissements causés par le mouvement de l'air chaud et les coups de balai. Mais l'expérience montre que c'est justement ce procédé qui soigne de nombreuses affections et redonne du tonus : un rhume à ses débuts, des rhumatismes, un lumbago, la fatigue, une baisse de tension, etc.

Naturellement, l'individu en nage, après avoir enduré tous ces tourments, ne rêve que d'une chose : aller se rafraîchir au plus vite. C'est pourquoi il éprouve un plaisir aigu et particulier à plonger dans une piscine d'eau froide, ou mieux encore, dans la rivière glacée voisine. On ne peut se représenter que très vaguement les sensations aiguës qu'éprouve l'individu lors de cette expérience et dans quelle mesure celle-ci l'aguerrit, le rendant insensible au froid et au refroidissement.

Il est fort possible que l'on veuille vous inviter, en tant que futur partenaire en affaires, aux « bains russes » (même si, par snobisme, on leur donne le qualificatif de « sauna »). Et il vaut mieux surmonter ses craintes et ses préventions et accepter. En effet, tout un chacun est capable de vivre cette expérience dans une version « soft » s'il en a la volonté et n'a pas peur des sensations fortes. D'autant plus que cette visite, extrêmement bénéfique pour votre santé, est l'occasion de faire plus ample connaissance de façon informelle et de supprimer les barrières psychologiques ; elle peut, en outre, vous procurer une satisfaction personnelle. Enfin, elle peut donner des résultats plus tangibles pour « jeter des ponts » et vous rapprocher de vos futurs partenaires que plusieurs « repas à la russe » arrosés de vodka.

Et surtout, peut-on comprendre le caractère russe sans avoir jamais fait l'expérience des bains russes ?

5. Les animaux domestiques

« Il n'y a pas de maison sans chat, il n'y a pas de cour sans chien » *(proverbe russe)*.

La plupart des Russes, même s'ils habitent en ville, ont un animal domestique chez eux : un chat (28 %), un chien (20 %), un oiseau – canari ou perroquet – (8 %), des poissons dans un aquarium (6 %), des cochons d'Inde ou des hamsters (4 %). Tortue, rat ou autre animal exotique ont la cote auprès de 3 % des familles.

L'acquisition d'un animal se fait surtout dans les familles qui ont des enfants. Les parents, à l'unanimité, considèrent qu'un animal à la maison a une influence positive sur l'enfant : ce dernier se montre plus calme, plus gentil, plus attentionné envers un autre être, responsable pour la vie de l'animal. Et les gens âgés achètent volontiers un animal, en particulier un chat – paisible de nature – ou un petit chien affectueux. Il a été scientifiquement prouvé que, dans les familles possédant un animal, les personnes âgées souffraient moins de dépression, de tension artérielle et autres maladies psychosomatiques.

Un Russe sur cinq a une meilleure opinion de tel ou tel homme politique s'il apprend que ce dernier possède un chien : cette constatation témoigne de leur degré d'attachement à « nos amis les chiens ».

Habituellement, les chiens en Russie font l'objet d'un chapitre à part. Bien entendu, comme dans tout pays, le chien y est le symbole de l'amitié et du dévouement envers son maître, ce qui explique l'engouement de beaucoup de personnes pour cet animal. Toutefois, le chien remplit une autre fonction en Russie, comparé à ses congénères européens. Son rôle est avant tout de défendre son maître (ou ses enfants) et de garder les biens de ce dernier, non de servir de « jouet » à la maison. Et tant mieux s'il est fort et menaçant !

On peut en juger en observant les races de chiens que leurs maîtres promènent dans le parc. En France, on voit beaucoup de petits caniches, bichons et minuscules yorkshires, que l'on peut, sans problème, emmener en voyage dans un sac de femme ! Ces chiens ne sont pas chers à entretenir, ils prennent peu de place et consomment peu. Et ils donnent autant d'affection que les chiens plus imposants !

En Russie, on préfère d'autres sortes de chiens – les chiens de chasse, les chiens de garde et les chiens de combat : les pit-bulls, les chiens de berger (surtout les bergers asiatiques et caucasiens particulièrement féroces et entraînés à se battre avec les loups) ainsi que d'autres chiens de race pas moins « respectables ».

Qui plus est, on peut se faire une idée approximative du standing du propriétaire du chien : plus le maître est aisé, plus son « fidèle compagnon » en imposera. Tout d'abord, un chien robuste et féroce est en mesure de protéger son maître, ensuite, ce chien, de par son prix très élevé, ajoute au prestige de son propriétaire. Et cela est fondé si l'on tient compte de la pesante atmosphère criminelle qui sévit dans la Russie actuelle. Si la police est impuissante, il faut bien se défendre soi-même !

6. Les transports en commun, les passages pour piétons

Les habitants de Moscou et Saint-Pétersbourg et autres cités importantes de Russie s'enorgueillissent avec juste raison de leur métro. C'est le moyen de transport urbain le plus rapide et le plus pratique, capable de transporter 60 000 passagers par heure dans une direction. Chaque jour, des millions de gens utilisent ses services.

Sur le continent européen, le métro parisien est un des plus anciens, construit il y a tout juste un siècle (1900). Il n'est pas étonnant que le métro moscovite, apparu trente ans après, apparaisse jusqu'à aujourd'hui comme plus moderne techniquement et plus spacieux. Et ce qui n'est pas non plus anodin, il frappe les étrangers par sa beauté et sa propreté. Car ce sont non seulement des ingénieurs et des spécialistes en communications souterraines, mais aussi les meilleurs sculpteurs, architectes et peintres de l'époque, qui ont pris part à sa construction. Chaque station a son cachet architectural et artistique et son thème de décoration. Ce n'est pas pour rien que le métro est appelé le « palais du peuple ». Il en était ainsi au tout début de la construction du métro et l'attention apportée à la décoration fait partie d'une tradition qui s'est maintenue dans la conception des nouvelles stations.

Le deuxième par sa taille et son importance en Russie est le métro de Leningrad (aujourd'hui Saint-Pétersbourg). Il fut – en raison de la guerre – construit vingt ans plus tard, en 1955. Il se différencie du métro moscovite par ses lignes austères et la simplicité de sa décoration. Les idées architecturales s'exprimaient différemment, soumises au diktat de l'époque nouvelle.

Aujourd'hui, la lettre « M » du métro scintille de sa lumière rouge dans les rues de Moscou et de Saint-Pétersbourg. Mais le métro fonctionne aussi à Novossibirsk, Nijni Novgorod, Samara, Ekaterinbourg, Oulianovsk et dans toutes les grandes villes de Russie. Chaque jour, il ouvre ses portes de 6 heures du matin à 1 heure et les rames transportent les passagers à intervalles de 1 à 2 minutes. C'est vraiment le moyen de transport urbain le plus populaire et le plus rapide en Russie.

Les étrangers sont frappés par le luxe et la beauté des stations de métro, par la propreté et l'absence de graffitis sur les murs, si répandus en Europe. Quant aux Moscovites, ils ne cessent de soupirer : d'accord, c'est beau, et alors ? Cela n'empêche pas que les rames soient bondées et, aux heures de pointe, on étouffe ! Leurs yeux se sont habitués à la beauté et ils ne la remarquent même pas, pour eux c'est un métro tout ce qu'il y a de plus « normal ». Mais une fois en Europe, ils sont ébranlés quand ils découvrent les murs recouverts d'inscriptions barbares, l'architecture austère, la saleté et les odeurs spécifiques, sans parler du métro de New York !

Dans les grandes villes, en dehors du métro, un système de transports, non souterrain cette fois, a été développé : il s'agit des tramways, des trolleybus et des autobus. Sous le pouvoir soviétique, les transports urbains étaient précis et ponctuels. Quant au billet, il était incroyablement bon marché : il fallait garantir aux citoyens qu'ils arrivent à l'heure et sans soucis à leur poste de travail. La plupart des Russes ne pouvaient s'offrir une voiture.

Aujourd'hui, la situation a radicalement changé : une voiture est tout à fait à la portée d'une famille aux revenus moyens. Cette situation est, au fil du temps, à l'origine du nombre croissant de bouchons sur les routes. Si l'on considère que le parc automobile de Moscou comporte plus de 800 000 véhicules (autobus, camions, 15 000 taxis, 700 000 voitures individuelles, ainsi de suite), aux heures de pointe, près de 32 000 voitures se dirigent vers le centre ville ; on peut alors se représenter les formidables bouchons qui se forment sur les artères moscovites, et ce, plusieurs heures durant ! La vitesse moyenne peut alors ne pas dépasser les 10 km/h ! Pour cette raison, nombreux sont ceux qui préfèrent prendre le métro : ils ont ainsi plus de chance d'arriver à l'heure ! Tout comme en Europe, les gens veulent s'assurer qu'ils ne seront pas en retard au travail ou à leur rendez-vous.

Le nombre de voitures individuelles dans les grandes villes de Russie a brusquement augmenté, mais l'organisation gouvernementale des transports urbains est souvent en crise : la main-d'œuvre fait défaut en raison des bas salaires offerts aux conducteurs, ou c'est l'essence qui manque. Certaines lignes d'autobus ont été supprimées et les autres fonctionnent de façon irrégulière, ce qui provoque l'indignation stérile des citoyens. Dans ce type de transports, vous verrez aujourd'hui principalement des personnes âgées dans la mesure où, premièrement, les retraités disposent de plus de temps libre et sont plus patients, et où, deuxièmement, ils ont le droit de voyager gratuitement à Moscou.

Un nouveau type de transport est venu à la rescousse des transports en commun : ce sont les taxis à itinéraire fixe, les *marchrout'ki* (*marchrout'* = « itinéraire » en russe). Ils fonctionnent sur certaines lignes d'autobus, les doublant en quelque sorte, mais leur itinéraire est beaucoup plus court : ils sont chargés d'amener 10-12 personnes du métro jusqu'à un micro-quartier. Cela ne prend pas plus de 10 minutes et coûte environ 0,5 $ par passager. Pour les personnes âgées, c'est une somme non négligeable, c'est pourquoi vous verrez dans ces taxis un tout autre public : ce sont, généralement, des personnes dynamiques et aux revenus modestes, jeunes ou d'âge moyen : des étudiants, des enseignants, des médecins, des femmes de ménage chargées de sacs volumineux.

Des taxis officiels, on en trouve bien sûr dans toute ville, mais ils n'ont pas le succès des *levaki* (« travailleurs au noir »), car ils sont beaucoup plus chers. N'importe quel conducteur de voiture (même s'il ne s'agit pas de la sienne) peut devenir « travailleur au noir » en Russie, s'il souhaite arrondir ses fins de mois. Les Russes, quand ils sont pressés, lèvent la main et font signe à n'importe quel conducteur de voiture : très rapidement, ils trouvent toujours quelqu'un qui soit intéressé de gagner un petit extra en prenant une personne à bord. Cette pratique est de plus en plus répandue en Russie avec l'augmentation du niveau de vie de la population. Cette tradition du « taxi au noir », comme l'appellent les Français, a de lointaines racines. Elle remonte à l'époque soviétique, quand les taxis étaient rares et que les *levaki* se révélaient être le plus souvent les chauffeurs privés des bureaucrates de la nomenclatura. Le mot *levak* lui-même signifiait à l'origine : qui travaille « au noir » dans le cadre de son travail.

Il est un phénomène russe sur lequel il convient de s'arrêter en particulier : il s'agit de l'antagonisme entre conducteurs et piétons. De plus, cet antagonisme en Russie s'exprime ouvertement. On ne laissera pas passer une voiture qui arrive d'une rue transversale. Les camions forceront le passage en menaçant les petites voitures. Aucun conducteur ne freinera à un passage clouté s'il voit un piéton : il ne laissera passer ni femme, ni vieillard, ni enfant : ces derniers doivent attendre sur le trottoir que la voie soit libre. Hélas, la politesse européenne fait défaut ici. Un grand nombre d'accidents se produisent sur les routes (110 pour 100 000 habitants) et dans 50 % d'entre eux, les piétons sont renversés. Un très grand nombre de gens est tué de cette façon.

Comment peut-on expliquer cela ?

Premièrement, il se peut que les conducteurs soient stressés par le mauvais état des routes qui n'ont pas été remises en état depuis longtemps. Deuxièmement, cela est dû aux habitudes récentes de conduite de la majorité des automobilistes : la plupart des novices qui tiennent un volant en main n'ont pas suffisamment d'expérience de la conduite ni le bon comportement au volant. Troisièmement, il s'agit aussi d'un problème psychologique d'affirmation de soi : une voiture, quelle que soit sa marque, est inconsciemment un signe de prestige, de réussite dans la vie, un « tremplin », et ceux qui vont à pied sont des gens qui n'ont pas si bien réussi, alors pourquoi « prendre des gants » avec eux ? Quatrièmement, jusqu'à une époque récente, du fait des lois « non appliquées » et de la corruption de la milice, il était possible d'acheter dans les passages souterrains n'importe quels documents officiels, y compris un permis de conduire. Les premières générations de « nouveaux Russes » ne s'abaissaient pas à étudier le code de la route et conduisaient « à l'aveuglette ». On peut imaginer combien ces conducteurs étaient dangereux et les fins tragiques qu'ils ont occasionnées.

Aujourd'hui, de tels accidents sont rares : même les « nouveaux Russes » se sont mis à changer. Ce qui n'empêche pas les piétons russes d'être extrêmement prudents sur les trottoirs des grandes villes. Sur la route, et sur le trottoir, un moment d'inattention et c'est votre vie que vous risquez !

7. Les automobiles

Jusqu'à présent, l'automobile, pour le Russe, correspondait au rêve suprême, un rêve d'enfance, une passion, une idée fixe, l'objectif d'une vie. D'après un sondage du journal *Argumenty i Fakty (Faits et Arguments)* effectué en mars 2002[17], à la question « possédez-vous une voiture ? », 42 % des Russes interrogés répondaient par l'affirmative et 17 % s'apprêtaient à en acheter une. Ce qui signifie que presque la moitié de la population de Russie ou bien possède une automobile ou bien s'apprête à en acquérir une. Ce chiffre se rapproche des normes européennes, alors qu'il y a seulement 8 ans, il était de 7 fois inférieur[18]. Enfin 16 % de la population, celle des grandes villes bien entendu, possèdent plusieurs voitures par famille.

Même sans y prêter beaucoup d'attention, chacun peut remarquer que sur les routes de Russie, notamment en province où la vie est plus difficile, circulent principalement des voitures de marque russe, des Lada et Moskvith démodées. Le rêve de tout automobiliste est d'acquérir une voiture de marque étrangère. Pour désigner ces voitures, les Russes utilisent le mot *inomarka*, qui signifie « autre marque » (dans le sens de « voiture de marque étrangère »), c'est-à-dire une voiture d'une classe nettement supérieure, une voiture de prestige comparée à toute autre, même à la Tchaika (voiture « gouvernementale » utilisée par tous les pontes du Kremlin avant la perestroïka). Là encore, tout comme pour l'expression « travaux à l'européenne », les Russes ne cachent pas leur respect envers la civilisation matérielle de l'Ouest.

Les Russes qui se sont enrichis reconnaissent volontiers qu'une *inomarka* est le rêve, l'objectif d'une vie de tout homme d'affaires qui se respecte. Ce rêve est si profondément enraciné dans l'échelle des valeurs qu'il a, à son tour, créé une nouvelle échelle.

Il y a quelques années encore, le mot *inomarka* sonnait triomphalement à l'oreille de chaque Russe. Pas besoin de demander : « Mais quelle marque précisément ?» Ce n'était pas si important, puisque à l'époque, les Russes n'avaient aucune expérience en la matière. L'important était que la voiture fût de marque étrangère. Aujourd'hui, le peuple a appris à s'y retrouver dans les marques étrangères de voitures, à connaître les plus fiables, etc.

Les ventes d'automobiles étrangères en Russie ont, ces derniers temps, obtenu des résultats vraiment surprenants. Elles ont, par exemple, augmenté de 5 % en l'an 2000 par rapport à l'année précédente et de 100 % en 2001. Et les résultats des ventes de début 2002[19] parlaient déjà d'une hausse de 300 % ! Cette percée fulgurante des marques étrangères sur le marché russe s'explique par l'essor économique des régions de Russie. C'est ainsi que les régions représentent 30 % des ventes pour certains constructeurs, et ce chiffre continue de grimper !

Là, il convient de préciser qu'en Russie, on n'achète pas n'importe quelle marque : ce sont les voitures économiques et bon marché qui sont demandées, des voitures que l'on pourrait qualifier de « chevaux de trait », l'important étant qu'elles soient suffisamment confortables et solides et ne se fassent pas trop remarquer ! 90 % du volume total de voitures étrangères en Russie sont constitués par des voitures allant de 7 000 $ à 15 000 $, c'est-à-dire des voitures abordables. Les voitures les plus vendues sont la Daewoo Nexia (6 900 $), la Skoda Octavia (12 000 $), la Renault Clio Symbol (8 500 $) et quelques autres[20].

De l'aveu de ces mêmes « nouveaux Russes », il existe en Russie une échelle selon laquelle, indépendamment du prix, du modèle, de la couleur, de l'ancienneté et de l'état de la voiture, la Mercedes vient en première place. Cette voiture, quelle qu'en soit la version, est si populaire qu'au cours des dernières années, rien que dans la région de Moscou, il s'en est vendu autant qu'en Europe occidentale en une décennie. Viennent ensuite, pour ce qui est du prestige, la BMW, puis la Volvo, et seulement ensuite toutes les autres marques, y compris les françaises, les japonaises et les coréennes. Comme nous le constatons, les Russes apprécient les voitures puissantes, adaptées aux mauvaises routes et à des conditions climatiques difficiles.

Les jeeps (autre nom russe : les *vnedorojniki*, littéralement « celles qui vont hors des sentiers battus ») sont de même extrêmement appréciées et pas seulement celles de fabrication américaine... La quantité de jeeps (modèles Cruiser, Land-Rover, Cherokee et autres) saute aux yeux sur les routes. Les Russes aiment tant les jeeps que leurs propriétaires légitimes prennent le risque de les voir « disparaître », même en recourant à des mesures de protection renforcée. Selon les statistiques, ce sont précisément ces voitures qui sont l'objet de convoitise des voleurs. Et les hommes d'affaires et les mafieux préfèrent circuler en ville en jeep avec des vitres teintées, ce qui est du dernier chic !

Bien entendu, cet amour déclaré des acheteurs russes pour les marques étrangères ne pouvait pas ne pas entraîner la ruine de l'industrie automobile nationale, qui n'a pratiquement aucune chance de se relever. En constatant cela, le gouvernement russe renforça les mesures fiscale et protectionniste pour défendre la production du pays. Une barrière douanière a été instaurée dans le pays pour l'importation de voitures étrangères d'occasion : depuis 2002, il faut payer une taxe supplémentaire allant jusqu'à 100 % de leur prix d'achat pour leur faire passer la frontière, taxe qui sera ensuite reversée pour soutenir la production nationale. De toute façon, on sait bien que les producteurs nationaux ne sont pas en mesure de rivaliser avec les géants mondiaux de l'automobile et que cette mesure est vouée à l'échec. Les cotisations supplémentaires prélevées sur ceux qui achètent une voiture étrangère « d'occasion » ne font qu'irriter la population et augmenter la vague de mécontentement vis-à-vis du gouvernement.

Selon l'avis des experts, la part des automobiles russes sur le marché national ne pourra que diminuer malgré tous les efforts de lobbying du gouvernement en faveur de son industrie automobile.

8. Les magasins

Si vous étiez à Moscou il y a dix ans, alors vous ne pourrez que remarquer combien les magasins ont changé depuis. Il y a seulement 8-10 ans, les correspondants étrangers mettaient en avant dans leurs reportages les étalages scandaleusement vides et les queues interminables. À présent, il paraît difficile de croire qu'il fut un temps où chaque individu soviétique « s'approvisionnait » avec des bons de ravitaillement comme en temps de guerre. Même l'élite soviétique ne pouvait s'en passer. Ainsi, la fille des

Gorbatchev, Irina Virganskaïa, raconte dans son interview (hebdomadaire *Argumenty i Fakty*, 2003, n° 6) que sa famille « avait des cartes d'approvisionnement comme tout le monde, qu'elle utilisait quand elle se rendait dans les magasins ».

On peut très bien se représenter, même sans avoir beaucoup d'imagination, le choc que ressentirent les citoyens soviétiques en découvrant pour la première fois les opulentes vitrines de l'étranger. On peut fort bien imaginer l'envie qui s'empara alors d'eux à cette vue, leurs complexes d'infériorité, l'envie brûlante qu'éveillèrent cette richesse et cette abondance étrangères, le sentiment d'humiliation de leurs propres misère et impuissance... Et se peut-il que ces sentiments accumulés au cours de toutes ces années et transmis de génération en génération soient restés sans influer sur l'archétype russe ? Il va de soi qu'ils eurent un impact pas forcément positif. De fait, les privations du passé sont encore présentes dans l'esprit des Russes d'aujourd'hui : plus que les autres, ils sont dépensiers, aiment vivre « sur un grand pied », se démarquer de la foule et montrer leur réussite personnelle par les attributs extérieurs de la richesse.

À présent, les étalages vides des magasins, les aliments sur présentation de bons, la phrase proverbiale de la vendeuse insolente : « 200 grammes de saucisson à chacun ! », tout cela remonte à un passé lointain. Vers le milieu des années 90, la situation s'inversa. La Russie fut envahie par une avalanche de produits en provenance de tous les coins de la planète. Mais le commerce de détail était mal organisé et les marchés de gros, les foires faisaient plutôt penser à des bazars orientaux par le nombre de « marchands indépendants », celui des kiosques autonomes à l'aspect minable, la vente « de main à main », celle des contrefaçons, une production non conforme aux lois sanitaires, etc. Le niveau de bien-être de la population était assez bas et le peuple préférait acheter les aliments et les produits de première nécessité sur les marchés en plein air où les prix étaient considérablement moins élevés que ceux des magasins, dans la mesure où les marchands n'y payaient pas d'impôts. Aujourd'hui, la situation a radicalement changé. À présent, les magasins en Russie, surtout dans les grandes villes, ne diffèrent pratiquement en rien des magasins européens, que ce soit par leur aspect extérieur ou le choix des articles. Une différence essentielle avec la période soviétique réside dans les horaires : ils sont dorénavant ouverts sept jours sur sept, sans interruption à l'heure du déjeuner, et ferment souvent bien plus tard que les magasins en Europe.

Ces dernières années, on a assisté, à Moscou et dans les grandes villes de Russie, à un véritable boom des chaînes de magasins occidentaux, en pleine expansion : des chaînes d'hyper et de supermarchés se sont ouvertes telles que *Auchan*, *Ikea*, *Le Septième Ciel*, *Ram Store*, *Metro Cash and Carry* et d'autres, destinés au consommateur moyen. Les analystes estiment que l'ouverture d'autres chaînes de magasins occidentaux en Russie est inévitable à très court terme.

Comme le montrent les enseignes, les investisseurs étrangers témoignent un vif intérêt pour le développement de leur commerce en Russie. Et la politique du gouvernement moscovite leur est favorable. La puissance financière et la réputation de la société leur confèrent une influence politique non négligeable.

Et comment cela se traduit-il dans la réalité ? Par exemple, le représentant d'une grande chaîne occidentale peut avoir directement des entretiens avec le maire et l'adjoint au maire de Moscou et décider à son avantage de toute question. C'est un privilège inaccessible à la majorité des sociétés russes. Et si le maire ou son adjoint donne le « feu vert », alors tout « baigne dans l'huile » pour l'entrepreneur.

À la différence de l'Occident, les hypermarchés sont situés non « extra muros » mais « intra muros », à la périphérie des villes, dans des quartiers, il est vrai, encore desservis par le métro. Les constructeurs de ces magasins comprennent la spécificité de la réalité russe : le niveau de vie de la population dans le pays n'est pas encore suffisamment élevé pour qu'ils puissent compter sur la présence d'une voiture dans chaque famille. Alors que tout un chacun peut se rendre en métro dans ces magasins. Même les retraités, pour lesquels les transports publics sont gratuits et qui y vont par curiosité, pour la nouveauté, peuvent choisir un objet approprié, fût-il modeste.

Les super et hypermarchés concurrencent en prix les marchés de gros à ciel ouvert, évinçant peu à peu ces derniers. Ce sont des sources d'impôts plus conséquentes, ils créent de l'emploi, une infrastructure se met en place, etc. À la différence du milieu des années 90, le commerce de détail « se civilise» considérablement : les kiosques de même type sont rassemblés à présent sous un toit commun, le public a accès aux toilettes, des gardes surveillent les lieux, etc., et tout cet ensemble porte à présent le nom de «centre commercial».

Ainsi peut-on assister dans les villes importantes de Russie au développement rapide d'un commerce de détail. Les experts de l'agence *MAGRAM Market Research* (études de marché) estiment que les centres commerciaux *doublent* chaque année leur superficie. Toutefois, cela est encore nettement insuffisant par rapport aux besoins. Moscou, par exemple, a 7-8 ans de retard sur les villes européennes. Ainsi, si, à Londres, on recense 275 m^2 de superficie commerciale pour mille habitants, ce rapport[21] est de 398 m^2 pour mille habitants à Paris et seulement de 20 m^2 à 150 m^2 – en fonction du quartier – pour mille habitants à Moscou, ce qui est vraiment peu.

Nous mentionnons constamment Moscou en premier parce que c'est la porte de la Russie : c'est là que les processus vitaux les plus importants se dessinent et suivent impétueusement leur cours... Quant à évoquer les régions de Russie, pour la majorité d'entre elles, le développement du commerce de détail ne pourra s'y faire qu'à long terme. On peut le plus souvent comparer leur situation à celle du Moscou du début des années 90. Par exemple, à Saint-Pétersbourg, la chaîne des supermarchés a été très faiblement développée. On y trouve des marchés en plein air près des stations de métro, les «anciens» magasins d'alimentation, qui ont conservé l'esprit de la période soviétique, et les grands magasins. Les rares supermarchés ciblent les personnes aisées. Ainsi, en province, il y a encore une niche pour le commerce de détail.

En dehors des supermarchés, on trouve des petits magasins – des chers et des pas chers – et des «boutiques» de luxe. Dans ces dernières, vous pouvez trouver des vêtements, des fourrures ou des cosmétiques importés de tous les pays du monde. Même un acheteur avisé ne saura plus où donner de la tête devant cette profusion d'articles. Le choix, tout comme le prix des marchandises, y est, toutefois, absolument fantastique. Le problème n'est plus de s'habiller ou de se ravitailler en Russie, mais de savoir où trouver l'argent pour cela.

Selon les sociologues et les économistes russes, Moscou est, aujourd'hui, une des villes les plus chères d'Europe. Les prix y sont comparables à ceux de Paris, et les prix des fruits, des légumes, des vêtements de qualité et surtout du vin, bien supérieurs. Il est vrai que la viande et les produits laitiers y sont moins chers qu'en Europe. Mais le poisson, lui, est hors de prix, même s'il n'est pas fameux – et surgelé. Néanmoins, dans l'ensemble, on peut dire que, pour les Russes, le problème n'est pas de savoir comment dépenser leur argent mais comment le gagner.

Notons encore une particularité des magasins russes : tous sont loin d'accepter le paiement par carte bancaire ou par chèque. Les notions mêmes de « carte bancaire » et de « chéquier » sont relativement nouvelles pour les Russes. À la différence des Européens et des Américains, les Russes sont habitués à compter en argent liquide. C'est pourquoi, en vous rendant dans un magasin, demandez-leur s'ils acceptent votre carte de crédit. Les chèques sont peu répandus.

Et soyez prudent pour ce qui est de votre carte bancaire ! Pour leurs transactions avec carte bancaire, les magasins russes utilisent des appareils obsolètes, comparables à ceux que l'on utilisait en Europe il y a 10-15 ans ! Les cartes ne sont donc pas protégées par un code confidentiel. Si votre carte est volée, n'importe qui peut l'utiliser.

9. La nourriture

La cuisine parfois reflète mieux la culture d'un peuple que les paroles de son hymne national. Le chemin le plus court pour la compréhension d'une culture étrangère (tout comme pour le cœur d'un homme) est son estomac. On peut affirmer avec assurance que la véritable cuisine russe reste inconnue en Occident. De nombreux restaurants de cuisine russe, à la mode en Europe occidentale et en Amérique, sont conçus, en principe, « à la russe » (à très peu d'exceptions près). Là, les tsiganes, la balalaïka et un petit verre de vodka sont la principale attraction du repas, et l'on y mange des *pirojki* (petits pâtés russes) ou des *pelmenis* (raviolis russes) à prix d'or, bien entendu. Ces restaurants ne font que vous convaincre qu'il est plus facile de simuler la cuisine russe que d'en comprendre les secrets et la réussir. Comme disent les esprits sarcastiques, l'Occident jusqu'à maintenant n'a rien compris à la cuisine russe, car il n'a pas eu l'occasion d'en goûter d'authentique. De là vient le manque d'égards envers tout ce qui est russe, les préjugés, l'incompréhension…

La cuisine russe, dans le mode de vie des Russes, occupe une place différente de celle des autres peuples. Son importance, l'intérêt qu'on lui porte sont différents.

La fine cuisine française est toujours, partout et par tous considérée comme un signe de culture raffinée. Dans son étude sur le caractère français, le chercheur T. Zeldin écrit que « la cuisine française est plus un art qu'une science[22] ». On comprendra que les Français soient très difficiles en matière de cuisine. Bien entendu, c'est avec plaisir qu'ils goûteront le *borchtch* (soupe aux betteraves originaire d'Ukraine) et les salades russes et ils s'enthousiasmeront pour le caviar et les *pirojki.* Mais une fois rentrés de voyage, la première chose qu'ils font est de se précipiter au restaurant pour se convaincre qu'ils sont bien chez eux.

Ils accordent beaucoup d'attention non tant à la subtile préparation d'une recette qu'à la qualité du produit qui en résulte. La *kacha* (bouillie) russe faite à partir de rien est quelque chose de tout à fait inconcevable pour un Français. Cet aspect de la vie française agace toutefois souvent les Russes. Bien qu'en général ils aiment beaucoup manger, la nourriture n'est pas leur sujet de prédilection.

Il faut savoir que la cuisine russe ne repose pas sur un art mais sur des *traditions,* des *mœurs.* Pour cette raison, elle est composée de mets plus simples et plus rationnels. On peut considérer cela comme un signe de pauvreté et un manque de fantaisie culinaire. Mais on peut aussi considérer cette approche comme un attachement des Russes à leurs mœurs, comme le signe de leur simplicité dans la vie quotidienne. Quelle approche vous choisirez, c'est une question de goût !

La nourriture représente le poste le plus important de dépenses d'une famille russe, surtout dans les familles modestes, les classes moyennes et chez ceux qui ont encore moins de moyens. D'après une étude du groupe Expert, la classe moyenne consacre 22,7 % de ses revenus – soit près d'un quart – à l'alimentation. En un mois, une famille de trois personnes achète pour environ 185 $ de produits sur les marchés et dans les magasins et dépense encore 45 $ au café et dans les restaurants lors des pauses-repas et dans les repas d'affaires[23].

Pour ce qui concerne les gens aisés dans la Russie d'aujourd'hui, plus ils ont d'argent, plus ils en dépensent en nourriture. Non parce qu'ils préfèrent acheter des mets délicats et les vins les plus coûteux, mais parce que, de plus en plus fréquemment, ils ne mangent plus chez eux (ce qui reviendrait beaucoup moins cher) mais au restaurant, où les prix sont très élevés.

Le meilleur moyen pour vous familiariser avec la bonne cuisine russe est d'être invité chez des Russes. Aujourd'hui, bien sûr, on sert rarement à table les plats russes traditionnels. Toutefois, il faut noter que certains d'entre eux sont tellement appréciés des Russes qu'ils constituent encore aujourd'hui la base du repas familial quotidien et même du repas au restaurant.

L'important, ce qui fait la renommée de la cuisine russe, c'est la profusion et la diversité des *zakouski* (hors-d'œuvre) servis en entrée à table au cours d'une fête. Il est très important pour les Russes que la table soit abondamment garnie : il doit y avoir de tout en quantité afin d'avoir l'embarras du choix et que les yeux soient éblouis par les couleurs éclatantes et variées et la richesse de la table. La simple énumération des différentes espèces de *zakouski* est pratiquement chose impossible : elles sont si diverses ! Il y a là différents assortiments au poisson et à la viande, des salaisons particulières aux épices et mille sortes différentes de salades, pour ne citer que quelques entrées... Il y a aussi les salades traditionnelles que l'on retrouve au menu de tout restaurant et au repas de chaque maison, comme, par exemple, la salade *olivier* la nuit de la Saint-Sylvestre (appelée « salade russe » en Occident). Et chaque ménagère russe a obligatoirement sa recette de salade « maison » dont elle est fière et qu'elle garde secrète. C'est précisément cette diversité extraordinaire dans les *zakouski* et ce nombre inouï de soupes qui confèrent à la cuisine russe sa richesse – à l'égal de sa littérature.

La *kacha* (bouillie de gruau), plat caractéristique de la cuisine russe, est l'un des plus anciens, déjà connu des Scythes au Ve siècle avant J.-C. Et les Russes d'aujourd'hui apprécient toujours autant ce plat simple et sain. La *kacha* est faite à partir d'ingrédients d'origine végétale les plus divers : maïs, potiron, semoule, riz, sarrasin, millet, etc. Selon les goûts, elle peut être préparée avec du lait ou des fruits séchés ou du beurre légèrement salé et abondamment arrosé. On la consomme souvent au petit déjeuner. Outre sa rapidité de préparation, c'est un plat bon marché, pratique, végétarien, copieux et bon pour la santé.

Dans leur ration journalière, les Russes consomment énormément d'aliments à base de farine, surtout du pain. Le pain russe, à base de froment et différents ingrédients, est cuit à point ; il est extraordinairement goûteux et parfumé. Ce n'est pas un hasard si les Russes qui se rendent à l'étranger apportent en cadeau à leurs compatriotes non pas des souvenirs coûteux mais leur pain « noir » odorant en tant que « modeste souvenir » du pays : on n'en trouve nulle part d'équivalent. Les Russes témoignent, par tradition, beaucoup de respect envers cet aliment. On enseigne aux enfants à le consommer à tout repas, car « il donne de la force », ainsi qu'à être respectueux envers le pain ; s'ils jettent du pain gâté, c'est considéré comme un « péché », et ils sont punis pour cela.

Pour preuve du respect témoigné par les Russes envers le pain, nous nous permettons de rappeler l'histoire du pain « de Borodino » qui est une histoire d'amour. Le pain « de Borodino » est le pain favori des Russes. Son croûton appétissant est recouvert de coriandre, il a une odeur épicée et un goût sucré. La recette de ce pain est en général connue, on peut même la trouver sur Internet. Mais il faut trois jours pour que le pain arrive à maturité ! Une minute de plus ou de moins et ce n'est déjà plus le pain « de Borodino » que l'on a entre les mains ! Le secret de sa composition revient à une religieuse d'un des monastères de la banlieue de Moscou. Dans le monde, elle était Marguerite Toutchkova, la femme du jeune et brillant général Alexandre Toutchkov. Il fut tragiquement tué lors de la bataille contre les Français sur le champ de Borodino à la fin de l'été, le 26 août 1912. Léon Tolstoï, dans son roman *Guerre et Paix*, rappela son comportement héroïque durant le combat en la personne d'Andreï Bolkonskij. Marguerite Toutchkova ne supporta pas la mort de son époux, quitta le monde et s'exila dans un monastère. Là, après maints essais, elle conçut la recette du pain « de Borodino ». C'était un pain noir conçu pour rendre hommage à tous les héros de Russie, morts sur le champ de bataille lors des guerres napoléoniennes.

Les Russes ont, de plus, une prédilection pour les *pelmenis*, qui ressemblent de par leur forme aux raviolis italiens mais ont un goût particulier. Bien entendu, les véritables *pelmenis* sont faits, selon la tradition, en hiver et sont particulièrement appréciés des Sibériens. Souvent, toute la famille participe à la confection de ce plat relativement simple, on les « modèle » par milliers, ensuite on les congèle et on les conserve dans un sac sur le rebord de la fenêtre. Dans les appartements modernes, ils vont au congélateur. Pour les consommer, il suffit de jeter les *pelmenis* gelés trois minutes dans l'eau bouillante et le repas est prêt ! C'est très simple et très pratique ! Aujourd'hui, il n'est pas toujours possible de faire des *pelmenis* « maison » dans les familles qui travaillent. L'industrie met tout en œuvre afin de combler cette « lacune » : dans n'importe quel magasin vous pourrez choisir vos *pelmenis* préférés parmi des dizaines d'autres : à la viande, aux champignons, au poulet... Vous en trouverez même des sucrés au fromage blanc et aux baies. Les derniers en vente dans le commerce viennent d'Ukraine et s'appellent *vareniki*. Ils sont, certes, beaucoup moins savoureux que ceux faits « maison » mais ils se vendent bien : c'est une sorte de « fast food » à la russe.

Et, bien entendu, on trouve parmi les plats traditionnels de toute famille russe l'incontournable *borchtch* (soupe aux betteraves) ou le *chi* russe (soupe aux choux).

10. Les toasts

Tout le monde connaît l'amour des Russes pour les boissons alcoolisées, une véritable institution en Russie. C'est un aspect important de la vie là-bas et mieux vaut être très informé sur ce sujet afin de ne pas risquer sa réputation, ses affaires, sa santé et même parfois sa vie. D'autant plus que les étrangers qui observent les « mœurs russes » de loin ont souvent une idée préconçue sur le sujet.

Voici, par exemple, ce que nous en dit l'Américain H. Smith dans son livre *Les Russes* : « L'Occident n'a rien d'équivalent à la vodka et personne qui sache la boire comme les Russes. Tout comme la corruption, la vodka est le lubrifiant indispensable aux relations humaines et au mécanisme de fuite de la réalité. Sa seule évocation fait saliver le Russe. Une bouteille débouchée doit être vidée. La reposer encore remplie sur la table ne saurait provoquer que l'hilarité chez un Russe... L'invité qui boit lentement ou à petites gorgées son verre au lieu de le retourner “tête en bas”, une fois vide, sur la table s'entendra dire qu'il offense le maître de maison… Un étranger ne peut vivre bien longtemps en Russie sans risquer de contracter une maladie du foie causée par la vodka… En trois années de séjour en Russie, j'avais consommé plus d'alcool que durant tout le reste de mon existence[24]. »

Ce regard d'un Américain est critique mais fondé. Il n'en demeure pas moins qu'il n'a pas cherché à comprendre le phénomène ou du moins à éviter de parler des Russes sur un ton blessant, les traitant tous de fieffés ivrognes. L'auteur généralise beaucoup trop à partir d'une expérience concrète qui lui est personnellement arrivée. Nous nous autorisons quelques objections. Premièrement, les Russes ne sont pas tous des ivrognes. Parmi les hommes d'affaires russes et hommes d'État actuels, vous pouvez fort bien ne jamais en rencontrer un, surtout ces dernières années. Deuxièmement, beaucoup de choses ne dépendent que de vous, du genre de personnes dont vous vous entourez. Et rien ne vous empêche d'être plus rigoureux dans le choix des gens à qui vous avez affaire.

Au demeurant, aucune tradition n'oblige en Russie à reposer son verre « tête en bas » sur la table après l'avoir vidé. Il est en effet de coutume de vider son verre d'un trait mais seulement dans le cas d'un toast prononcé avec brio et chargé d'émotion que vous approuvez totalement. En vidant votre verre après ce toast, vous l'« applaudissez » en quelque sorte. Souvent les Européens sont convaincus qu'il faut, après avoir fait cul sec en buvant, jeter son verre vide par-dessus l'épaule, « à la russe », ce qui amuse beaucoup les Russes. Ces derniers boivent en effet leur verre d'une traite mais le remplissent une, deux, trois fois… Combien de fois faudrait-il alors le remplacer ?

L'hospitalité traditionnelle des Russes peut amener le maître de maison à « insister auprès de vous », avec des pressions du type « par estime pour moi… » et ainsi de suite. Pour les Russes, il s'agit d'une sorte de jeu, car ils savent parfaitement que vous n'êtes pas en mesure de rivaliser avec eux dans un « marathon » aussi particulier. Dans ces cas, il vaut mieux s'avouer « battu » d'avance. Si vous sentez que vous ne « tiendrez pas la route », vous êtes parfaitement en droit de ne pas répondre à ces provocations en ne vidant pas votre verre cul sec ou en refusant de boire plus que nécessaire.

Simplement, faites-le avec tact, prétextez un estomac fragile, le manque d'expérience, ne buvez pas d'un seul coup (mais sans le montrer), bref, rusez et faites appel à vos talents de comédien.

Et ne renversez jamais votre verre sur la table après l'avoir vidé pour montrer à votre hôte que vous n'êtes plus en mesure de boire (vous en êtes à votre dixième verre?...). C'était une habitude propre seulement aux marchands de l'avant-dernier siècle pour le thé dans les « trous perdus de Russie », en Sibérie. Ce geste ne fera que déclencher une tempête de rires autour de vous. En essayant d'agir « à la russe », vous aurez l'air de vouloir singer les Russes. Et franchement, est-ce l'effet désiré ?

Supposons que vous soyez invité à un repas au cours duquel vous aurez à boire de la vodka : la vodka est, tout de même, la boisson nationale et vos hôtes auront raison d'insister pour que vous la goûtiez et l'appréciiez. Heureusement pour vous, les Russes ne prennent pas d'apéritif. Les invités se mettent tout de suite à table où les attendent, selon la tradition, toutes les boissons servies simultanément. Un Français sera frappé par la grande variété de boissons : de la vodka (différentes sortes), du cognac, des vins secs (rouges et blancs), des alcools doux « pour les dames » tels que liqueur ou porto ainsi que de l'eau minérale et de l'eau fruitée. La table doit être bien garnie et, pour des raisons d'ordre pratique, on y a disposé tout ce qu'il y a dans la maison, et ce, afin de ne pas avoir à courir inutilement à la cuisine chercher une nouvelle bouteille, dérangeant ainsi la maîtresse de maison. Après tout, elle s'est donné beaucoup de mal pour préparer le repas, elle est fatiguée et elle peut à présent être tranquillement assise à côté de vous et profiter de ses invités, sans rien perdre de la conversation et en y prenant même part activement. Après tous ces efforts, elle n'a aucune envie de courir à droite et à gauche comme le font habituellement les maîtresses de maison européennes. Elle vous offre en quelque sorte la possibilité de vous servir vous-même à table. Cette coutume chez les Russes nous semble très démocratique.

Ainsi donc, il y a sur la table une très grande quantité de bouteilles et des plus variées. Si le repas est lié à une quelconque célébration, on ouvre en premier le champagne : les Russes l'apprécient beaucoup. Il n'y a pas vraiment de règles dans les traditions russes qui prescrivent quelle boisson doit accompagner tel mets. Toutefois, en début de repas, on sert des amuse-gueule salés et pimentés qu'il est préférable d'accompagner de vodka selon la tradition.

Une chose qu'il vaut mieux savoir à l'avance : le « brandy » russe auquel les Russes, par tradition, donnent le noble qualificatif de « cognac », est assez fort et peu supportable ; il accompagne difficilement un plat, aussi vaut-il mieux opter pour de la vodka glacée. D'autant plus que, ces dernières années, il est importé des ex-républiques soviétiques méridionales, ce qui n'est pas un gage de qualité. Si votre santé vous importe et que vous ayez à choisir entre deux boissons, tenez-vous-en plutôt à la vodka, ce sera moins dangereux pour votre santé. Quant aux vins, la plupart d'entre eux sont aussi importés des républiques du sud où les secrets de la vinification ont été perdus et où, pour des raisons économiques, ils ne sont, pour le moment, pas soumis aux contrôles en vigueur. Les vins moldaves, fabriqués sous licence française – ce qui garantit, à défaut de leur finesse, tout au moins un label de qualité –, sont la seule exception.

On ne peut échapper à la tradition des toasts. Cette tradition a été empruntée à la Géorgie, rattachée à l'Empire russe en 1801. C'est précisément dans ce pays que l'art de prononcer des toasts emphatiques, empreints de poésie et d'esprit philosophique, s'est développé pour atteindre son apogée. Et cet art est progressivement entré dans les usages de la noblesse russe. À l'époque soviétique, cette tradition s'est répandue au sein de la population ; elle n'était déjà plus perçue comme d'origine géorgienne et est devenue une règle de conduite à table, comme quelque chose allant de soi. C'est une tradition sympathique : elle théâtralise le simple fait de manger à table et suit un scénario précis.

Habituellement, il y a en Russie un meneur de table (pas forcément le maître de maison) qui connaît tous les invités, c'est un ami de la maison qui se distingue par son habileté et son esprit. On le qualifie en géorgien de *tamada* ; il joue le rôle de « chef d'orchestre ». Il prononce les toasts et donne la parole aux hôtes. Du reste, il n'y a pas d'ordre précis lors des toasts, chacun peut lever son verre en formulant les souhaits de son choix. Se remplir un verre soi-même et boire indépendamment (comme le font les Européens) n'est pas admis, du moins au cours de la première phase du repas (cinq à dix toasts sont la coutume). Ensuite chacun peut boire « à son rythme » sans offenser les invités. Puis chacun se sert de hors-d'œuvre, de salades et des autres plats à table (à l'exception du « plat de résistance ») dès que le maître ou la maîtresse de maison propose de boire le « premier » verre.

Il est certain que le maître de maison proposera, pour commencer, de boire à la santé de son invité ! Le toast prononcé, tout le monde trinque. Celui qui le prononce doit le faire debout. Les verres sont remplis de vin (jusqu'au bord) avant chaque toast. Il arrive même que le vin déborde malencontreusement et alors tout le monde éclate de rire : « Voyez à quel point il vous estime ! » À la fin du déjeuner ou du dîner, il convient de porter un toast à la santé des maîtres de maison pour les remercier de leur invitation, de leur hospitalité, pour souhaiter la prospérité de la maison sans oublier, bien entendu, de louer les talents culinaires de la maîtresse de maison, etc. Tout dépend du public et de l'atmosphère à table.

Vous serez certainement sollicité, à un moment ou l'autre, pour porter un toast, ce à quoi il faut vous préparer. Il peut être prononcé dans la langue de votre choix (avec la présence d'un interprète) et peut être bref. Vous susciterez l'admiration des Russes si vous essayez de prononcer le toast en russe : « à la santé (de toutes les personnes présentes) », « à notre rencontre », « à la compréhension mutuelle », « à nos affaires », etc. Les Russes ont une prédilection pour les toasts portés « à l'amitié » ou « à l'amour ». La tablée se transforme ainsi en une sorte de compétition verbale où les participants rivalisent d'esprit à qui exprimera le mieux ce que pensent tous ceux réunis à table.

On suppose que les gens, en parfait accord avec la pensée de l'orateur, boiront par solidarité pour marquer leur assentiment. Et plus le toast est réussi, plus l'assemblée tend à boire « cul sec » dans une ambiance chaleureuse. C'est cet aspect de la tablée russe avec son atmosphère de joyeuses retrouvailles qui est particulièrement apprécié des Russes. Il se peut que toute cette scène paraisse quelque peu incongrue à un observateur étranger : les personnes à table parlent trop, boivent beaucoup et, ce qui est étrange, comme « sur commande ». Mais si vous parlez le russe, cette scène aura pour vous alors un tout autre sens. Et si vous avez goûté, ne fût-ce qu'une fois, au plaisir d'être à table avec des Russes, les tranquilles dîners

« européens » où chacun semble boire dans son coin vous paraîtront bien formels et ennuyeux !

Quant à ce qui est de briser les verres, cela ne se fait qu'au moment d'une noce, pour souhaiter le bonheur aux mariés, et autres (rares) occasions de fête.

Si les Russes boivent effectivement leur verre d'un trait, c'est parce qu'ils y trouvent un plaisir particulier. Pour vous en convaincre, tentez chez vous l'expérience. Préparez un petit verre de vodka glacée. Pour cela, il faut mettre la bouteille quelque temps dans le compartiment à glace du réfrigérateur : la bouteille se couvre de givre, la vodka épaissit comme une liqueur et perd son fort arôme. Buvez cul sec un petit verre de la vodka en question et aussitôt après, sans perdre une seconde, mangez un *zakouski* épicé ou un plat chaud. Vous constaterez que vous ne serez pas ivre tout de suite, seulement un peu plus gai. En revanche, si vous buvez la vodka « à l'occidentale », ce qui revient à déguster une vodka tiède à petites gorgées, vous ne vous rappellerez que les mauvaises sensations : un enivrement rapide, la tête lourde, etc. Au demeurant, les Russes ne peuvent s'imaginer boire de la vodka tiède, il n'y a rien de plus détestable !

Alors faites preuve de curiosité, observez attentivement comment les Russes se comportent à table, posez-leur des questions. Tout comme les Français, les Russes ont une expérience unique de ce qu'il convient de faire à table. Faites-leur confiance. Mais une chose est de comprendre les traditions étrangères, une autre est de s'y conformer aveuglément en risquant sa santé. Faites preuve de bon sens et soyez vigilant !

11. Paradoxes des restaurants russes

La situation des restaurants à Moscou est représentative de celle existant à l'échelle du pays. Tout d'abord, des chiffres. À New York, par exemple, on recense 20 000 restaurants et Paris n'en a pas moins de 17 000. Alors que leur nombre à Moscou est comparativement limité : on n'y dénombre que 3 000 restaurants ! Ce qui donne à penser que Moscou n'est pas une mégalopole importante mais une ville provinciale dont les pauvres habitants, économisant sur tout, mangent uniquement chez eux, ne pouvant se permettre de « sortir » au restaurant. Cette impression est trompeuse.

Tout hôte étranger, résidant à Moscou et souhaitant se restaurer, sera frappé par l'éclat des restaurants de la capitale. Tout le centre ville est occupé par des restaurants extrêmement chers, dont le luxe n'est comparable qu'aux salons aristocratiques de l'Europe du XIXe siècle ou à ceux des magnats asiatiques. Par exemple, le restaurant *La chasse du tsar*, situé dans la banlieue de Moscou, est dans le style d'un pavillon de chasse pour la cour du tsar. Le prestigieux restaurant *Pouchkine* s'enorgueillit de globes (terrestres) et télescopes anciens ainsi que d'une bibliothèque de 15 000 ouvrages antiques. Au restaurant *Antiono*, on peut admirer un gigantesque *perpetuum mobile*, modèle d'un moteur en perpétuel mouvement. Chaque restaurant possède son image de marque, sa légende faite à partir de sa cuisine, sa décoration ou encore ses distractions. La cuisine dans ces restaurants est française, italienne, japonaise, chinoise, mexicaine, scandinave ou selon votre goût... Elle y est toujours de premier ordre. Les aliments sont généralement importés de l'étranger : le mouton, par exemple, vient de Nouvelle-Zélande, le bœuf d'Argentine, les truffes et les huîtres de France, et ainsi de suite. Habituellement, les cuisiniers sont des ressortissants des pays de la cuisine au menu. La recette de ces restaurants extrêmement coûteux réside tout autant dans les « attractions » et les divertissements lors des repas que dans la préparation de mets délicieux.

On se rend au restaurant en Europe dans un esprit tout à fait différent, avec moins d'excitation et de prétention qu'en Russie : c'est une tradition bien ancrée dans les mœurs, qui fait partie du quotidien. On y va pour apaiser sa faim dans une atmosphère tranquille et détendue ou pour essayer quelque plat exotique sans se préoccuper d'avoir à faire la cuisine. Ou tout simplement pour se retrouver avec des amis autour d'un verre de vin et discuter de choses et d'autres. Le réseau de restaurants y est tellement développé qu'on n'a que l'embarras du choix au niveau du service, du coût, des habitudes, des préférences pour telle ou telle cuisine du monde, et ainsi de suite. Le choix est si important qu'il n'est pas difficile de trouver un restaurant qui satisfasse aux goûts, des plus exigeants aux plus modestes. En Russie, les restaurants ont une tout autre fonction sociale qu'en Europe. Le réseau des restaurants n'y est pas aussi développé et ce secteur d'activité n'a fait que se dégrader depuis l'époque soviétique. L'oubli des anciennes traditions russes d'avant la

Révolution, le monopolisme, l'absence de concurrence et l'appétit croissant des propriétaires ont fait aux restaurants russes une mauvaise réputation.

Commençons avec leurs prix, trop élevés. En décorant leurs restaurants avec panache et sans lésiner sur les moyens, les propriétaires ont compris que la fréquentation de leurs restaurants est, pour la majorité des Russes, un événement exceptionnel et mémorable. Vous ne vous en tirerez pas à moins de 100 $ par personne – une somme dépassant, encore aujourd'hui, le salaire mensuel de nombreux Russes. Les propriétaires de ces restaurants ne ciblent pas le consommateur de masse.

On ne prévoit pas, pour le moment, de démocratisation des restaurants russes et personne ne se soucie du citoyen ordinaire, dans la mesure où les restaurants chics ont leur clientèle attitrée. Les hommes politiques y mangent régulièrement. Par exemple, le restaurant *Pouchkine* a accueilli à plusieurs reprises le président Poutine et celui de *La chasse du tsar* est apprécié de l'ancien chef d'État Eltsine. Les restaurants de cet ordre sont souvent fréquentés par les hauts fonctionnaires, les stars du « show-biz », les économistes et juristes en vue. Pour eux, leur apparition dans un restaurant de prestige témoigne de leur réussite, de leur appartenance à l'« élite ».

Pour ce qui est du client ordinaire, il lui faut « se serrer la ceinture » pour aller à un restaurant de « deuxième catégorie ». Et ce plaisir lui revient même très cher, les prix de ces restaurants de « deuxième ordre » ayant la fâcheuse tendance de se rapprocher des tarifs de ceux à la mode. Ce qui explique pourquoi les Russes vont au restaurant, non pour satisfaire leur faim, mais dans une tout autre perspective : celle de fêter avec faste et tapage un anniversaire important, un mariage ou tout autre événement inhabituel et notoire. C'est pourquoi, le plus souvent, on y rencontre des groupes bruyants et non de tranquilles individus concentrés sur leur nourriture. Et dans la mesure où il est de coutume de « se mettre sur son trente-et-un » à l'occasion d'une fête, vous y rencontrerez un public élégant, habillé de vêtements de prix. Les gens ne s'y rendent pas tant pour manger que pour se distraire et « se montrer ». Ce qui explique l'inévitable présence de la musique, du spectacle de variétés, des couples qui dansent – parfois avec fougue ! – entre les tables. Quant aux plats, on ne va pas au restaurant pour faire le difficile ! Les gens font, au début, attention aux amuse-gueule, mais ensuite, dans le brouhaha de la musique, ils oublient purement et simplement ce qu'il y a dans leurs assiettes ; les plats chauds refroidissent, abandonnés, cependant que les invités dansent avec frénésie dans la salle.

Bien sûr, il y a aujourd'hui un très large éventail de restaurants en Russie : des plus chics, de classe européenne, situés dans le centre ville, aux plus modestes. Les restaurants chics se trouvent souvent dans les grands hôtels tels l'*Ukraine*, le *Moskva*, le *Leningrad*, le *Minsk*... auxquels ont été donnés les noms des ex-républiques et villes soviétiques. Ces hôtels sont généralement de grands immeubles de style stalinien dont les salles, immenses, sont pompeusement décorées de marbre, de tableaux, de fontaines et autres attributs d'une vie faste.

Toutefois, il s'est ouvert, ces derniers temps à Moscou, plusieurs restaurants aux dimensions modestes mais à l'ambiance chaleureuse. Ils sont richement décorés et proposent une bonne cuisine nationale. Certains restaurants proposent de la cuisine d'Europe occidentale comme le *National*, le *Métropole* (situés à l'intérieur des grands hôtels du même nom) ; le *Berlin* et le *Prague* (cuisine d'Europe centrale pour ce dernier) sont aussi très appréciés. Mais ce sont les restaurants de cuisine caucasienne, et plus précisément géorgienne, qui font recette. C'est là que les individus les plus fortunés de Russie viennent passer leur temps et organiser leurs rendez-vous d'affaires. C'est là aussi que vous pourrez y rencontrer les vrais « bandits » et mafieux qui viennent s'y « détendre ».

Pour ce qui concerne l'intelligentsia et la classe moyenne inférieure, une sortie ordinaire au restaurant est au-dessus de leurs moyens. Autrefois, les médecins, les ingénieurs, les scientifiques, les professeurs pouvaient parfaitement se permettre ces sorties bien que leur préférant les « distractions intellectuelles ». À présent, ce type de « soirée » leur est tout simplement impossible. S'ils veulent se restaurer en dehors de chez eux, leur seule alternative est le « fast food ». Ce terme n'a pas encore été parfaitement assimilé par la langue russe : pour nommer ces établissements bon marché, on utilise le terme populaire et plutôt péjoratif de *zabegalovka* (du verbe russe *zabegat*, qui signifie « passer, faire un saut »). Ce terme laisse entendre que l'on y entre cinq minutes pour en ressortir sitôt rassasié. Ces établissements ont d'ordinaire les enseignes « Café », « Buvette », « *Pelmenaya* » (de *pelmeni*, les raviolis sibériens),

« Café-glacier », etc. Souvent, ils sont aussi les témoins et les héritiers d'un service « à la soviétique ». Mais à la différence de l'*obchepita* (alimentation publique) servie autrefois, le menu a, depuis, subi quelques changements. À la place des sempiternelles saucisses aux petits pois, *pelmenis* et boulettes avec compote, on y propose un menu « à l'européenne » : liqueurs coûteuses et cognacs, « steaks » réchauffés au micro-ondes, croissants au jambon, jus de fruits *Jaffa*, confiseries françaises *Raffaelo*, friandises *Mars* et *Snickers*. Et pour faciliter le paiement des hommes d'affaires, il peut y avoir à proximité un guichet de retrait automatique, phénomène nouveau dans la vie russe.

Ces dernières années, de nombreuses chaînes de restaurants de type occidental sont apparues dans les grandes villes de Russie ; les *McDonald's*, *Grill-Bar*, *Pizza Hut* y sont devenus populaires. Les prix dans tous ces restaurants sont modérés, ce qui explique leur succès : 54 % des Russes interrogés[25] leur accordent la préférence. Outre les *McDonald's*, la classe moyenne russe aime fréquenter les petits restaurants aux noms amusants tels que les *Iolki-palki* (seulement 13 % dans la mesure où c'est tout de même cher), *Rostiks* (6 %), *Blini*, *Kartochka* (signifiant « pomme de terre » en russe – 5 %).

À Moscou, pour contrecarrer l'« influence occidentale » et faire preuve de patriotisme dans le développement du système de l'*obchenita* (alimentation publique), le maire de la ville a organisé un réseau de bistrots portant le nom de *Bistrot russe*. Ce type d'établissement a pour logo le profil d'un soldat russe, conquérant Paris ; ce dessin est même reproduit sur les serviettes de papier des bistrots. Pour la petite histoire, le mot « bistrot » est russe. Il a été importé par les soldats russes qui avaient conquis Paris en 1812 et avaient quitté les rangs de leur division en marche pour boire un coup en vitesse et pouvoir ainsi rattraper leurs congénères. Pour cette raison, ils commandaient leur verre en criant « *bystro !* » (ce qui signifie « vite »). De cette époque datent nos fameux « bistrots » français. Ces bistrots sont une bonne initiative du maire de Moscou, bien que le menu n'y soit pas varié : des *pirojki* (petits pâtés fourrés) aux formes et aux ingrédients très variés arrosés, il est vrai, de boissons russes traditionnelles comme le « morse » (fait avec du jus d'airelles), le « kvas » (boisson fermentée faite de jus de pomme et de rouille de pain), etc. La nourriture est très bon marché dans ces bistrots, mais seulement 5 % des Russes les fréquentent et en apprécient le menu. Les repas au *McDonald's* leur semblent meilleurs et plus variés.

Bien sûr, il y a un très large éventail de restaurants en Russie et le profil et le comportement des clients varient en fonction d'eux. Quoi qu'il en soit, les clients des restaurants chers et moins chers ainsi que ceux des cafés ont un point en commun : leur façon de payer. Les Russes ne vérifient pas l'addition comme le font les Français ou les Allemands. De même, préciser qui invite et paye pour le repas et vérifier attentivement la monnaie rendue ne se fait pas en Russie. Ce comportement, normal chez les étrangers, est encore inhabituel chez les Russes, il leur apparaît comme déplaisant et humiliant. Quelque peine qu'ils aient à gagner leur vie, ils préfèrent, par habitude, dépenser leur argent avec largesse et sans compter. L'amour des « grands gestes » leur apparaît une attitude plus « digne », dans la mesure où elle correspond à leurs traditions et remonte à très loin dans le temps.

12. Les loisirs et les distractions des Russes

Les sondages d'opinion publique révèlent que les Russes ne considèrent pas les *distractions* comme une valeur essentielle, à la différence des Français pour lesquels les loisirs et les distractions occupent une place prépondérante[26].

Il se peut que cela soit une spécificité culturelle russe qui a été renforcée durant la période soviétique quand l'idéologie en place exigeait de l'individu de vivre « pour le bien de la société » et non « pour lui individuellement ». Les Soviétiques se sont habitués au cours de l'édification du socialisme à « vivre pour travailler », ils avaient constamment à l'esprit la devise « Le bonheur, c'est le travail ». Et ils n'ont souvent ni l'habitude, ni un goût prononcé, ni la facilité propre aux Européens pour se distraire. L'absence d'une industrie des loisirs développée en Russie par rapport à d'autres pays est significative en soi.

À en juger par les sondages, les Russes considèrent leurs loisirs, leur temps libre comme du « repos », comme un « désœuvrement passif ». Les classes moyennes et à bas revenus (avec un salaire mensuel allant de 100 à 500 $, ce que gagne la moitié de la population russe) passent l'hiver de façon assez identique : devant le poste de télévision ou en compagnie d'amis, ou encore aux bains russes.

Ainsi le sondage portant sur la question « comment les Russes passent leur temps libre » donnait les résultats suivants (les sondés, pour y répondre, avaient le choix entre plusieurs options) : 74 % regardent la télévision, 55,8 % cultivent leur jardin potager (à la datcha), 54,1 % préfèrent les promenades en plein air, 54 % lavent leur linge (!), 38,1 % font les magasins et 34,5 % consacrent leur temps libre aux amis[27].

Par ailleurs, il est faux de parler du Russe « moyen », dans la mesure où la société en Russie a toujours été structurée et que de nombreux paramètres sont à prendre en compte pour différencier les groupes les plus opposés.

Ainsi, les professions dites « intellectuelles » et les personnes ayant reçu une formation supérieure dans les grandes villes disposaient autrefois d'un choix relativement important de distractions : le théâtre, l'opéra, le ballet et, bien sûr, le cinéma. Tout cela existe encore mais, à présent, les Russes cultivés n'ont pas toujours les moyens de se l'offrir. Il existait une industrie du cinéma et de location de films florissante remplacée aujourd'hui par la location vidéo. Par ailleurs, les Russes, las des catastrophes quotidiennes et des cataclysmes, préfèrent regarder des films gais[28] : des comédies (38 %) ou des mélodrames (20 %). Les jeunes, eux, leur préfèrent les films érotiques ou les films d'horreur (soit un *tiers* de la population).

Le théâtre a toujours été et reste très populaire en Russie. Du reste, il ne s'agit pas d'un théâtre burlesque ou « de boulevard » mais d'un théâtre « sérieux », avec d'excellentes mises en scène réservant beaucoup de surprises et d'effets théâtraux expérimentaux, jouées par des écoles de théâtre réputées. Le théâtre de boulevard y est presque inconnu et considéré comme s'adressant à un public peu exigeant. Les pièces de Tchekhov, les opéras et les ballets du Bolchoï et du Marinski (à Saint-Pétersbourg), la musique de Tchaïkovski, Prokofiev, Chostakovitch, les vieilles romances russes sont familiers à tout Russe éduqué. « La Mecque » du théâtre russe reste, bien sûr, Moscou où sont concentrés les meilleurs théâtres, les plus connus du pays (y compris ceux à scandale). Dans la compétition culturelle que se livrent Moscou et Saint-Pétersbourg, les rôles sont ainsi dévolus : Moscou est, nous venons de le voir, le centre du théâtre, Saint-Pétersbourg, celui de la musique. Cette dernière rassemble de merveilleux orchestres, le Philharmonique est la perle du monde musical et le Marinski (théâtre d'opéra et de ballet) est connu dans le monde entier.

Il faut dire qu'à l'époque soviétique, *la culture était accessible* à tous. Tout individu pouvait s'offrir un livre ou un disque, sortir au théâtre ou au cinéma, aller à un concert de musique classique : on trouvait toujours deux-trois roubles (moins que le prix d'une vodka) pour satisfaire ce désir.

Bien entendu, la situation change aujourd'hui, les prix sont progressivement nivelés. Il n'en est pas moins vrai que les livres et les dictionnaires en cette période de transformations économiques sont deux à trois fois moins chers qu'en Europe et qu'une place de théâtre (d'une pièce sans grand retentissement et se jouant en dehors de la capitale, certes) peut revenir presque 10 fois moins cher qu'en Europe.

Les loisirs les plus populaires en été et en automne, toutes classes confondues, sont : la pêche, la chasse, la cueillette des baies et des champignons dans la forêt. Avant la perestroïka, de nombreuses entreprises (usines, instituts de recherches scientifiques) affrétaient spécialement des autobus pour emmener leurs salariés à la « chasse aux champignons ». Le « tourisme pédestre » est très répandu, ainsi que les sorties en canoë et le « rafting ». L'hiver, les Russes aiment faire du ski de fond en forêt.

Il convient de mentionner le *sport* à part. Le football, le hockey, le ski en sont les formes les plus populaires. Et, bien entendu, les échecs : toute ville de Russie possède son lieu (parc, square) de rencontre pour joueurs d'échecs, du plus jeune au plus âgé. Ces dernières années, chez les jeunes, la tendance est aux arts martiaux, de plus en plus populaires : karaté, aïkido, kung fu et autres. Les sports réservés à l'élite sont le golf, le tennis et la voile. Presque chaque grande ville possède à présent son club de golf et ses courts de tennis.

Parallèlement à cela, on ne peut pas dire qu'il y ait en Russie un culte de la santé et du sport comme, mettons, aux États-Unis. Très peu de salles de sport sont accessibles aux gens, financièrement parlant. Auparavant, elles étaient gratuites et la pratique d'un sport était un atout de taille pour l'admission dans un établissement de formation supérieure. Mais ce temps est révolu.

À présent, selon le ministère de la Santé de la Fédération de Russie, près de 10 % des Russes exercent régulièrement un sport ou une activité physique[29]. Au demeurant, ce chiffre dérisoire concerne essentiellement les gens aisés qui ont les moyens de fréquenter les salles de sport payantes et de posséder le matériel d'entraînement à domicile. Le reste des Russes invoque le manque de temps ou l'absence de désir. Et même s'ils en éprouvent le désir, il ne peuvent pratiquement pas le réaliser : soit l'infrastructure sportive manque dans le voisinage (58 %), soit ils n'en ont pas les moyens[30] (33 %).

Les *datchas* occupent une place particulière auprès des citoyens ; ce sont des petites maisons d'été – souvent sans chauffage – bien modestes selon les normes européennes – construites sur un lopin de terre. On y plante des légumes et des fruits les jours de repos et au moment des vacances, ce qui représente parfois une somme d'argent non négligeable dans le budget familial. Et l'on s'y repose avec les enfants, les petits-enfants et les amis. À l'arrivée de l'été, la moitié de la population de Russie reste chez elle (30 % dans les localités villageoises) ou le passe à la datcha (25 %) et s'y rend inévitablement dès qu'il y a un jour de repos.

À la question : « Comment envisagez-vous de passer vos prochaines vacances ? », les Russes répondent de la façon suivante : « À la datcha, je bêcherai mon jardin potager et me reposerai par la même occasion » (25 %) ou « je m'allongerai sur un divan avec un bon bouquin » (12 %), « je me chercherai un nouvel amour : ce sera le printemps » (10 %), « j'irai rendre visite aux amis » ou « éduquer les enfants » (5 %). Mais pour ce qui concerne les gens aisés, 32 % d'entre eux préfèrent actuellement aller se reposer à l'étranger l'été[31].

L'Italie est le « pays de rêve » pour 22 % des Russes, suivie de près par l'Espagne. La Finlande, plus proche et moins chère pour eux, est accueillante et bénéficie de conditions climatiques presque similaires. Quant aux voyages vers la Turquie, la Grèce et la Bulgarie, ils sont encore moins chers[32] et offrent l'occasion de bronzer au soleil. Et pour ce qui est du voyage en France, ce n'est pas seulement un rêve pour le Russe moyen mais le symbole d'une réussite optimale dans la vie[33]. Il n'existe pas de statistiques précises sur le nombre de Russes qui ont séjourné en France, mais on sait que très peu de Russes peuvent s'y rendre : c'est cher et, pour l'obtention du visa, il faut passer par des procédures longues et humiliantes. Les touristes y séjournent peu de temps et en petits groupes, hormis les « nouveaux Russes » qui aiment à se reposer sur la Côte d'Azur à Nice. La luxueuse revue de papier glacé *Bereg* (« La Côte ») paraissant en russe leur est même destinée.

Mais que font les gens aisés dans les villes en hiver ? Les distractions, en réalité, n'y manquent pas.

Ces dernières années, *les établissements de jeux de hasard* sont devenus très répandus dans les grandes villes de Russie. Ils proposent bowling, courses de chiens, combats de coqs et de chiens (illégaux), roulette, machines à sous, etc. Vous trouvez à présent des machines à sous partout : dans les salles d'accueil des cinémas, dans les gares... Les experts en psychiatrie considèrent que l'origine et l'attrait pour les jeux de hasard proviennent de l'aspiration à fuir la réalité dans un monde imaginaire (*escapism* est le terme scientifique). Ce phénomène touche particulièrement les adolescents à l'âge ingrat. Pour le moment, ce problème n'a pas encore été abordé par la législation, ce qui explique qu'une population de plus en plus importante se laisse entraîner dans les jeux de hasard. À Moscou et à Saint-Pétersbourg, vous trouverez, comme nulle part en Europe, un nombre impressionnant de *maisons de jeux* et de *casinos*. Vous pouvez les reconnaître de loin : leurs façades sont richement décorées, sans aucun goût, de « faux marbre », de « dorures » ou conçues dans le « style des pyramides d'Égypte », des châteaux médiévaux, etc. Devant l'entrée se profilent des garçons baraqués, les gardes. Ces établissements sont fréquentés par des hommes aux cheveux ras et aux vêtements coûteux dans de longs manteaux et des jeunes filles en minijupe maquillées « pour le combat ». Une soirée dans ce type d'établissement peut coûter jusqu'à 1 000 $.

Il existe des *clubs* moins prétentieux, sans intérieur tape-à-l'œil en « faux marbre » ou en « faux bois d'ébène ». Ils peuvent proposer une cuisine tout à fait convenable, élaborée par un cuisinier étranger (français, japonais, chinois, etc.). Dans un coin, des musiciens professionnels jouent en sourdine. Une soirée passée entre ces murs peut coûter plusieurs centaines de dollars (200-500 $).

Les clubs de jazz, les clubs artistiques, les « country clubs » peuvent être considérés comme pas onéreux. Ils sont fermés (réservés aux seuls membres) ou ouverts à tous ceux qui peuvent payer de 10 à 30 $ l'entrée. Ces clubs sont plus petits de taille et leur intérieur est inspiré par le thème de la « campagne » : bouquets de fleurs séchées sur les tables, nappes artisanales, paysages peints en trompe-l'œil sur les murs. Les gens aiment à se retrouver en groupes dans ces clubs.

Pour le public désargenté, on a spécialement créé des *clubs de danse* et des *discothèques*. Le plus souvent, ils sont situés dans des caves ou d'anciennes maisons de la culture désaffectées. La jeunesse se retrouve là.

Ainsi la « belle » vie nocturne peut coûter de 1 000 $ dans les établissements de jeux à 200-500 $ dans un bon restaurant et de 100 $ à 50 $ dans les clubs à thème ! Mais on peut aussi limiter les frais à 10 roubles dans les soirées dansantes entre jeunes. Il ne vous reste plus qu'à faire votre choix !

II. Les comportements stéréotypés et le mode de vie des Russes

1. Le type de comportement et les manières des Russes

« Les uns aiment le pope (prêtre orthodoxe),
d'autres la popadia (sa femme), et d'autres sa fille »
(proverbe russe).

Les stéréotypes ethno-culturels sont des généralisations faites sur les comportements stéréotypés d'un peuple : ils caractérisent tous ses représentants et nous donnent une idée de la personnalité propre à chacun d'entre eux. C'est ainsi que l'on distingue la « ponctualité allemande », le « tempérament fougueux des Espagnols », la « galanterie française », le « cérémonial chinois », la « superstition des Russes », etc. L'observation du comportement des étrangers peut parfois nous amuser et même nous rassurer sur notre propre « normalité » par rapport à leur « étrangeté ». Les préjugés proviennent des stéréotypes : les gens acceptent les autres stéréotypes de comportement du point de vue de leur culture et mesurent tout « à leur toise ».

Lorsqu'il s'agit de la Russie, on peut entendre les opinions les plus variées sur son peuple. Tous les étrangers, cependant, s'accordent à reconnaître *le caractère insaisissable et énigmatique de la Russie et de l'« âme russe ».* Les étrangers citent souvent Winston Churchill qui avait dit de la Russie : « C'est un casse-tête qui en cache un autre. » Plutôt que d'essayer de les comprendre, il est beaucoup plus facile de baisser les bras et clamer que les Russes ont « un grain ». Ils ont une logique différente de la nôtre et ont, de ce fait, un caractère difficile à analyser. D'ailleurs, pour les Européens, cela concerne aussi d'autres peuples tels que les Chinois et les Japonais. Mais l'exotisme de ces derniers est plus facilement accepté, car ce sont des cultures qui dépassent notre entendement. Alors que vis-à-vis de tout ce qui est russe ils entretiennent un rapport particulier : ce n'est pas assez exotique pour être « étranger » à leurs yeux, tout en étant trop différent pour être « des leurs ».

Vous avez certainement remarqué la façon qu'ont les Russes de se promener « bras dessus bras dessous » qui fait qu'on les reconnaît dans n'importe quelle ville du monde : le cavalier avance en tenant la dame « par le coude ». Deux amies peuvent se promener de la même façon, indépendamment de leur âge. Lorsqu'ils se rencontrent, les Russes s'étreignent, s'embrassent, obligatoirement *une* ou *trois fois* et ce très bruyamment, non pas comme les Français qui font mine d'embrasser « symboliquement » les deux joues. Et les hommes se donnent de grandes tapes dans le dos en signe d'affection. Ce sont des normes de comportement qui sautent aux yeux des étrangers. Dans la littérature scientifique, on parle de ce comportement comme étant « tactile » : la personne doit obligatoirement vous toucher afin de vous sentir réellement, manifester physiquement sa bonne disposition envers vous.

D'où viennent ces stéréotypes ? Pourquoi diffèrent-ils d'un pays à l'autre ? Rappelons que le comportement des gens est régi par différents facteurs allant du code pénal aux normes de conduite sociale. La non-observation de ces normes tombe sous le coup de sanctions particulières et elle est condamnée par l'opinion publique. La plupart de ces normes de comportement sont internationales.

Il est plus intéressant d'observer les normes non écrites, les règles tacites sur « la façon de se comporter » dans un pays donné. Deux représentants d'une même culture peuvent très bien, du reste, ne pas avoir la même opinion à ce sujet. L'infraction à ces normes non écrites n'entraîne aucune sanction. Le *mode de comportement en société* exprime assez bien le sentiment et le mode de vie propres aux représentants d'une culture donnée.

Les notions de *tact*, de *bonne éducation* et de *délicatesse* relèvent de ce domaine. Elles correspondent pour beaucoup au concept anglais de *privacy*

(« non ingérence dans la vie d'autrui ») au sens large du terme. Par exemple, de nombreux Russes vivant à l'étranger sont étonnés lorsqu'au cours d'une soirée bruyante chez des voisins de palier, ceux-ci, plutôt que de les prier d'être moins bruyants, préfèrent appeler la police. Les Russes condamnent vivement cette attitude, qu'ils considèrent comme lâche, malfaisante et proche de la « délation ». Il ne leur vient même pas à l'esprit que cette attitude est dictée par le droit de tout individu à l'inviolabilité de son territoire physique et psychologique. Personne n'a le droit d'y porter atteinte hormis la police. Cet exemple montre que chaque culture possède ses normes spécifiques de comportement.

Abordons à présent les *règles de conduite* « pas forcément obligatoires » mais « souhaitables » pour les Russes.

L'orientation des Russes vers le collectif, leur souci permanent envers l'« opinion d'autrui » font que leur attitude est presque galante dans les lieux publics. Les hommes ouvrent la porte aux dames, leur proposent éventuellement de les aider à porter une valise ou un sac lourd, leur donnent la main à la descente des transports. On enseigne aux enfants (surtout aux petits garçons) à céder dans les transports leur place aux personnes âgées, aux invalides, aux femmes enceintes ou portant un enfant dans les bras. Et si quelqu'un, peu désireux de céder sa place à un individu plus faible dans le métro, feint de dormir ou de se plonger dans son livre, il faut alors voir les regards furibonds que lui lancent les autres passagers qui ne cachent pas leur indignation ! Cette scène peut se dérouler en silence tout comme elle peut faire l'objet d'un bruyant scandale.

Les Russes ne comprennent pas l'habitude européenne de « ne pas relever » ce qui est choquant, de n'y réagir ni par un regard, ni par une parole, ni par un geste. Pour eux, intervenir concrètement, commenter, « rétablir la situation » est « une question d'honneur ». La passivité face à ce genre de situation est pour eux signe de couardise, d'indifférence et d'égoïsme ; ces traits sont, habituellement, perçus comme les pires défauts en Russie. Tenez-en compte, car vous serez mal perçus si vous ne vous montrez pas galant vis-à-vis d'une femme, etc. On ne vous dira rien, bien sûr, mais vous passerez pour un mufle.

Voici un autre cas typique : une file d'attente s'est formée – peu importe laquelle – devant la caisse d'un magasin d'alimentation ou à un guichet pour les billets d'un spectacle prestigieux. Une situation banale en soi qui engendre des comportements totalement différents. Les Russes ont, bien entendu, une longue expérience des files d'attente, née de la pénurie totale. Habitués des queues, les Russes ont appris à compter avec l'opinion de tous ceux qui les entourent (même s'il s'agit de leurs concurrents potentiels) : ils se mettent donc à s'impatienter et à s'énerver après celui qui ne se presse pas, prend son temps, retarde les autres. Et si quelqu'un traîne, cherche son porte-monnaie ou simplement discute avec le caissier qu'il connaît, il peut provoquer l'indignation générale, une indignation qui se manifeste même bruyamment. Et cela n'est pas le résultat d'un « manque d'éducation », d'un caractère « propre à créer le scandale » chez les Russes ; il est issu plutôt du sentiment de « faire partie de la foule » (et non pas de se trouver simplement au milieu de celle-ci), de celui de « se serrer les coudes ». Le gêneur agit en égoïste et retarde tout le monde ! Alors que les étrangers dans ce genre de situation restent imperturbables.

Essayons d'énumérer d'autres types de conduite qui sont tacitement condamnés par la majorité des Russes et suscitent leur colère.

Par exemple, *dans les transports*, les gens sont particulièrement agacés lorsque quelqu'un se mouche bruyamment, écoute de la musique trop fort, ne cède pas sa place aux personnes âgées ou aux femmes enceintes, jette ses ordures par terre et dit des grossièretés (mots obscènes). Dessiner des graffitis sur les murs est considéré comme inacceptable par l'ensemble de la population (adolescents compris). *Dans les lieux publics* (restaurants, magasins), évitez d'utiliser un cure-dents, de parler fort ou de faire du bruit pendant une séance de cinéma ou un spectacle.

Chez eux, les gens n'aiment pas qu'on les appelle entre 23 heures et 8 heures du matin ou que les voisins mettent la musique trop fort. *En compagnie* de collègues ou d'amis, s'intéresser à la vie sexuelle de son interlocuteur, vouloir lui apprendre comment se comporter, parler en mal des absents, montrer sa mauvaise humeur et railler les traits nationaux en présence d'une personne de la nationalité concernée relèvent d'un manque de tact évident !

Les Russes sont particulièrement agacés par le « verbiage », les raisonnements prolixes sur une chose qui pourrait être résumée clairement en deux mots. Cette observation vaut surtout pour les Français dans la mesure où leur système d'éducation repose sur l'art de l'éloquence. Les Russes ont une approche différente. Ils sont très sociables, aiment bavarder « entre eux » et comprennent difficilement un discours trop « formel », « maniéré » (dans le sens de « ne venant pas du cœur ») avec des tournures compliquées. Dans la discussion, à des fins d'argumentation, un exposé concis et expressif dans sa forme, même si celle-ci est primitive, saura davantage convaincre un Russe qu'un discours recherché et sans faute.

Et l'habitude qu'ont les Américains – et souvent les Européens – de tutoyer des personnes qui ne leur sont pas tout à fait proches peut choquer les Russes. Ils considèrent cela comme un manque de respect envers l'autre et même comme de la goujaterie.

Des études montrent que les hommes acceptent plus sereinement le non-respect de ces règles informelles de conduite. Mais les femmes se mettent souvent en colère – surtout lorsqu'elles entendent des anecdotes sexuelles, des grossièretés, lorsqu'on tente de les aborder dans la rue ou de les « tutoyer » sans aucune raison. Les femmes n'aiment pas qu'on leur demande leur âge, qu'on arrive avec plus de dix minutes de retard à un rendez-vous, et elles ne supportent pas la façon qu'ont les hommes de s'asseoir dans les transports en commun en écartant largement les jambes.

Outre les interdits informels, il est intéressant de voir ce qui est considéré comme une « conduite tout à fait admissible ». Cela ne gêne pas les Russes[34] si, par exemple, invités dans une maison, on leur propose de regarder l'album de photos de famille (91,6 %), lorsqu'on les vouvoie en s'adressant à eux par leur prénom et leur patronyme (90,8 %), quand les voisins leur demandent de récupérer le courrier dans la boîte à lettres durant leur absence (86,7 %), lorsqu'on leur demande de se déchausser dans l'entrée (85,6 %), lorsqu'on parle en mangeant (80,6 %). Par contre, ils apprécient moins qu'on leur demande leur âge ou qu'on les appelle chez eux pour des questions relatives au travail.

Par ailleurs, il serait faux de penser que tous les Russes, sans exception, sont galants et bien élevés tels des lords anglais. Simplement ils témoignent d'une « courtoisie » différente. Le comportement dans les transports en commun et la galanterie vis-à-vis des femmes, les efforts en vue de paraître le plus éduqué possible (*koultournii'*, comme les Russes eux-mêmes aiment à le dire) sont réels. Mais ils peuvent aussi vous surprendre par leur totale ignorance de ce que l'on appelle en France le « savoir-vivre ». Le mépris des règles de bon ton peut aller jusqu'à une absence totale d'étiquette et un sans-gêne choquant aux yeux des Français. Ces derniers, par exemple, peuvent être surpris par le mélange incroyable de plats extrêmement variés à table et l'étrange logique qui régit le service – l'on boit et l'on mange sans ordre préétabli –, la manière assez informelle de manger, la méconnaissance du bon usage des couverts. Peuvent aussi déconcerter – pour ne mentionner que quelques-unes de leurs manières à table – l'absence de compliments à la maîtresse de maison ou l'incapacité à tenir une conversation « mondaine » d'un ton enjoué, la disposition naturelle à poser des questions « indiscrètes » ou à faire preuve d'une franchise presque choquante, la façon de parler sans retenue de politique durant le repas… Ce comportement non conforme aux règles françaises du « savoir-vivre » ne signifie pas un mépris total de l'étiquette. Seulement ces règles peuvent être différentes, originales, lors même que vous les ignorez et qu'elles vous surprennent. Au demeurant, l'absence d'étiquette à une table russe est largement compensée par la spontanéité, la simplicité et l'intérêt évident porté aux invités, ce qui doit être apprécié à sa juste valeur.

Ceci est, toutefois, perçu différemment par les étrangers. Ils jugent souvent les Russes trop « directs ». Et selon eux, ce n'est pas forcément une qualité lorsque survient soudainement un quiproquo ou un désaccord. Dans ce cas, les Français prendront un malin plaisir à palabrer pour « mettre au point les relations ». Les Russes, plus impulsifs et spontanés, « pressentiront la situation » et préféreront agir – parfois de façon très « concrète », pouvant aller jusqu'à recourir aux mains. Pour cette raison, en mettant au clair vos relations avec des Russes, il est recommandé, tout d'abord, d'être *très prudent sur les termes employés* et de bien les choisir. Les Russes prennent en effet les mots très au sérieux, au pied de la lettre. Pour eux, vos paroles ne sont pas seulement le résumé ou l'expression de sentiments indignés mais l'ordre et même le signal d'une action concrète. Tenez-en compte : chaque mot, chaque intonation que vous utiliserez seront retenus et peuvent déclencher une réaction inattendue pouvant être (physiquement) très brutale.

Deuxièmement, *il ne faut pas attendre* des Russes *une éloquence* superflue dans ce cas. Pour eux, leurs paroles, tout comme leur sourire, ont une « signification » et ils ne les utilisent pas pour des « vétilles » comme les formalités, l'étiquette, la politesse, etc. Ce comportement n'est pas le résultat d'une « mauvaise éducation » ou de l'absence de règles de politesse. Il provient des traditions ancestrales de l'archétype russe (voir à ce sujet le 3e chapitre). La société française, par exemple, pour des raisons historiques, était structurée selon un système complexe de relations hiérarchisées (le roi, ses vassaux, leurs sujets, et ainsi de suite). Et à l'intérieur de ce système, chaque couche sociale possédait son propre mode de relations ainsi que des *règles de conduite et un modèle de comportement* établi et poli par les siècles. Du reste, chaque couche sociale avait ses règles et son mode de conduite. En Russie, cette hiérarchie des rapports fut détruite sous le régime soviétique, ce que reflète la langue russe : elle abonde beaucoup moins en formules de politesse, les « fioritures » galantes et les sous-entendus y sont moins nombreux. Rares sont les Russes qui distinguent « Votre Excellence » de « Votre Honneur » et autres formules. La façon de s'adresser à quelqu'un s'est simplifiée et les relations s'expriment de façon directe et ouverte ; on se montre aussi plus dur dans les situations de conflit. Pour cette raison, les règles de l'étiquette française qui respectent scrupuleusement le rang de la personne à qui l'on s'adresse et sont pleines de sous-entendus peuvent passer totalement inaperçues et sembler incompréhensibles à un Russe. En retour, il ne faut pas attendre de lui ce dont il ne dispose pas par tradition : ni de manifestations verbales d'attention et de galanterie, ni de témoignages de reconnaissance sous une forme exagérée, ni de conversation légère et superflue sur des bagatelles, etc.

Abordons le thème de la conversation. Elle a une signification particulière pour les Russes. « Parler à cœur ouvert » exprime l'idée que le Russe se fait d'une belle conversation, à la différence du verbiage mondain et superficiel qui peut lui sembler pénible et même l'agacer. Une « conversation à cœur ouvert » est un long échange cordial avec de vieilles connaissances ou un ami proche, sans aucune grandiloquence. Et cette conversation peut se prolonger bien au-delà de minuit.

De quoi parle-t-on ? De tout : des affaires personnelles, des soucis professionnels, de la politique, de questions philosophiques. L'important est que la conversation soit partagée et offre matière à réflexion. Il n'y a pas de sujets tabous, mais la préférence va aux thèmes « élevés », comme le sens de la vie, les nouvelles tendances en politique, le futur de la Russie, les nouveautés littéraires, théâtrales ou cinématographiques. Même des thèmes comme les problèmes financiers, la santé, la maladie – qu'on évite en Europe – sont abordés. Qui plus est, si vous souhaitez partager vos problèmes, cela ne choquera pas vos interlocuteurs russes, bien au contraire : l'entourage vous exprimera sa sympathie, se mettra à vous donner des conseils et ira même jusqu'à vous aider concrètement. Les sujets ayant trait aux affaires de famille et aux enfants peuvent aussi être abordés. La réussite des enfants est importante aux yeux des Russes, c'est pourquoi ils en sont fiers et parlent de leurs enfants avec plaisir ; ils peuvent, bien entendu, vous demander de faire de même. Il ne faut pas prendre ces questions pour de la simple curiosité mais seulement comme une marque d'attention et de bonne disposition envers vous.

Par contre, dans une *conversation directe et concrète sur l'argent*, les Russes ne « se sentent pas dans leur assiette », ils deviennent gênés. Ils ont été éduqués selon les principes que « l'argent ne fait pas le bonheur » et que « pauvreté n'est pas vice ». Il est inconvenant d'*insister* sur ce sujet, cela dénote un esprit mercantile, ce que les Russes condamnent encore aujourd'hui malgré les changements sociaux des dernières années. Tout comme le récit de sa carrière, de ses talents et de ses réussites individuelles est interprété par eux comme de la vantardise et de l'orgueil. En cela, les Russes diffèrent beaucoup des Américains : ils préfèrent construire des relations non sur l'affirmation de soi mais en se fiant à leur intuition.

En société, on ne parle pas de *sexe*, d'*amour* et de *relations intimes.* Les hommes, tout autant que les femmes, sont agacés par des questions concernant leur vie sexuelle. Les études récemment publiées en Russie, qui constatent une augmentation des problèmes sexuels chez les hommes, y sont pour quelque chose. Bien sûr, tout dépend du niveau de vos relations avec votre interlocuteur, mais on peut dire, avec certitude, que les Russes acceptent mal en public les plaisanteries grossières, à caractère indécent, et les anecdotes « au-dessous de la ceinture ».

N'oubliez pas qu'en Russie, l'habitude française de poser des questions sur le *lieu d'origine de votre interlocuteur* perd tout son sens. Le Français, chez lui, peut se faire une idée du caractère de la personne en fonction de la réponse. Selon celle-ci, certains stéréotypes surgissent aussitôt à son esprit : « têtu comme un Breton » ou envieux, superficiel comme un tel, etc. En Russie, ce genre de question amènera plutôt votre interlocuteur à parler politique ou à aborder les événements historiques qui ont conduit ses ancêtres à quitter leur patrie pour s'installer ailleurs. Bref, cela peut amener à aborder des sujets sensibles qu'il vaut mieux éviter.

À la différence des Français, *la nourriture n'est pas un sujet de conversation* chez les Russes. Et *les conversations se rapportant au temps*, sujet de prédilection des Anglais, leur apparaissent d'une banalité et d'un ennui mortels.

Les Russes répètent souvent le mot *nitchevo* (« rien » dans le sens de « ce n'est rien ») en cas de malchance ou d'échec. En disant ce mot, les Russes essaient de se consoler de leur déception, de leur tristesse (ou de celle de la personne proche), ou de dissimuler leur désarroi devant un problème survenant brusquement. Le mot consolateur *nitchevo* peut être assimilé à un trait de caractère national : l'acceptation de la vanité de ses projets, la résignation face à l'échec. Il exprime à lui tout seul le caractère russe.

L'étiquette russe interdit que l'on pose une *question directe sur l'âge* de son interlocuteur. Seuls les médecins et les personnes officiellement mandatées peuvent s'en enquérir.

Les témoins oculaires remarquent que les Russes ne remercient pas aussi souvent que les Européens, mais si vous les remerciez pour quelque chose, ils prendront votre reconnaissance très au sérieux. Il y a vraisemblablement une explication à cela : les Russes considèrent comme tout à fait naturel d'aider quelqu'un, c'est quelque chose qui ne demande ni sourire formel ni reconnaissance. Refuser de l'aide à quelqu'un est perçu comme brutal, témoignant d'un manque d'éducation – même si ce refus est accompagné d'un sourire aimable.

De même, il est tout à fait normal pour un Russe de *prêter à des relations ou des amis de l'argent pour une durée indéterminée* et sans réclamer des intérêts. C'est une coutume qui étonne beaucoup les Européens. Ce type de relations s'est établi durant la période soviétique, quand il n'y avait aucun autre moyen d'obtenir un crédit, par exemple auprès de la banque. On pouvait *emprunter aux amis* non seulement de l'argent, mais aussi leur voiture si la vôtre tombait en panne. Il était normal que vos amis habitent quelque temps dans votre appartement pendant votre absence (alors que vous étiez à la datcha, le temps d'une mission, etc.). Le voisin, par exemple, pouvait, le soir, passer pour une minute vous « emprunter » du sel, des cigarettes, du pain ou autres bagatelles. Ne soyez pas effrayé ! Cela ne signifie absolument pas que vous serez assaillis de tous côtés par de telles demandes ! Pas du tout. Ce type de relations n'est admis qu'entre amis proches.

Parlons justement de l'*amitié*. Le mot « ami » est beaucoup plus rarement utilisé en Russie ; il ne correspond pas au sens qu'on lui prête en français ou en anglais. Ce terme, pour les Russes, ne se réfère ni à l'ancien camarade de classe, ni au partenaire aux échecs, ni au copain avec lequel il est agréable de discuter au restaurant, ni au collègue de travail. Le mot « amitié » en russe suppose des liens beaucoup plus étroits entre les individus, des relations de confiance, un sentiment de fraternité et de soutien dans l'existence. Les Russes disent : « Mieux vaut avoir cent amis que cent roubles », telle est la valeur qu'ils attribuent à l'amitié.

Pour en finir avec les « manières russes », si vous avez réussi, dans les relations d'affaires avec vos partenaires russes, à passer le stade des pourparlers et que vous vous apprêtez à signer le contrat ou que s'offrent à vous de réelles perspectives, les Russes diront alors « Bonne chance ! ». Et si vous voulez vraiment que la chance vous sourie, ne restez en aucun cas sans répondre, mais dites obligatoirement : *K tchertou !* (« Au diable ! »). Cette réponse paraît, bien entendu, un peu grossière, mais elle est une garantie pour vos futurs succès.

Nous étudierons plus loin en détail les normes de comportement des Russes au quotidien et leur façon de vivre.

2. La sociabilité des Russes

Les Russes sont très sociables, ils aiment la compagnie et discutent avec entrain de sujets d'ordre aussi bien privé que professionnel. Ils ne supportent pas la solitude, qu'ils vivent comme une punition. Quel que soit l'endroit, vous pouvez, à tout moment – dans les transports, dans la rue, au café, au magasin, etc. –, être abordé par un inconnu qui engage avec vous une conversation sur n'importe quel sujet, sans aucune barrière ni préjugé social d'aucune sorte.

Les Russes sont beaucoup plus *démocratiques* que les Français dans leurs rapports. Ils n'hésitent pas à vous interroger sur tout ce qui les intéresse, à vous demander conseil ou à vous en donner, que vous le vouliez ou non. Dans leurs relations, ils ne tiennent pas compte de la distance sociale ou professionnelle et de la différence d'âge. Un Européen non averti peut être décontenancé par cette familiarité délibérée, avec les questions inattendues ou les confidences à cœur ouvert sur l'« existence ». Pour l'Européen moyen, seule une relation préalable étroite et de longue durée peut permettre ce type d'approche. Dans ce genre de situation, il vaut mieux éviter de montrer à l'étranger sa gêne pour entamer une conversation, car cela pourra être interprété comme de l'orgueil. Votre réticence à faire connaissance et votre manque apparent d'ouverture feront mauvaise impression et seront désapprouvés.

Et si vous devez accomplir un long trajet en train ou en avion, le voisinage d'un Russe peut être l'occasion d'entendre – quitte à en être choqué – un récit passionnant de sa vie. En Europe, vous pouvez parfaitement vous rendre à l'autre bout du pays ou dans un pays voisin en trois-quatre heures, sans avoir à parler. Mais, en Russie, c'est une autre affaire ! Si vous devez faire le voyage de nuit jusqu'à Saint-Pétersbourg ou encore passer plusieurs jours dans le train pour vous rendre en Sibérie, vous ne pourrez couper à la conversation. Vous pouvez ne pas en avoir envie et même le montrer, mais vous ne pourrez échapper aux « règles du jeu ». Le long parcours, le désœuvrement, la monotonie du trajet, l'espace réduit, le fait que l'on ne se connaisse pas font tomber les barrières psychologiques et rendent votre voisin particulièrement ouvert. Les écrivains russes l'ont remarqué depuis longtemps et c'est pourquoi de nombreux romans et récits russes se sont inspirés de ce cadre. Où Anna Karénine a-t-elle rencontré son futur amant Vronsky ? Dans le train. Et où commence le drame fou qui a lieu dans le roman *L'Idiot* de Dostoïevski ? Dans le train, une fois de plus. C'est aussi dans le train que le prince Mychkine et le marchand Rojoguine se rencontrent pour la première fois et que le nom de la beauté fatale Nastassia

Filipovna est prononcé. Et il en est ainsi aujourd'hui encore pour de nombreux romans, nouvelles et récits. La rencontre dans le train, l'inévitable « conversation à cœur ouvert » qui peut bouleverser toute une existence est un thème récurrent de la littérature russe.

Il se peut que la Russie reste le seul pays au monde où les conversations téléphoniques – jusqu'à aujourd'hui – soient gratuites (seul l'abonnement est facturé). Au printemps 2002, l'État russe, sous la pression du marché, a voulu introduire le principe des communications payantes. Mais les retraités, d'ordinaire si calmes et réservés, ont alors manifesté et organisé des marches de protestation mouvementées où ils exigeaient le maintien de leur dernière liberté : converser au téléphone sans compter les minutes.

En Russie, on prend son temps pour parler au téléphone, on y commente les plus petites nouvelles et les détails importants, les potins, le temps, les scandales politiques ainsi que les relations personnelles délicates. Vous pouvez être appelé à n'importe quelle heure, à 11 heures du soir comme à minuit, même si l'on n'a rien d'important à vous dire mais tout simplement pour « se manifester », pour vous rappeler qu'on est toujours là et qu'on ne vous a pas oublié.

Et si, brusquement, la personne arrête de vous appeler régulièrement sans motif apparent, c'est mauvais signe : cela signifie, soit que la personne en question est malade, soit qu'elle est « submergée » de problèmes et a besoin qu'on la soutienne ou l'aide rapidement, soit que vos relations se sont détériorées et qu'il vous appartient d'y remédier vite, pour peu que vous souhaitiez les rétablir.

3. À PROPOS DU SOURIRE

Les Européens pensent que les Russes prennent le sourire trop au sérieux. Les Russes sourient peu et leurs visages dans la foule sont concentrés, renfrognés, comme « renfermés sur eux-mêmes ». Cela peut effrayer celui qui est habitué au sourire facile et gratuit au moindre contact, même avec un inconnu. Les Français en souffrent particulièrement, plus même que les Espagnols, les Américains ou les Allemands : cela est lié à leurs normes de comportement et à leurs règles d'étiquette.

Il y a des raisons au trop grand « sérieux » des Russes. Et ce n'est pas seulement leur vie qui, de longues années durant, ne prêtait pas à sourire ; non, c'est peut-être un trait de leur caractère lié aux conditions naturelles : la nature en Russie est bien plus rigoureuse et austère qu'en Italie ou en Californie, c'est pourquoi ses habitants sont plus réservés. Et si, pour l'Américain, il est naturel de garder le sourire, pour le Russe, un sourire ou une gaieté superflus apparaissent comme quelque chose de louche. Et dans la langue russe, il y a même un proverbe à ce sujet : « Le rire sans raison est le premier signe de bêtise. » En réponse à un sourire béat, ils peuvent même vous demander : « Pourquoi souris-tu comme un idiot ? »

Le sourire chez les Russes a une fonction différente de celle qu'il possède dans d'autres pays. Il doit être *sensé* et résulter d'une *émotion*, il doit forcément *traduire un sentiment* : la sincérité, la confiance, la bienveillance et, beaucoup plus rarement, la reconnaissance. *Le sourire chez les Russes n'a rien à voir avec l'étiquette.* Les étrangers, eux, perçoivent les visages des Russes à partir de leurs normes culturelles et de leur propre étiquette, n'observant que la *forme* sans chercher à en comprendre le *sens*. Ce qui ne les rend pas toujours indulgents envers les Russes.

Le visage des Russes s'illumine rarement d'un sourire : c'est qu'il est mal vu de sourire à des inconnus dans la rue en Russie ! Si le Russe souhaite exprimer sa bienveillance, ses bonnes dispositions envers quelqu'un, il utilise l'expression du visage et des yeux, les intonations particulières de la voix, les mots et les expressions... Inspirez-vous-en !

Bien entendu, ce modèle de comportement va à l'encontre des traditions de nombreux pays et les Russes eux-mêmes le comprennent bien. On raconte qu'à présent, aux cours de management, on enseigne aux jeunes Russes à « sourire à l'américaine » d'un large sourire, ouvert et optimiste. Même si cet enseignement est ressenti par certains comme quelque chose d'« anti-naturel », car le sourire « de politesse » est, pour eux, quelque chose d'artificiel et donc d'hypocrite. Le sourire de politesse, pour le moment, n'est pas encore entré dans les mœurs des Russes.

4. L'HOSPITALITÉ, LA CORDIALITÉ

L'hospitalité des Russes est bien connue de tous. La notion d'hospitalité est si importante dans la culture russe que trois mots sont nécessaires pour l'exprimer à elle seule : *radyouchye* (« cordialité ») – les racines de ce mot sont *rad douchoi* (« heureux dans son âme »), *gostepriimstvo* (signifiant littéralement « accueil des hôtes », soit « hospitalité »), *khlebosol'stvo* (« accueil généreux »). Ces mots recouvrent des qualités certes proches mais nuancées.

La *cordialité* n'est pas une qualité spécifiquement russe, à la différence, par exemple, des Français pour lesquels le sourire et la bienveillance affichée sont les attributs incontournables de toute personne bien élevée, indépendamment des relations humaines et de l'appréciation personnelle de la situation. Le maître de maison est tenu d'offrir à son hôte ce qu'il a de mieux selon le proverbe « À un invité de marque revient la place d'honneur ». La *cordialité* correspond plus à un trait de comportement qu'à un état d'âme, elle peut parfois être de façade.

Le mot *gostepriimstvo* (« hospitalité ») met, au premier plan, l'empressement d'une personne à laisser entrer un étranger chez elle, et même à lui offrir le gîte. Une personne hospitalière considère sa maison non pas comme une forteresse mais comme un lieu où il fait bon recevoir des invités. Et l'invité pour elle est un cadeau que lui offre la vie.

Le bon accueil se dit *khlebosol'stvo* en russe et vient de la composition des mots *khleb* (« pain ») et *sol* (« sel »), soit des ingrédients de base de notre vie journalière. Il s'agit d'une qualité plus spécifiquement russe ; il témoigne d'une certaine amabilité et d'un accueil particulier, empreint de générosité envers les invités. Un hôte accueillant a plaisir à régaler ses invités de ce qu'il possède de meilleur chez lui. Il a mis beaucoup de temps à tout préparer et sa table est abondante et variée.

Si l'on vous invite dans une maison russe et qu'il n'y ait sur la table que du café avec des petits gâteaux, vous pouvez parfaitement dire de votre hôte qu'il est hospitalier et cordial (il vous a même souri !), mais pas qu'il est accueillant, ce que les Russes eux-mêmes réprouvent.

L'hospitalité des Russes s'exprime dans le fait qu'ils aiment tout autant être invités que recevoir. On peut n'inviter qu'une personne (pour parler affaires) mais, le plus souvent, on invite le mari avec son épouse, même dans les rendez-vous d'affaires. Les enfants d'amis proches ou de parents ne sont invités qu'aux goûters d'anniversaires des enfants. Les amis proches et les parents se retrouvent, en général, à l'occasion de célébrations familiales (tristes ou gaies). Les invitations sont, habituellement, faites oralement. Les invitations par écrit ne se font que pour les mariages ou les célébrations d'événements marquants (anniversaires de mariage, par exemple). Les invitations à déjeuner se font habituellement pour 14-15 heures – et à dîner pour 18-19 heures.

Si vous demandez à la personne qui vous invite quoi apporter, vous vous entendrez répondre : « Mais rien du tout. Votre présence suffit. » Ne prenez surtout pas ces mots au pied de la lettre ! « Passer commande » à un invité ne se fait pas, cela paraît d'autant plus déplacé si ce dernier est un étranger. Mais si vous apportez quelque chose, ils vous en seront d'autant plus reconnaissants. Il est bien vu de se présenter à l'heure convenue lorsqu'on est invité, mais un retard d'une demi-heure est parfaitement admis. Dans ce cas, il est normal que le retardataire trouve tout le monde déjà à table.

Les invités amènent presque toujours des fleurs à la maîtresse de maison, et si vous n'avez pas de fleurs, il vaut mieux donner une explication : « Je n'ai pas eu le temps » ou « Je n'ai pas trouvé. » On peut apporter un gâteau, une boîte de bonbons ou des sucreries pour accompagner le thé – et une bouteille de vin pour le maître de maison. Une bouteille de champagne fera très plaisir et, encore mieux, une bouteille de cognac, qui coûte cher en Russie et est très appréciée. Ce sont normalement les amis proches qui se chargent de la vodka ou de la bière. Toutes les provisions apportées par les invités sont habituellement aussitôt disposées sur la table.

Les invités prennent congé de leurs hôtes au même moment ou chacun à son tour, selon le trajet qui les attend pour regagner la maison. Les Russes ne s'éternisent pas comme les Français chez leurs hôtes, ayant à l'esprit que ces derniers sont fatigués, que le métro va fermer et que les taxis sont chers. Les hôtes peuvent, après le thé ou le café, chercher à vous retenir : « Mais restez donc encore un peu avec nous » ou « Êtes-vous si pressés de partir ? » Il ne s'agit habituellement que d'une formule de politesse, d'un rituel, d'une façon pour les maîtres de maison d'exprimer qu'ils ne souhaitent pas se séparer de vous.

Il est intéressant de noter que les Russes peuvent venir chez vous sans y avoir été invités au préalable (même par téléphone) : « passer dire bonjour » est devenu une pratique courante dans le quotidien des gens.

Que cela ne vous effraie pas ! Cela ne signifie pas que vous allez nuit et jour être dérangé par des personnes non invitées qui vous empêcheront de vivre votre vie. Ce manque de formalisme signifie que l'on vous porte une très grande amitié. Aussi ne devriez-vous pas vous hâter de condamner cette forme de relations si elle vous touche personnellement.

Lorsque vous êtes invité chez les Russes, certaines choses vous étonneront dès le début. Ce que l'on appelle les « cuisines moscovites » est un phénomène typiquement russe qui étonne plus qu'il n'agace les étrangers et auquel vous pouvez être confronté dans d'autres grandes villes. Pourquoi justement la cuisine ? Peut-être en raison de l'éternelle crise russe du logement : les pièces principales sont occupées par les enfants et des parents qui dorment : le seul endroit où l'on se sente bien est la cuisine. Cela peut aussi provenir de la préférence qu'ont les Russes pour les réunions informelles et plus intimes autour d'une table. tre assis dans un salon, un verre de liqueur à la main, et y « parler de tout et de rien » ne fait pas partie de leurs usages.

La cuisine n'est pas seulement la pièce où l'on reçoit les invités, surtout ceux qui « sont passés vous dire bonjour » : elle est le lieu où l'on récupère tout ce qu'il y a dans le frigidaire et où, après le repas, les conversations sans fin « sur les grandes questions de la vie, la politique, l'économie… » commencent. Ce style de relations spontané est caractéristique de tous les habitants de la Russie, pas seulement des Moscovites. Et ce sont justement ces qualités – la spontanéité, la sincérité, le naturel et la cordialité – qui sont appréciées par les Russes dans toute forme de relations.

Il n'est pas rare que, lors d'une première réception officielle (à l'aéroport, sur le seuil d'une maison, etc.), l'on vous présente sur un plateau une énorme miche de pain surmontée d'une salière remplie de sel (petit rappel : *khleb* – « pain » – et *sol* – « sel » – ont donné le mot russe *khlebosol'stvo* qui signifie « accueil généreux, hospitalité »). Les étrangers habituellement sont troublés, ne sachant que faire de tout cela, et essayent de prendre ce plateau qui, d'ordinaire, est lourd et encombrant.

Mais il ne faut pas toucher au plateau ! On attend seulement de vous que vous preniez un morceau de pain, que vous le trempiez dans le sel et que vous l'introduisiez dans votre bouche. Même si le goût n'en est aucunement agréable, songez à ce qu'on vous a accueilli « au plus haut niveau », « comme un tsar » et à ce qu'on vous a traité avec les plus grands égards. Sachez que peu nombreux sont ceux qui se voient octroyer tant d'honneur !

Et rappelez-vous que lorsque vous êtes invités ou que vous recevez des hôtes, ce ne sont pas tant la délicatesse des plats et la finesse des vins que l'atmosphère « russe » particulière et chaleureuse qui importe aux yeux des Russes. Et si vous voulez organiser une soirée ou une réception avec des Russes, il faut que cet aspect des choses retienne votre attention – autrement tous vos efforts seront vains ! Ces dernières années, s'est développée en Russie la pratique des buffets à l'occidentale. Et bien que ces réceptions soient plus économiques pour les organisateurs, et parfois plus efficaces pour favoriser les contacts d'affaires et autres rencontres, les Russes les apprécient beaucoup moins, se sentant plus sûrs d'eux-mêmes et dans leur élément dans une ambiance traditionnelle autour d'une table.

5. Les relations familiales

Parmi les *valeurs traditionnelles* les plus importantes pour le modèle russe, la *famille* vient en premier (58 % des personnes interrogées[35]). La *santé*, elle, vient en deuxième position, et ce n'est qu'ensuite que sont mentionnées des valeurs telles que l'*argent*, le *travail*, le *logis* et autres attributs du bonheur.

Des relations familiales et parentales chaleureuses sont donc ce qui compte le plus. 52 % des Russes sont mariés et presque 30 % sont en instance de mariage. Le taux de divorce, toutefois, avoisinant les 50 %, est aussi élevé qu'en Occident[36].

Bien que toutes les familles normalement composées en Europe se ressemblent, chaque famille a ses particularités selon le pays. La famille russe est, dans une certaine mesure, source d'étonnement pour les étrangers.

Tout d'abord, on se marie bien plus tôt en Russie qu'en Europe : les jeunes filles sont habituellement déjà mariées à 25 ans, souvent avec un garçon de leur âge, et ont un enfant. Elles se consacrent, avant tout, à l'éducation de leurs enfants, surtout lorsqu'ils sont encore en bas âge (jusqu'à l'âge de 3 ans).

À cet âge, en Europe, les jeunes gens ne s'occupent que d'eux-mêmes : ils se soucient de leur éducation, de leurs distractions, de leur carrière...

Dans le difficile contexte actuel, toutefois, on envisage d'avoir des enfants plus tard. D'après les statistiques, seulement 15 % des étudiants des cours supérieurs se risquent à avoir des enfants[37]. Alors qu'il y a quelques années encore, presque la *moitié* des étudiants choisissaient d'en avoir. Le facteur déterminant dans le choix d'un enfant est la présence d'une grand-mère qui peut s'en occuper. Mais la majeure partie des étudiants, à présent, souhaitent avoir des enfants une fois qu'ils ont une maison, un travail et les conditions adéquates.

Dans une écrasante majorité[38], on se marie *par amour* (37 %) et assez fréquemment encore tout simplement parce que « le moment est venu » (38 %) ou pour « faire comme tout le monde » (17 %). 9 % des personnes se marient suite à une grossesse imprévue que l'on a peur d'interrompre. Et seulement 8 % des Russes se marient par intérêt : pour la *carrière* ou pour l'*argent*. Comme on le constate, le calcul ou le bon sens comme argument pour faire « un bon mariage » entrent assez peu dans leurs considérations.

Deuxièmement, le Russe et l'Européen ont une notion différente de la famille. Pour l'Européen, il s'agit de la famille au sens strict : mari, femme et enfants. Pour le Russe, cette notion est plus étendue : si vous interrogez votre interlocuteur russe sur sa famille, il vous parlera sûrement de sa femme, de ses enfants, de ses grands-parents, de ses frère et sœur (si tous habitent sous le même toit). Certains Russes peuvent même nommer leur chien, leur chat ou leur perroquet qu'ils considèrent comme des membres de la famille. Cette notion élargie de la famille peut être expliquée par les conditions de logement traditionnellement médiocres, obligeant tous les membres de la famille à cohabiter dans des petits appartements, sans espoir de s'installer chacun de son côté.

Troisièmement, le système de cohabitation des couples sans enregistrement officiel de la relation, si répandu en Occident, entre progressivement dans les mœurs, mais pour le moment n'est pas encore très populaire (10 % des couples seulement). Ce type de « mariage civil » ne sera adopté que très progressivement par la famille étudiante. C'est comme si les étudiants avaient peur de répéter la douloureuse expérience de leurs pairs qui se sont mariés jeunes et ont divorcé. Ils souhaitent « apprendre à se connaître auparavant ».

Voici ce que l'écrivain américain H. Smith[39] écrit dans son livre *Les Russes* à propos de l'éducation des enfants en Russie : « Les Russes adorent leurs enfants, ils les gâtent et cherchent à leur éviter les difficultés. Les enfants continuent à vivre avec leurs parents, même après avoir terminé leurs études supérieures, et souvent les parents les gardent chez eux et les entretiennent de nombreuses années encore. » Ce qui est vrai ! À l'époque soviétique circulait même cette anecdote parmi les Russes : « Je me chargerai de mon enfant jusqu'à la retraite et ensuite à l'État de prendre le relais. » Cette blague n'est pas drôle en soi, elle reflète bien les temps pas si éloignés où la jeunesse en Russie n'avait ni le droit ni la possibilité de gagner légalement fût-ce un salaire de misère en guise d'argent de poche. C'étaient donc les parents qui finançaient les loisirs du jeune homme ou de la jeune fille. La réalité économique d'alors créait, bien entendu, cette situation anormale, mais les enfants, en général, acceptaient de bon cœur cette prise en charge par les parents, qui leur semblait aller de soi. La réalité de la vie a changé, mais ces relations sont encore marquées par la tradition.

Les enfants sont au centre de l'attention, on les embrasse, on les tiraille, on s'extasie devant eux et on les gronde et les « éduque » avec tout autant de passion. Ils sont habillés avec ce qu'il y a de plus beau, on les nourrit avec ce qu'il y a de meilleur et de plus sain pour eux, vitamines comprises. Ainsi il n'est pas rare qu'une mère, sachant que le caviar noir est très bénéfique pour la santé de l'enfant, dépense ses derniers sous pour le lui acheter, n'hésitant pas à puiser dans le modeste budget familial et se refusant tout pour elle-même. Ce comportement ne viendrait même pas à l'esprit d'un étranger.

En Union soviétique, le slogan suivant parut et fut largement repris : « Tout ce qu'il y a de meilleur est pour les enfants ! » Et ce slogan n'est pas tombé dans l'oubli avec la chute du pouvoir soviétique ; il continue de triompher. Des sondages sociologiques ont montré que la réussite de leurs enfants est une priorité pour les Russes[40]. Pour 20 % d'entre eux, par exemple, le but principal dans la vie était d'« assurer le bonheur de leurs enfants », ensuite d'« avoir une bonne santé » (14 %) ou « une famille heureuse » (11,6 %).

Du fait qu'ils se sentent « le centre de l'univers », les enfants sont souvent capricieux, gâtés, et se conduisent en véritables petits dictateurs. De plus, les familles russes n'ont très souvent qu'un enfant (33 %) ; seulement 27 % des Russes en ont deux. Une très petite minorité de Russes (12 %) n'envisage pas d'enfants. La majorité aimerait en avoir mais pour différentes raisons (souvent d'ordre économique) ne peut se permettre d'en avoir plus d'un, tout en sachant qu'un enfant unique risque davantage de devenir égoïste que s'il a des frères ou sœurs.

D'où vient cette tradition, qui perdure, dans l'attitude vis-à-vis des enfants ? Elle a plusieurs origines. Depuis déjà plusieurs siècles, pratiquement chaque famille en Russie n'a pu échapper à des événements tragiques, à des bouleversements. Le XXe siècle fut particulièrement éprouvant pour les Russes : ils connurent la révolution de 1917, la terreur rouge, la guerre civile, la terreur stalinienne suivie d'une guerre encore plus sanglante, la ruine de l'après-guerre, le marasme, la perestroïka et l'effondrement du mode de vie existant, enfin vint le tour des crises économiques et autres difficultés. Le modèle suivant s'est ancré dans la mémoire génétique du Russe : « Ma vie a été difficile. Pourvu que mes enfants en soient épargnés ! Faites qu'ils soient plus heureux que je ne l'ai été ! » C'est pourquoi tout parent souhaite inconsciemment rendre la vie de ses enfants plus douce, plus facile matériellement, plus belle – au moins durant leur enfance.

Ensuite les parents essaient de protéger l'enfant des problèmes de la vie réelle. À tout âge. Alors qu'il va à l'école, les parents n'arrêteront pas d'appeler du bureau pour vérifier s'il s'est couvert assez chaudement pour la promenade, s'il a fait ses devoirs, quelles notes il a reçues à l'école, exigeant tous les détails. Et même si l'« enfant » en question a 30 ans passés, ses parents, qui essaient de prendre part à tous les moments de sa vie, lui vouent une attention démesurée : ils vivent tous ses problèmes, essaient de lui être utiles et de lui venir énergiquement en aide. Ils se sentent terriblement blessés le jour où l'« enfant » s'éloigne d'eux sans leur confier ses soucis. Ce comportement des enfants (du reste tout ce qu'il y a de plus normal !) est mal accepté par les parents déjà âgés. Ils le ressentent comme de l'ingratitude, de l'insensibilité, de l'égoïsme.

Mais, comme tous les aspects de la vie, ce *style de relations familiales* a aussi son côté négatif. L'égoïsme et l'insensibilité des enfants gâtés se retournent contre l'amour parental démesuré. Il y a un très grand nombre de gens immatures et irresponsables dans la société russe, incapables de s'adapter aux difficultés de la vie. Beaucoup de raisons ont contribué à cette situation, parmi lesquelles l'amour excessif des parents. Cette implication dans la vie des enfants exagère le rôle de la tutelle parentale, « pèse » sur les enfants, les déresponsabilise et les prive de leur autonomie et de la volonté de s'assumer sans aide externe. Parents et enfants en payent le prix.

Différentes *raisons* ont contribué à créer cette situation.

Tout d'abord, elle résulte du comportement traditionnel des Russes en société. Le *mode patriarcal* (le *mode familial traditionnel* strictement parlant) fait partie du mode de vie des Russes. Deuxièmement, le contexte économique des dernières décennies sous le pouvoir soviétique a largement contribué à la formation de cette relation entre parents et enfants. En période de pauvreté générale et de crise chronique du logement, ce sont les représentants, non pas de deux, mais de trois générations de la même famille qui vivaient dans une pièce ou partageaient un appartement exigu.

L'habitude de vivre à l'étroit, le manque d'intimité, n'ont, paradoxalement, fait que renforcer les liens familiaux en Russie. Les gens ont appris à percevoir ces contraintes non pas tant comme un obstacle à la liberté individuelle que comme un « garde-fou » contre la solitude, comme le maintien de la chaleur du foyer.

6. La relation père-enfant, les relations de parenté

Les relations entre la génération des parents et celle des enfants (déjà adultes) en Russie diffèrent de celles qui ont cours en Europe[41]. Nous avons évoqué plus haut l'attachement des Russes à leurs enfants. Et ces liens entre les parents et les enfants se maintiennent, même après que l'enfant déjà adulte a quitté le foyer parental.

Par exemple, même s'ils vivent dans une chambre ou un appartement indépendants, les jeunes gens continuent assez longtemps encore à jouir de leurs « droits d'enfants » : ils rendent visite à leurs parents lors des « déjeuners de famille » et si ces derniers vivent à la campagne, ils ramènent de là-bas des produits du potager (pommes de terre, fruits, etc.), ils essaient de passer les fêtes en famille avec les parents et en compagnie de leurs amis d'enfance. Les parents, quant à eux, essaient de prendre part à tous les événements de la vie du jeune ménage.

Cela diffère quelque peu des traditions européennes où le jeune couple ne peut compter sur une aide matérielle des parents – au mieux, le couple sera redevable envers eux.

Si dans la famille russe, il est très important de maintenir le contact avec les nouveaux parents (tante, belle-mère), les relations avec les beaux-parents, en cas d'alliance avec des Européens, sont différentes : les parents français et le jeune couple maintiennent aussi le contact mais quelque peu différemment. En France, on déjeune à dates fixes avec les parents du mari. On a avec la belle-mère des conversations relativement superficielles : il est hors de question de l'« importuner » avec ses problèmes. Les relations entre les nouveaux parents sont courtoises et distantes.

En Russie, le jeune couple, après avoir quitté le cocon familial et commencé sa vie indépendante, est l'objet d'une attention particulière des parents. Cela est particulièrement évident chez les citadins dont les parents ne sont pas trop éloignés. Cela se manifeste sous la forme d'une aide pécuniaire (au moment des « fêtes », de l'« anniversaire de mariage », « en attendant la paye »), par des aliments et des plats faits maison. Les parents aident les enfants pour les grosses dépenses : pour l'achat d'un appartement, de meubles, d'un téléviseur ou d'un appareil ménager, ou encore pour la location d'une datcha en été. Avec la venue du premier enfant, l'attention des parents se reporte sur l'éducation de ce dernier.

Les parents aident surtout leur fille lorsqu'elle est en arrêt de travail pour mener sa grossesse ou lorsque l'enfant tombe malade. Cette aide se manifeste plus rarement envers le fils. Un homme se doit d'être en mesure de régler ses problèmes personnels, il est « moins à plaindre » qu'une femme qui, par tradition, a une existence plus difficile en Russie.

Mais avec le temps, au fur et à mesure que le jeune couple construit son « nid », la situation s'inverse. C'est au tour des enfants d'aider les parents âgés, surtout lorsqu'ils se retrouvent seuls. Les enfants ne les abandonnent pas ou ne les envoient pas dans des maisons de retraite (comme cela se fait dans d'autres pays). Envoyer ses parents là-bas de son vivant est moralement inacceptable. Ils les invitent souvent à venir habiter avec eux. Les deux générations (enfants et parents) parfois déménagent pour vivre ensemble. Mais le plus souvent les personnes âgées refusent de déménager, ce qui rend difficiles les soins que les enfants peuvent leur apporter. Les parents ont peur de « lasser » leurs enfants, de les gêner ou de perdre leur indépendance. Souvent, ils passent l'hiver chez leurs enfants (dans les grandes villes) et retournent l'été chez eux à la campagne, emmenant leurs petits-enfants avec eux.

Les personnes âgées, même si elles ont aujourd'hui perdu de leur autorité incontestable, restent le pôle d'attraction des plus jeunes. Les relations entre frères et sœurs et leurs familles respectives ne sont pas aussi étroites qu'entre parents et enfants. Pour cette raison, la génération la plus âgée a le rôle de *souder toute la famille*, reliant ses membres aux générations précédentes, transmettant les traditions familiales, réunissant dans une même grande famille tous les membres. À la mort des anciens, les liens entre parents proches peuvent être rompus.

Le *respect des anciens* fait partie du mode de vie des Russes. Et si certaines tensions surgissent entre parents et enfants, ce sont généralement les enfants qui en sont à l'origine. De plus, la nouvelle génération est plus éduquée et cultivée que la précédente, elle revendique son indépendance et dans son comportement et dans ses opinions, y compris politiques.

Bien entendu, il est honteux que les vieillards russes, après une vie difficile, ne puissent vivre comme bon leur semble et se reposer comme le font des millions de personnes âgées dans les autres pays. Leur aspect physique et leur santé sont bien pires que ceux de leurs congénères à l'étranger. Ce qui ne les empêche pas de continuer souvent à aider leurs enfants et petits-enfants. On ne peut que compatir à leur vieillesse difficile. Mais on peut aussi les envier de se rendre, jusqu'à la fin, utiles à leurs enfants et petits-enfants.

Les Russes âgés de plus de 70 ans ont combattu pendant la Seconde Guerre mondiale, ils ont connu la dure école de la vie et ils sont courageux, dignes et patients. Dans les années quatre-vingt-dix, alors que sévissait la crise économique, de nombreux Russes, démoralisés, se marginalisèrent et se mirent à mendier dans le métro, dans les rues des villes et les passages souterrains pour piétons. Il y avait beaucoup de personnes âgées parmi ces marginaux, prêtes à travailler jusqu'à l'épuisement de leurs forces. Pas seulement pour « survivre », mais aussi pour aider leurs enfants adultes à « démarrer dans la vie ».

7. Mari et femme : les rôles sociaux

Les relations traditionnelles des Russes en famille et les rapports entre mari et femme paraissent encore originaux aux étrangers. Leur particularité, sous leur forme la plus répandue, consiste en l'attachement des Russes aux *valeurs traditionnelles* et à *une organisation plus patriarcale de la famille* comparée à d'autres pays européens.

Depuis le XVIe siècle, c'est le *Domostroï* qui a régi les rapports familiaux. Le *Domostroï* équivaut à une « charte domestique » en français ; le mot russe est composé de *dom* (« maison ») et *stroit* (« construire, édifier »). Il s'agit d'un ensemble de règles de vie et de préceptes qui défend les principes du mode de vie patriarcal et l'autorité absolue du chef de famille – l'homme, le père de famille. À présent, ce terme est utilisé avec une note d'ironie par les Russes mêmes pour désigner une famille où le mari omnipotent impose l'ordre à tous les autres membres. Sous leur forme extrême, ces règles remontent à un passé lointain, même si elles n'ont pas tout à fait disparu.

On peut ironiser autant que l'on veut sur le sujet. Mais chacun, même l'homme le plus « progressiste » qui soit, peut tout à fait comprendre que la suprématie du *Domostroï* n'ait pu, en l'espace de 400 ans, disparaître sans laisser de traces et qu'elle influe encore aujourd'hui sur l'organisation familiale russe.

Précisons que notre description de la famille russe contemporaine concerne la *famille citadine* (90 % de la population de Russie). La famille traditionnelle, dans l'ensemble, se compose aujourd'hui de la mère, du père et d'*un enfant* (33 % des familles).

Admettons que ce dernier va à l'école. C'est généralement la femme qui se lève en premier et prépare le petit déjeuner de toute la famille. Elle se lève habituellement à 7 heures du matin : l'école commence à 8 h 30 le matin et les entreprises en ville ouvrent à 9 heures. Les parents rentrent après

19 heures : tout dépend du travail et de leur trajet de retour. Dans les grandes villes, il faut compter en moyenne pas moins de 40 minutes pour se rendre de chez soi à son lieu de travail.

Généralement, l'enfant rentre de l'école à l'heure du déjeuner (13-14 heures), réchauffe le repas préparé par sa mère la veille, fait ses devoirs et va jouer dans la cour. Au retour des parents, le soir, les devoirs sont faits et toute la famille se met à table pour dîner – vers 20 heures.

Ensuite chacun vaque à ses occupations : le mari et les enfants s'installent, d'habitude, devant la télévision. Mais la femme continue sa « journée de travail » – lessive, rangements, préparation du repas pour le lendemain, vaisselle, vérification des notes, sans parler de beaucoup d'autres tâches – tout cela relève de son domaine. Telle l'abeille dans sa ruche, elle s'active sans relâche, s'inquiète de chacun des membres de la famille. Elle est la *mère* et cela veut tout dire...

Cela entre aussi dans le cadre des anciennes traditions russes. L'héroïne des contes populaires russes est, depuis les temps païens, Vassilissa « la Très Sage », qui, à la demande de son mari, effectue les tâches les plus difficiles : elle tisse un tapis d'une beauté indescriptible, elle crée un lac avec des cygnes, elle construit un palais princier pendant que le mari « se repose ». Et, au matin, le mari doit répondre du travail accompli. Mais d'elle, on ne parle pas, car elle est « la Très Sage », c'est-à-dire très sensée. Sa délicatesse l'aide à se tenir dignement dans l'ombre du mari. Et ce modèle de comportement féminin fait partie intégrante de l'archétype russe.

Les hommes russes jugent normal d'aider *physiquement* leur femme à certaines tâches comme aller au magasin, à la blanchisserie ou à la teinturerie, le soir après le travail (surtout pour les choses lourdes ou encombrantes). Le mari aide parfois sa femme à faire le ménage (les samedis) ; il passe, par exemple, l'aspirateur ou joue avec les enfants. Mais il est hors de question qu'il fasse la vaisselle, prépare le repas ou lave le linge ! Même si presque chaque foyer, de nos jours, est équipé d'une machine à laver... Ce n'est pas une « occupation d'homme » et le mari s'arrange par tous les moyens « pour y couper ».

Il est d'ordinaire très mal vu qu'un homme ait des occupations « non masculines » (tâches ménagères) trop évidentes, obéisse de bon cœur à sa femme, soit excessivement mou de tempérament ou dépourvu de toute « rudesse » masculine. Si l'on se montre bienveillant envers ce type d'homme, il n'en est pas moins qu'on dira de lui que c'est un homme « sans caractère » et, plus explicitement, que « c'est sa femme qui porte le pantalon ». On le traitera même de « femmelette ». Un homme, un vrai, est un *moujik* (pas dans le sens de « paysan »). Par *moujik*, on entend un homme d'autorité sachant se faire respecter !

Enfin une autre particularité de la famille russe consiste en *l'effritement de ses barrières sociales*. Ainsi une femme qui a fait des études supérieures peut très bien avoir un mari qui est ouvrier ou chauffeur, soit une position sociale moins élevée selon les critères européens. Il est vrai que, dans ce cas, il gagne souvent deux à trois fois plus que sa femme « éduquée ». Et même si le salaire de la femme instruite est bien plus élevé que celui du mari, cela ne change en rien la répartition des rôles à la maison.

Les problèmes familiaux, dans l'ensemble, reposent sur les épaules de la mère. Ce qui met bien souvent en péril la carrière de la jeune mère, même si la législation russe stipule les mêmes droits et obligations et le partage des responsabilités vis-à-vis de l'enfant. Cela montre bien comment les hommes sont favorisés. Si talentueuse et éduquée que soit la femme, elle relègue ses opportunités de carrière au second plan. Ainsi le veulent les traditions russes, bien qu'avec le temps ces dernières se mettent aussi à changer.

Aujourd'hui la famille russe, surtout dans les grandes villes, se transforme à vue d'œil : de plus en plus de femmes se mettent à travailler, le contrôle venant de la génération précédente se relâche, les femmes deviennent économiquement indépendantes, les expériences sexuelles avant le mariage tendent à se répandre. Tout cela affecte peu à peu les relations traditionnelles en famille, les rendant plus démocratiques et égalitaires entre hommes et femmes.

Les Russes recourent de plus en plus souvent à l'« union libre ». On ne peut affirmer que les « traditions européennes » soient à ce jour devenues la norme en Russie. On peut s'en convaincre en regardant, par exemple, la populaire émission de télévision « Vivre sa vie » : il s'agit d'un débat télévisé où l'on discute de problèmes de famille typiques. Récemment, le débat portait sur un modèle de famille tout à fait nouveau pour la Russie : celui où la femme d'affaires travaille 16 heures par jour, gagne beaucoup d'argent et entretient son mari étudiant. Lui-même, parallèlement à ses études, effectue les tâches traditionnellement « féminines » à la maison : il prépare le repas, lave le linge, etc. Tous les participants à ce débat télévisé s'accordaient pour dire qu'il s'agissait là d'un modèle de famille « américain » et que le mari devait terminer ses études universitaires et avoir ensuite un bon métier. Mais tout le monde estimait aussi qu'il était indispensable pour la famille d'intervertir les rôles sociaux si elle souhaitait conserver son unité et se développer dans le futur. La question du partage de ces rôles, elle, ne fut pas abordée.

Pour les Russes, c'est donc toujours le mari qui doit entretenir sa famille et en être le pivot principal. On peut avec quasi-certitude affirmer que le rôle traditionnel de l'homme dans la famille russe est celui de : *chef de famille, protecteur, source de revenus, aide aux travaux physiques pénibles.*

Quant à la femme, elle doit obligatoirement procréer, s'occuper de la santé et de l'éducation des enfants, créer une atmosphère d'amour en famille, maintenir et protéger son foyer.

L'*amour* et le *sexe* sont nettement différenciés dans la culture russe. L'amour est interprété, au sens le plus large, comme une « relation » entre les gens, alors que le sexe n'est qu'un « rapport » (physique). L'un n'est pas relié à l'autre, bien que pour la jeunesse d'aujourd'hui la notion de sexe soit souvent plus d'actualité. La notion d'« amour » pour les Russes recouvre souvent le renoncement à son « moi individuel » pour l'autre (les autres). Il s'exprime dans le dévouement à une personne, dans le sacrifice de soi-même. L'amour véritable « à la russe » consiste à ne faire qu'un avec l'être aimé : rappelons-nous la célèbre « Douchetchka » de Tchekhov ! Une multitude d'histoires d'amour dans la littérature russe (et dans la vie aussi !) commencent précisément par la compassion féminine envers *lui* qui est si seul, si malheureux, si incompris... Et c'est là que le piège se referme car, par la suite, l'homme et la femme se conforment au mode patriarcal traditionnel et c'est alors *lui* qui domine.

Pour les Russes, l'*amour* est rarement associé au côté matériel de la vie. Les femmes russes sont élevées avec des proverbes tels que « Avec le bien-aimé, le bonheur est dans la hutte », « on n'achète pas le bonheur », etc. Cette sagesse populaire ne convainc pas toujours, elle est même sujette à caution.

Toutefois, on ne trouve pas dans la langue russe de vérités d'ordre « pratique » du style « l'Amour fait beaucoup, mais l'argent fait tout », comme il en existe dans la langue française. L'affirmation selon laquelle « Amour et pauvreté font ensemble mauvais ménage » semble aller de soi pour les Français.

Enfin, il y a, pour les Russes, une différenciation très marquée de l'amour entre « celui que l'on éprouve » et « celui dont on est l'objet ». C'est comme si une manifestation *unique* (l'amour) avait *deux composantes* dans leur conscience. Selon les psychologues, cette différenciation est assez spécifique des Russes[42]. Ce phénomène ne peut être observé nulle part ailleurs en littérature ou dans des ouvrages scientifiques. De nombreux Russes préfèrent *ressentir* l'amour plutôt que d'*en être seulement l'objet*.

Vous pourrez entrer dans les bonnes grâces d'une femme russe si vous vous comportez avec elle comme un gentleman, un protecteur et un défenseur. Si vous faites la cour à une jeune fille, vous devez être prêt à lui offrir le café, le restaurant, le cinéma, le théâtre, et ainsi de suite. En Russie, cela est considéré par le sexe « faible » comme faisant partie d'un rituel, comme quelque chose allant de soi.

C'est précisément dans ce genre de situations que les étrangers font souvent des gaffes, ne réalisant pas que s'ils payent seulement leur part, ils seront considérés comme « avares », ce qui ne manquera pas de faire « baisser leur cote de popularité ». Les femmes russes sont habituées à ces marques d'attention, elles les prennent avec bienveillance ou comme un dû et ne se sentent pas offensées comme les Américaines ou les Allemandes par exemple. Il leur plaît même que les hommes se comportent à leur égard avec une politesse appuyée et de manière chevaleresque. L'homme qui paye pour elles apporte ainsi la preuve qu'on peut compter sur lui et qu'il sait être galant.

On peut aussi parler d'une discordance flagrante dans les *relations pécuniaires* entre hommes et femmes en raison de la galanterie traditionnelle échue aux hommes. Car les femmes qui acceptent que l'on paye pour elles ne s'engagent aucunement : cela n'implique pas en échange, par exemple, un rapport sexuel ou « un comportement de femme » flirtant et ainsi de suite. Les femmes russes d'aujourd'hui prétendent à l'égalité des sexes, défendent leur droit à choisir et à prendre l'initiative. Les mêmes revendications de la part des Américaines sont équilibrées étant donné que ces dernières sont matériellement indépendantes. Mais en Russie, la femme veut être indépendante tout en préférant que l'on paye pour elle. Cette position est unique en ce qu'elle se distingue des normes de comportement acceptées en Occident ainsi que du « comportement féminin » traditionnel de l'Orient.

Concernant les *rapports pécuniaires dans le ménage*, ils s'établissent différemment selon la famille, mais c'est, le plus souvent, la femme qui détient le portefeuille de « ministre des Finances » en Russie : plus proche des réalités de la vie au jour le jour, elle est plus à même de gérer le quotidien. C'est aussi pour cette raison que la tenue du ménage lui incombe. Mais le mari doit rester la principale source de revenus, le soutien économique dans la famille.

Voulez-vous connaître les critères qui sont déterminants pour les hommes dans le choix d'une épouse ? À la question : « Qu'est-ce qui pour vous est le plus important chez une femme ? », les hommes russes d'aujourd'hui répondent[43] : l'intelligence (27 %) et la sexualité (26 %), la bonté est aussi très importante (24 %), le physique moins (11 %). Avec cela, 66 % des hommes préfèrent les femmes minces et non les femmes fortes. *Savoir cuisiner* et *gérer le foyer* ne sont importants que pour 9 % des hommes, ce qui peut, à première vue, sembler quelque peu surprenant.

De plus, la réponse des hommes qui donne pour premier critère l'*intelligence* dans le choix d'une femme ne doit pas vous rendre perplexe. Bien que nous ayons déjà abordé ce sujet, l'intelligence a un sens différent en Russie et en Europe. Et l'« intelligence féminine » ne désigne absolument pas l'intellect ou une activité intellectuelle mais plutôt la sagesse au quotidien, l'art de comprendre les autres, de se montrer tolérante, etc. Autrement dit, il s'agit des *caractéristiques socio-éthiques* d'une personne, de sa capacité à s'adapter à une communauté de gens et, dans le cas présent, à la famille.

Comme le montre ce sondage d'opinion publique, seulement 11 % des hommes apprécient les femmes d'affaires ambitieuses et matériellement indépendantes. Ce sont généralement des collaborateurs d'entreprises privées, des personnes aisées, mais on y trouve aussi des hommes exerçant dans le domaine culturel et même des ouvriers. Seulement 10 % des hommes (habituellement de riches collaborateurs de firmes privées, des habitués des casinos, des jeunes de moins de 35 ans) préfèrent les femmes efficaces et dotées d'une puissante énergie sexuelle, qui savent et aiment vivre sur un grand pied et apprécient avant tout les plaisirs et les fêtes. Les militaires et les scientifiques n'aiment pas du tout ce genre de femmes, mais les journalistes les adorent. Et dans leur majorité, les hommes sont extrêmement méfiants à l'égard de ces « superwomen ».

Ainsi, une écrasante majorité d'hommes préfèrent la « femme traditionnelle ». Elle n'est pas seulement une bonne ménagère mais aussi « une amie dans la vie ».

Le modèle de femme idéale pour le Russe ordinaire est celui de « Douchetchka », l'héroïne d'un récit de Tchekhov ; mariée plusieurs fois, elle renonce à sa propre vie et à ses intérêts personnels à chaque union, ne vivant que pour ceux du mari. Risquons-nous à affirmer que, du fond du cœur, l'homme russe souhaiterait continuer à avoir la suprématie dans les relations familiales et avoir à ses côtés une compagne discrète et soumise, capable de sacrifier ses intérêts et vivant exclusivement pour sa famille.

Il est souvent difficile pour les femmes de s'opposer à ces contraintes traditionnelles. Elles essayent de s'y conformer, répétant la destinée de leurs mères et leurs grands-mères, se limitant d'avance à un rôle de second plan dans la famille.

Les femmes des « nouveaux Russes » connaissent souvent une destinée qui n'a rien d'enviable. Comme la vie le montre, de nombreuses personnes qui se sont très rapidement enrichies (hommes d'affaires, financiers, mais aussi membres de la Douma d'État et directeurs d'usines importantes) ne changent pas seulement, avec un statut social plus élevé, de style de vie mais aussi de femme : ils épousent souvent de jeunes beautés aux longues jambes. D'un côté, l'on pourrait croire que ces jeunes filles ont une chance extraordinaire : elles ont un mari riche, une maison luxueuse, la jeunesse et la beauté. Toutefois, en y regardant de plus près, vous constaterez que ces jeunes femmes sont souvent très seules : elles ont, en général, fait un mariage trop précipité et n'ont pas eu le temps de terminer leurs études ; elles les ont ensuite abandonnées sous la pression du mari. Elles n'ont pas d'amies et languissent dans la solitude et l'ennui jour après jour. Le mari, après une journée extrêmement stressante, peut reporter sa mauvaise humeur sur sa femme et même la battre. Elle n'ose se plaindre à quiconque, comme elle redoute, plus que tout, le divorce et plus précisément d'être jetée à la rue avec l'enfant sans aucun moyen de subsistance, sans métier, alors qu'elle est habituée à une vie de luxe. Il est très difficile de détruire de son plein gré la vie à laquelle on a été habitué, même si elle n'est pas rose. Certaines de ces femmes, ne supportant pas ce qu'elles endurent, plongent dans l'alcoolisme, se droguent ou se suicident.

Ainsi c'est à la femme que revient en Russie la fonction de *gardienne du foyer*, sans oublier le rôle de *mère* (s'il y a un enfant) et de consolatrice pour l'homme qui connaît des moments difficiles. De nombreux siècles durant, les femmes russes ont offert de façon désintéressée leurs soins incessants, leur attention touchante envers leur mari, leur père, leurs enfants.

Le plus paradoxal dans cette situation est que, à la différence de l'espagnol, on ne trouve pas d'équivalent au mot « macho » dans la langue russe. Le mot *moujik* (un homme, un vrai) est toujours prononcé par les Russes avec une note d'appréciation, si ce n'est d'admiration. Ce qui montre bien que les rôles sociaux traditionnels dans la famille ne sont pas perçus par les Russes de façon critique.

Les temps changent et la société est secouée par des crises et des bouleversements, l'organisation de la vie se modifie et il est normal que les rôles sociaux évoluent eux aussi. Mais en Russie, cette évolution se fait lentement et avec difficulté.

8. La position de la femme dans la société russe

Comme vous avez pu vous en convaincre dans le chapitre précédent, la position de la femme dans la société contemporaine est ambiguë.

D'une part, des marques de comportement chevaleresque persistent à l'égard de la femme russe, qui, par tradition, accepte avec bienveillance cette attitude galante des hommes envers elle.

De fait, l'histoire montre que les femmes disposaient de droits économiques et politiques plus étendus en Russie que leurs semblables en Occident. Dans le *Domostroï* (XVIe siècle), le mari qui ne respectait pas sa femme était sévèrement réprimandé. Et l'on n'y trouvait pas, comme en Pologne au Moyen Âge, de précepte de la noblesse recommandant à l'homme de « faire l'éducation » de sa femme en la battant et, après l'avoir ligotée, de la suspendre à la cheminée tel un jambon. La Russie n'a, de même, jamais connu l'infâme « droit de cuissage » occidental. Mais les femmes avaient le droit de disposer de leur propre dot, de mener des affaires et de retirer de l'argent du compte bancaire sans autorisation légale du mari.

Cette « autonomie » des femmes russes dans le passé peut expliquer, en grande partie, le peu de succès que rencontrent en Russie les formes agressives de féminisme répandues en Europe et en Amérique, où les femmes ont, pendant des décennies, lutté pour ce qui en Russie allait de soi.

Le pouvoir soviétique a joué un rôle considérable dans l'accession de la femme à un statut social plus élevé : elle obtint le droit de voter (30 ans avant ses semblables en France), le droit au travail et à un salaire égal à celui de l'homme, le droit à l'éducation, un système développé de crèches et de jardins d'enfants lui permettant de se libérer pour sa vie privée, et ainsi de suite… Et le 8 mars – journée de la femme – devint un jour officiellement férié en URSS en reconnaissance du rôle important de la femme. Comme par le passé, le 8 mars est célébré comme nulle part ailleurs à travers le pays tout entier.

Toutefois, selon le *Domostroï*, la femme russe a sa place essentiellement au foyer. Sa vocation est d'être mère et de se sacrifier pour son mari et ses enfants. On n'a pas les mêmes exigences vis-à-vis de l'homme (le père de famille) : il est, bien entendu, responsable à long terme des enfants. Mais s'il désire se soustraire à la famille, laisser tomber, par exemple, femme et enfants et se remarier à une jeune fille, la société ne le juge pas comme elle le ferait pour une femme qui agirait pareillement. Les statistiques montrent que seuls 12 % des pères payent une pension alimentaire aux enfants après leur départ, le reste essayant d'échapper à cette obligation.

La femme russe doit se conformer au modèle familial traditionnel selon lequel *c'est essentiellement l'homme et non elle qui entretient la famille.* Cela conduit à ce que les *droits* des femmes soient, depuis l'enfance, régulièrement *bafoués.* Le petit garçon peut se conduire comme bon lui semble, alors que la petite fille se doit d'être calme, discrète et obéissante : elle doit céder en tout – y compris aux garçonnets de son âge –, et ce, en vue de se préparer à son futur rôle de femme et de mère.

En Russie, les petites filles sont peu préparées à la réussite sociale. On leur répète : « Mais que te faut-il de plus ? L'important est que tu te trouves un mari. » Le choix dans la vie d'une femme se résume au mariage parce que se retrouver seule, sans mari, est terrible. Une femme non mariée, c'est une situation considérée comme « anormale » par de nombreux Russes et à laquelle il faut absolument « remédier » par tous les moyens possibles.

Cette position *ambiguë* de la femme russe a conduit à ce qu'elle *se sous-estime beaucoup*, comparée à la femme occidentale. Les femmes russes sont fières de leur éducation, mais peu nombreuses sont celles qui reconnaissent ouvertement que la grande majorité des femmes terminent leurs études à l'université ou à l'institut avec, pour seul but, se marier, trouver un fiancé digne d'elles. Il existe même des « facultés de filles à marier » comme la faculté de philologie, les instituts pédagogiques ou de langues étrangères qui constituent aujourd'hui encore les « viviers » de fiancées les plus prestigieux.

Déjà à l'époque soviétique, l'opinion des hommes et des femmes différait sur les droits et les obligations des deux sexes. Ainsi, les hommes sont plus souvent d'avis que *l'homme a plus le droit de flirter et d'être infidèle* que la femme et que *c'est l'homme qui doit prendre l'initiative dans le choix du partenaire.* Ils sont choqués si c'est la femme qui prend l'initiative dans ce domaine. Ils ne sont pas d'accord pour que la femme choisisse son mode de vie sans demander l'avis de quiconque. Souvent les hommes considèrent comme injustifiées leurs obligations envers les femmes dites plus « faibles » ; ces dernières, en effet, ne font pas preuve de faiblesse et prétendent de plus à l'égalité même là où, objectivement, il ne peut y en avoir.

La situation des femmes dans la Russie d'aujourd'hui est particulièrement difficile. Des études sur l'évolution des mentalités au cours des dix dernières années témoignent de changements particulièrement accablants au sein de la famille : la montée en flèche du nombre de divorces (585 divorces pour 1 000 unions), un nombre très important de familles monoparentales et de mères célibataires, le nombre de maris alcooliques qui *a doublé*… Ont contribué à cette situation dramatique : la perestroïka et les crises financières, le développement de complexes par les hommes (suite à leur perte d'emploi) et la vodka bon marché. Sur les 33 millions d'enfants russes, 14 millions (presque *la moitié*!) sont des orphelins qui grandissent sans père. Et selon la tradition, c'est aux femmes d'endosser la responsabilité pour tout cela!

Car la situation serait bien pire sans elles. Les hommes, assaillis de problèmes, « craquent » souvent. Les femmes, elles, pleurent, se désolent, mais ensuite elles serrent les dents et transportent d'énormes sacs et paquets remplis de vestes de cuir fabriquées en Turquie et d'articles de grande consommation bon marché venant de Chine; c'est ainsi qu'elles sont devenues des *tchelnoki* (« navettes[44] »). Sans les efforts de ces femmes, cette abondance d'articles n'aurait jamais vu le jour en Russie. Elles empruntent à leurs risques et périls de l'argent auprès de leurs relations, s'inscrivent à un séjour touristique à l'étranger (en Chine, en Turquie), achètent sur place des marchandises bon marché (généralement des vêtements), les ramènent chez elles pour les revendre elles-mêmes en Russie dans les kiosques ou sur les marchés. Bien sûr, ce commerce « de l'ombre » semi-légal et aux caractéristiques criminelles n'est pas sans danger pour le « sexe faible ». Mais c'est précisément aux femmes qu'il appartient, dans les temps difficiles, de ramener chez elles des articles courants de Chine ou de Turquie. Et il en est de même lorsqu'il s'agit de ramener le mari ivrogne ou les enfants à la maison. Quelqu'un doit bien faire en sorte que la vie continue!

Pour ce qui concerne les femmes jeunes, une nouvelle tendance se profile en Russie qui connaît un développement très rapide : l'*émancipation féminine*. Il ne s'agit pas du tout d'un féminisme agressif comme celui qui a atteint l'Amérique et certains pays d'Europe mais plutôt d'un *changement de priorités*. Il y a encore 5 ans, le but principal des jeunes filles russes était de faire un bon mariage. Elles ressentaient de la compassion pour les femmes seules, quelles que fussent les réussites de ces dernières. Aujourd'hui, les jeunes filles « ne se précipitent pas tête baissée dans le mariage » : 64 % des Russes considèrent que l'important pour une jeune fille d'aujourd'hui est d'avoir un bon poste et seulement 27 % soutiennent le point de vue traditionnel (faire un bon mariage). Dans la réalité, la question se résout d'elle-même, question qui est posée comme suit dans des articles à caractère social et politique : dans une société en mutation, convient-il à la femme de suivre sa « vocation naturelle », c'est-à-dire procréer et élever les enfants, entretenir le foyer? Ou doit-elle avant tout se soucier de gagner sa vie? Il semble qu'il ne soit pas donné à toutes les femmes, pour le moment, de concilier les deux.

Ne spéculons pas sur les femmes « en général », mais essayons plutôt de dresser le portrait psychologique et social des différentes catégories de femmes[45] apparues au cours des dix dernières années en Russie.

Un type de femme tout à fait nouveau est la *femme entrepreneur*. Son âge moyen est de 36 ans environ, elle est mariée et a des enfants. Curieusement, les femmes qui ont une famille traditionnelle réussissent mieux dans les affaires que les femmes seules. Elles montent, le plus souvent, des entreprises de petite et moyenne taille. Elles sont plus éduquées et s'efforcent constamment d'améliorer leur niveau. Elles sont, généralement, diplômées en économie ou en sciences humaines. Dans la majorité des cas, elles possèdent leur propre affaire ou dirigent une firme. Elles sont socialement mobiles, ne manquent pas d'idées nouvelles et ont une âme d'entrepreneur. Elles sont débordées de travail avec des semaines de 62 heures (elles travaillent même les jours de congé). Elles ne vivent que pour leur métier. L'autonomie, les responsabilités et les risques ne leur font pas peur. Ces femmes ont un rôle de gestionnaire et leur style de direction est collégial. En raison de la surcharge permanente de travail, elles ont mauvaise conscience de ne pouvoir consacrer plus d'attention et de temps à leur famille. Ce qui ne les empêche pas d'être généralement satisfaites de leur travail. Leurs revenus (en moyenne 1 150 $ mensuels) leur permet de jouer le rôle de chef de famille. On les remarque dans la foule par leur toilette élégante et leur allure décidée.

Une autre catégorie de femmes, plus traditionnelle en Russie, est la *femme exécutante*[45]. Sa moyenne d'âge est de 31,7 ans. Ces femmes, habituellement, se marient et ont des enfants. La famille habite souvent avec les parents âgés. Leur salaire n'est pas élevé (moins de la moitié du budget familial), elles ont de ce fait un rôle économique peu important en famille. La plupart sont diplômées de l'enseignement technique supérieur (60 %). Elles sont toutes, sans exception, des employées d'entreprises d'État et travaillent beaucoup. La modicité de leurs revenus est leur principale source d'insatisfaction au travail, perçu plutôt comme un obstacle à l'accomplissement de leurs tâches familiales et à leur vie privée.

Dans les relations professionnelles, elles préfèrent un style « soft », « féminin », exempt de conflits.

Un autre type de femme très répandu en Russie est la *femme cadre dirigeant*. Ce sont des spécialistes qui ont fait carrière. Elles sont âgées en moyenne de 32,2 ans. Elles se marient souvent, mais le pourcentage de femmes qui ont une famille y est moins élevé que dans les autres catégories de femmes : elles sont souvent seules ou divorcées. Elles ont plus rarement encore des enfants. Leurs revenus représentent à peine plus de la moitié du budget familial et leur donnent une certaine indépendance économique pour trancher les questions familiales. Elles ont un niveau d'instruction élevé (enseignement supérieur, diplômes scientifiques avec une formation complémentaire – souvent en sciences humaines) et s'efforcent constamment de l'améliorer par l'obtention d'un deuxième diplôme, de stages, en suivant des cours spécialisés, etc. Les femmes cadres dirigeants sont habituellement des salariées occupant un poste de direction. Elles sont très prises par leur travail et vivent pour lui. Dans les relations d'affaires, elles optent pour un style rigide, « viril ». Leur psychologie est proche de celle des femmes-chefs d'entreprise.

Voilà les « nouveaux types » de femmes qui sont apparus en Russie ces dernières années. Ces femmes ont considérablement modifié la structure sociale et démographique de la société. Elles ont montré, dans la pratique, l'évolution radicale des Russes dans l'idée qu'ils se font du bonheur et de l'épanouissement d'une jeune femme depuis de nombreuses années. Ces dix dernières années ont vu l'apparition d'un nombre important de femmes russes « d'un type nouveau » qui « ont réussi ». Elles travaillent souvent dans des sociétés mixtes privées, perçoivent un salaire élevé, sont économiquement et moralement indépendantes, conduisent, s'habillent dans des « boutiques » chères et portent des bijoux de valeur. Elles maîtrisent aussi plusieurs langues étrangères, sont déterminées et ont une opinion tranchée sur tout. Elles n'ont rien à voir avec la « Douchetchka » traditionnelle qui se laissait mourir d'amour, n'étant pas aimée en retour et souffrant de l'égoïsme du mari…

Des études montrent que plus les femmes ont de pouvoir, plus le style de leurs relations professionnelles « se durcit » et moins elles sont attirées par une direction de style collégial.

Ainsi, le rôle social traditionnellement dévolu à l'homme et à la femme est de plus en plus remis en question en Russie. Toutefois, presque 70 % des Russes[45] considèrent qu'il est toujours beaucoup plus facile aux hommes de faire carrière qu'aux femmes, bien que le pourcentage de femmes diplômées de l'éducation supérieure soit bien plus élevé que celui des hommes. 55 % des spécialistes diplômés en Russie sont des femmes.

Malgré l'égalité des droits de l'homme et de la femme garantie par la Constitution russe, près de *la moitié* des Russes pensent que les hommes ont plus de possibilités pour les réaliser que les femmes et seulement 35 % considèrent que les deux sexes sont égaux en droits.

9. Les mariages avec les étrangers

Parfois l'habitude – selon la tradition russe – de tout faire reposer sur les épaules des femmes suscite chez elles l'envie d'une fuite en avant, celle de tout laisser tomber, d'épouser un étranger et quitter la Russie. Les statistiques montrent que le nombre de mariages contractés avec des citoyens d'autres pays ne cesse d'augmenter. Un mariage sur quatre, toutefois, se fait avec des habitants des ex-républiques de l'URSS : ces dernières ont reçu l'appellation de « territoires étrangers proches ». Et un nombre écrasant de mariages mixtes se fait avec des étrangers venus des « pays distants ».

Les cas ne manquent pas où des hommes jeunes, venus de pays en voie de développement tels que la Syrie, le Viêt Nam, etc., épousent des femmes bien plus âgées qu'eux. Mais il est facile de deviner ce que les gens recherchent dans ces mariages : une autorisation de séjour en Russie qui offre de nouvelles opportunités pour leurs affaires. Ce sont des « mariages par intérêt ». Toutefois, ces cas sont plutôt l'exception. Pour notre part, nous nous intéressons aux unions « régulières », celles qui poussent des hommes et des femmes russes à chercher leur bonheur à l'étranger. Et le phénomène n'est plus rare : les agences matrimoniales à Moscou et Saint-Pétersbourg poussent comme des champignons et c'est devenu une activité florissante. L'an dernier, rien qu'à Moscou, on a enregistré 41 mariages avec des Anglais, 31 avec des Français, 47 avec des Allemands et 23 avec des Italiens[46].

Ce sont principalement des femmes et non des hommes qui épousent des étrangers. Il y a quelques explications à cela.

Premièrement, les hommes sont plus conservateurs, il leur est plus difficile de se faire à de nouvelles conditions de vie. Ils ont, comparés aux femmes, une plus haute opinion d'eux-mêmes. Les facteurs de solidité et de stabilité ainsi que l'assurance de conserver le « premier rôle » dans leur vie d'époux sont importants pour eux.

Deuxièmement – et ce facteur n'est pas des moindres –, un homme rongé par l'alcoolisme diminue considérablement l'attrait et les chances d'un homme en quête d'un foyer heureux. Or l'alcoolisme fait des ravages chez les hommes en Russie. Alors que les femmes russes, comme le montre l'étude, sont très demandées sur le « marché du mariage ». Tout d'abord, elles ont un physique européen et les très jolies femmes ne manquent pas en Russie. Et aussi élancées et séduisantes que soient les actrices de cinéma et les top models à l'étranger, pour une majorité écrasante d'hommes russes (73 %) il n'existe pas de femmes plus belles au monde que les Russes.

Troisièmement, les femmes russes ne sont pas seulement jolies, elles sont aussi mieux éduquées et plus cultivées que la moyenne des Européennes. 55 % des citadines sont diplômées de l'enseignement supérieur et elles sont largement majoritaires dans les domaines de l'éducation et de l'instruction publique, de la santé et de la science. Elles aiment lire, sont au courant de toutes les nouveautés en matière d'art et de littérature et apprennent très vite tout ce qui est nouveau, y compris les langues étrangères. Elles seront toujours « au niveau » et ne détonneront jamais dans une soirée mondaine. Leur bonté, leur ardeur au travail, leur aspiration à un foyer sont aussi de sérieux atouts aux yeux des étrangers. Parmi leurs grandes qualités, on peut citer leur compassion, leur intuition très développée (voir le chapitre 1), leur désir de partager les moments difficiles.

Quatrièmement, les hommes européens et américains, quelque peu « dépassés » par le féminisme triomphant, obtiennent facilement des femmes russes qu'elles jouent un rôle « de second plan ». Elles ne sont pas revendicatrices, soutiennent le mari dans les moments difficiles de la vie et n'ont aucune prétention si elles ont été éduquées « correctement ». Bref, ces dispositions naturelles des femmes russes expliquent en partie le succès de leurs mariages avec des Européens et des Américains. Le plus souvent, un amour sincère et réciproque, une passion romantique sont à l'origine de ces unions. Cependant, une fois le mariage conclu, il faut affronter le train-train de la vie. Et c'est alors que, très souvent, ces mariages mixtes se heurtent à de sérieux problèmes. Quelles en sont les raisons ?

Premièrement, ces mariages rencontrent des difficultés ne fût-ce que parce que le gouvernement s'en mêle. Il n'est pas bien vu d'en parler, mais tout le monde le sait : des ex-femmes russes, vivant en Angleterre et en France, ont témoigné à ce sujet dans des interviews publiées dans des magazines féminins[47]. Ces femmes s'efforcent de cerner l'origine de leurs problèmes. Après son mariage avec une Russe, l'atmosphère au bureau du mari change imperceptiblement mais radicalement : sans aucune explication, on ne lui confie plus de missions intéressantes à l'étranger, on met un frein à sa carrière professionnelle. Ensuite ce sont ses cercles d'amis et son cercle de relations qui se rétrécissent, et ainsi de suite. Ces dernières années, en effet, les relations de la Russie avec certains pays sont devenues tendues et l'« espionnite » ne recourt pas toujours à des méthodes très orthodoxes.

Deuxièmement, outre les raisons *objectives* – l'ingérence de l'État dans les relations familiales –, il y a aussi des raisons *subjectives*. La déception de la femme russe vis-à-vis de son mari n'est pas des moindres. Et l'échec de tout mariage résulte, en général, de cette désillusion. Durant les décennies du « rideau de fer », les Russes se sont imaginé que l'Europe était le paradis où, soi-disant, tout le monde vivait comme les superstars de Hollywood dans une atmosphère permanente de fête et de luxe. À la vue des appartements parisiens de taille modeste, des nombreux voisins immigrés et des voitures à petite cylindrée, la femme russe tombe de haut. Les grandes espérances se réduisent en fumée.

Et le désenchantement ne s'arrête pas là. Il faut encore se rendre à l'évidence que le modèle de l'homme français comme amant fougueux, galant, léger et généreux est aussi un mythe inventé par les écrivains, chansonniers locaux et touristes vantards. Seuls les romans d'une époque révolue peuvent nous donner une idée de ce qu'étaient la galanterie française et l'art raffiné de la séduction. Mais aujourd'hui, il est tout à fait normal qu'un couple amoureux demande des additions séparées à la sortie d'un café. Et les époux, lors d'un achat important en commun ou pour payer leurs charges, « cotisent » chacun à partir de leur compte individuel. Voilà le sombre bilan que l'on peut tirer du féminisme occidental. Il se peut qu'à présent les Françaises en personne se plaignent du fond de leur cœur de ce que les hommes aient oublié tout sens de la galanterie, quitte à se montrer grossiers en public... Mais les Français en cela font preuve d'une fermeté exemplaire et ne se permettent en aucune façon de rabaisser la femme en cédant à celle qui est enceinte la place dans le métro ou en l'aidant à monter dans l'autobus !

La vie montre que, dans leur majorité, les Français sont tout à fait pragmatiques. Pour citer un exemple, cette anecdote à leur sujet est de leur cru : « Si la lumière brille la nuit chez un Français, les étrangers s'imaginent qu'il est en train de faire l'amour. Ce en quoi ils se trompent : il ne fait que compter son argent. » Cette plaisanterie n'est qu'à moitié vraie. L'esprit mercantile est un trait de caractère répandu chez les hommes français. Et comme les Français ont de l'humour, ils raillent souvent ce trait de leur caractère – comme s'ils exigeaient, en plaisantant, que leur femme économise la lumière, l'eau et autres services publics, qu'elle papote moins au téléphone, qu'elle ne fasse que les soldes, etc. La femme russe, généralement, n'est pas prête à ce changement de situation. *tre économe* n'est pas perçu comme un trait de caractère positif par elle mais plutôt comme de l'avarice, dans sa forme la plus absurde du reste. Elle sera, par exemple, frappée de ce qu'« il » ne regarde pas à la dépense au restaurant, mais pour ce qui est de chauffer l'appartement l'hiver... même les Français aisés y maintiennent une température permettant tout juste de ne pas mourir de froid ! Ou ce qui la sidère encore, c'est combien sa façon de laver la vaisselle sous l'eau chaude courante sans boucher l'évier « le » rend hystérique ! Les dépenses d'eau et les conversations téléphoniques sont une constante pomme de discorde entre les maris français et les femmes russes, indépendamment du niveau de revenus du ménage.

Pour ce qui concerne l'amour, l'image traditionnelle du Français moyen comme amant incomparable est quelque peu exagérée. Les hommes français, une fois mariés, se fixent une norme précise (une fois par semaine, une fois par mois, plusieurs fois par jour). Et pour sortir des limites de ce cadre, un « entraînement » particulier est nécessaire : une dispute de ménage avec larmes, ou mieux encore, un dîner raffiné, une petite douceur, exception au régime habituel, ou quelque chose de similaire…

D'où les statistiques moroses – enregistrées par de nombreux experts – sur les mariages franco-russes détruits et les familles monoparentales qui en résultent. De plus, la femme russe dans ces couples sera toujours la partie qui souffre le plus : tout d'abord, le mari peut, s'il le souhaite, la priver de tout droit sur son enfant, ensuite elle ne touchera pas forcément de pension alimentaire pour le restant de ses jours. La pension qu'elle reçoit est si modeste qu'elle ne lui suffit pas pour vivre dignement et elle en sera réduite à chercher du travail.

Les déceptions sont généralement partagées. Le mari ne peut qu'être agacé par certains traits « trop russes » de sa femme comme, par exemple, le fait qu'elle ne supporte pas la solitude et a besoin de compagnie en permanence, qu'elle passe des heures au téléphone, que des semi-inconnus viennent souvent envahir la maison – de plus, pas seulement pour se restaurer mais pour, souvent, chanter fort après le repas ! –, que le repas ne soit pas à 12 h 00 (midi) ou à 20 h 00 le soir, mais à l'heure qui lui convient à *elle*. L'ordre et le rythme habituel sont totalement perturbés, ce qui lui est extrêmement déplaisant. Et enfin, détail important, *elle* aime dépenser et dépense l'argent sans réfléchir, sans penser au lendemain, sans chercher à faire des économies, elle n'attend pas la saison suivante des soldes mais préfère acheter aussitôt ce qui lui plaît.

Mais pour les Russes, ce ne sont pas là des défauts mais les signes d'un « tempérament généreux », ce qui suscite plutôt leur sympathie. Alors que pour les Français, ce sont des vices qu'il faut combattre, un manque d'esprit pratique et même tout simplement de la bêtise – bref, une cause sérieuse de divorce.

Supposons que les déceptions mutuelles sont le passage obligé de chaque union. En fin de compte, l'amour passe et l'on découvre alors ce qu'on n'avait pas remarqué dans le feu de la passion. Et ce ne sont alors que la compréhension et l'entente réciproques qui permettront de résoudre les problèmes en famille. Selon nous, la difficulté de se comprendre l'un l'autre ne vient pas de la « bêtise » de l'un ou de l'« obstination » de l'autre mais de l'*absence d'une langue commune*, des *différences culturelles*, des normes de comportement et modes de pensée différents, d'horizons distincts.

Beaucoup de linguistes partagent la théorie de Benjamin Worth, selon laquelle la langue que nous parlons ne fait pas qu'exprimer nos *pensées* : elle *détermine* aussi sensiblement leur cours. En bref, le Russe voit le monde différemment du Français dans la mesure où il parle russe et non français. Et inversement. Pour cette raison, le Français ne peut appréhender et ressentir le monde comme le Russe, ne disposant pas des *moyens linguistiques* pour cela. Seule l'étude de la langue de son interlocuteur lui permet de prendre du recul par rapport à sa langue maternelle et d'appréhender la réalité différemment (voir pour cela le chapitre 1).

Comme disait l'écrivain russe B. Dovlatov, « la langue constitue 90 % de la personnalité d'un individu » et l'on ne peut qu'être d'accord avec cette affirmation. L'alternative qui consiste, pour l'un des époux, à apprendre la langue de son conjoint n'est pas non plus la meilleure. Car les deux époux doivent se familiariser avec la langue et la culture de l'autre, quel que soit le pays où ils résident. Chacun doit faire l'effort d'aller vers l'autre en vue d'une compréhension mutuelle. Sans cela, il leur sera difficile de surmonter leurs différences culturelles et de savoir ce qui est important pour l'autre. Par exemple, des notions comme l'*intuition*, le *destin*, le *péché*, la *conscience tranquille*, l'*âme*, l'*angoisse* et les exagérations d'ordre émotionnel ne seront pas perçues par le Français et l'utilisation fréquente de ces mots ne fera que l'agacer. Et la *réserve*, le *pragmatisme*, le *sens de l'économie*, les *règles de bon ton*, la connaissance de cent sortes de vins ou de fromages auront peu d'importance pour la femme russe.

À cela, viennent s'ajouter des habitudes de vie différentes, tant sur le plan culturel qu'au niveau de l'hygiène, par exemple. Les femmes russes se plaignent souvent de ce que, par exemple, la vie en France soit ennuyeuse, pauvre en événements. Il leur est, par exemple, insupportable que le mari ne lise rien, hormis ses factures, et surtout « qu'on ne puisse parler de rien avec lui ! ». Cette situation, particulièrement pénible pour la femme russe, est souvent la première cause de rupture définitive. « Si l'on ne peut parler de rien avec lui, alors tôt ou tard, tout le reste perd son sens. » Il se peut qu'il y ait là une part de vérité, si l'on tient compte du traditionnel « appétit russe pour la culture ». Mais il aurait fallu s'en soucier avant le mariage. Il semble que les deux parties aient leur part de responsabilité dans l'incompréhension mutuelle.

Tout cela n'exclut pas qu'il y ait des mariages réussis entre citoyens de pays étrangers. Mais pour atteindre ce bonheur, les époux doivent s'efforcer d'aller à la rencontre l'un de l'autre. Et pour cela, il n'y a pas d'autre voie que l'étude de la langue et de la culture du conjoint, le souhait de comprendre ses sentiments et ses aspirations, et d'élargir, avec son aide, son horizon personnel et son expérience culturelle.

10. Les voisins

Les relations de voisinage sont très importantes en Russie[48] et le caractère particulier de celles-ci reflète, pour beaucoup, le problème du logement en URSS (voir pour cela la 2e partie, chap. 1, § 1). Dans les années 30, la vie dans les *appartements communautaires* ou les baraquements favorisait très souvent l'établissement de rapports amicaux entre familles entières. Au bout de trente ans, de nombreux voisins s'en allaient, chacun de son côté, après avoir obtenu leur appartement, mais l'amitié nouée depuis l'enfance se prolongeait encore longtemps. De nombreux Russes peuvent vous faire part de cette expérience.

L'isolement de la vie urbaine en Russie aujourd'hui fait que les voisins peuvent très bien ne jamais se croiser, ils ne se connaissent pas, et lorsqu'ils se rencontrent, ils ne se donnent pas même la peine de se saluer. Les liens de voisinage, toutefois, jouent un rôle extrêmement important, presque familial dans la vie quotidienne des Russes.

Même dans la Russie d'aujourd'hui, les voisins ont un rôle particulier à jouer qu'il convient de ne pas négliger ; il faut l'utiliser au mieux, et ce, dans son propre intérêt. Par exemple, en cherchant à louer un appartement, il est important, certes, de connaître sa disposition et son confort mais aussi de s'intéresser à vos voisins les plus proches. La vie en commun dans un espace délimité, le souci donné à la propreté ou aux fleurs de votre palier, certaines décisions communes aux résidents de l'immeuble (l'installation d'un interphone, le choix d'un concierge, etc.), l'aménagement de la cour – tout cela contribue au rapprochement entre voisins, à l'établissement des premiers contacts.

On apprécie les voisins en cas d'aide réciproque dans la vie courante et dans les situations extrêmes, lorsqu'on n'a pas de parents à proximité et qu'il faut, par exemple, appeler le SAMU, ainsi que dans de nombreuses autres situations. En cas de besoin, par exemple, il est courant de laisser les clés de son appartement à ses voisins – pour qu'ils arrosent les fleurs, donnent à manger aux poissons ou au chat de la maison. En Europe, c'est le concierge qui est rétribué pour ces fonctions. En Russie, on n'est pas encore tout à fait habitué aux concierges, et ils sont considérés comme des « gens de l'extérieur », pas complètement fiables. N'importe qui peut postuler à un emploi de concierge, c'est un inconnu en qui vous ne pouvez avoir forcément confiance, à la différence d'un bon voisin à qui vous pouvez, non seulement confier vos clés, mais aussi demander d'accueillir votre enfant au retour de l'école pour vous dépanner, etc.

On se rend, en général, mutuellement service. C'est ainsi que s'instaurent entre voisins de solides relations d'entraide. Un contact permanent entre bons voisins peut étroitement resserrer les liens. Cela se manifeste par l'échange d'informations, de conseils importants, par l'organisation commune des loisirs – en fonction de l'âge des personnes et par affinités. Les femmes, par exemple, échangent souvent des recettes culinaires, des informations sur la mode. On peut emprunter au voisin de l'argent avant de toucher sa paye ou lui « soutirer » des cigarettes ou du pain à des heures indues. On peut consulter son voisin sur les soins à donner à son enfant, sur son éducation. Ou encore passer ensemble la soirée devant le poste de télévision ou prendre une tasse de thé en commentant les nouvelles.

Rien à voir avec une invitation à l'extérieur, même chez ses amis les plus proches. Déjà, il faut s'y rendre – à pied ou par les transports, s'habiller en conséquence, acheter des fleurs ou autre chose, etc. Alors que chez vos voisins, vous pouvez faire un saut à l'heure qui vous plaît en tenue de maison pour « cinq minutes » et y être retenu plusieurs heures.

Mais on peut apprécier ses voisins, pas seulement parce qu'ils sont utiles dans la vie courante et qu'ils peuvent vous aider à résoudre de nombreux problèmes. En Russie, ils remplissent une autre fonction importante : celle de *faire respecter, à leur façon, les règles de conduite en société.* Ce sont, le plus souvent, les petites vieilles retraitées qui exercent ce contrôle. Et peut s'en convaincre toute personne invitée, arrivée à proximité d'une maison russe. Déjà, à l'approche de l'immeuble, vous apercevez de loin les échoppes de l'immeuble et des petites vieilles debout qui suivent des yeux tous ceux qui entrent et commentent avec animation entre elles. On peut se moquer d'elles, et c'est souvent ce que font les jeunes gens : regardez ces grands-mères qui se meurent d'ennui et se distraient en rapportant les ragots !

Mais d'un autre côté, elles sont aussi utiles. Elles observent les enfants, leur comportement dans la rue ou dans les cours des immeubles en ville, la « correction » des jeunes gens, les inconnus sur leur « territoire ». Elles font des remarques aux enfants, peuvent rapporter leur mauvaise conduite aux parents, si, par exemple, ils ont cassé la porte de la cour, ne saluent pas les voisins, se montrent insolents, etc. Si les parents sont intelligents, ils ne peuvent qu'être reconnaissants envers ceux qui leur signalent ce qui ne va pas chez leur enfant. En résumé, ces grands-mères exercent, de leur plein gré, l'ancien contrôle social qui remonte aux premières sociétés communautaires[49].

En somme, il faut savoir apprécier ses voisins et être attentionné envers eux même s'ils sont, parfois, source de désagrément en raison de leur conduite bruyante, leur sociabilité exagérée, lorsqu'ils vous arrachent de vos occupations... De bons rapports avec eux ne pourront que vous être utiles : vous éviterez certains problèmes et, plus encore, vous aurez toutes les chances de trouver en votre voisin un bon camarade à défaut d'un véritable ami.

11. La gestuelle[50]

On estime que 80 % de l'information que nous communiquons aux autres est gestuelle. Cette gestuelle varie aussi selon les pays.

Un geste typiquement russe consiste à se donner plusieurs chiquenaudes sur la glotte avec le majeur, ce qui signifie « boire de la vodka ». Il est à l'origine de l'expression : « s'en jeter derrière le col », « s'en jeter derrière la cravate », c'est-à-dire boire de l'alcool.

Cela peut aussi être exprimé en frottant plusieurs fois l'index plié contre le cou à côté du col. Ce geste permet de faire comprendre que la personne a bu de l'alcool, qu'elle est ivre et que, de façon générale, elle a un penchant pour la boisson. Et pour ce qui est de l'origine de ce geste... On raconte que Pierre le Grand voulut récompenser pour services particuliers un maître d'armes talentueux et lui demanda comment il souhaitait être récompensé. Celui-ci demanda au tsar le privilège de boire gratuitement dans toute taverne (l'État avait déjà le monopole de la vodka à l'époque). Sur demande du maître, on lui fit sur le côté de la joue une empreinte particulière qui confirmait son droit à boire gratuitement. Ce « document » est le précurseur de ce geste particulier.

Les Russes ne comptent pas sur les doigts de la main comme les Français. Alors que les Français déplient les doigts en commençant par le pouce, les Russes, au contraire, les replient en commençant par l'auriculaire pour les rassembler en un poing.

Les Français et les Russes ne font pas le même geste – un geste en soi universel – pour signifier qu'il n'y a rien à faire et qu'il faut accepter la situation : les Français jettent la main en arrière comme s'ils rejetaient le problème derrière eux, cependant que les Russes la jettent en avant comme s'ils prenaient le problème à bras-le-corps pour se débarrasser de ce fardeau.

Pour dire de quelqu'un qu'il n'a pas tout à fait sa tête, qu'il ne comprend pas grand-chose, qu'il a « une tête sans cervelle », il suffit de se taper légèrement la tempe avec l'index. Mais si quelqu'un tourne énergiquement son index sur la tempe, il entend par là soit que cette personne est « dérangée », soit qu'elle a commis quelque chose d'insensé, soit qu'elle a un comportement hors normes.

Si vous rencontrez un problème dans les transports et que vous soyez pressés de vous rendre quelque part, vous allez, bien entendu, héler une voiture. Étant donné la conjoncture économique, héler n'importe quelle voiture de particulier sur la route vous reviendra beaucoup moins cher qu'un taxi. Quel signe de la main faites-vous pour cela ? Le Français fait signe avec la paume de la main vers le bas comme pour indiquer au chauffeur de la voiture de s'arrêter là où il se trouve. Le Russe, lui, fait du stop en levant la main (comme s'il « votait ») et fait signe au chauffeur. Les Russes font exactement le même geste en classe à l'école ou au cours de réunions lorsqu'ils souhaitent attirer l'attention sur eux et pouvoir s'exprimer.

Lorsque les Russes veulent souligner leur sincérité, ils mettent la main sur le cœur conformément au proverbe « la main sur le cœur ». Lorsqu'un Russe lève les deux mains en l'air, il montre qu'il « se rend » en plaisantant, qu'il accepte vos propositions, qu'il n'a plus d'objections ou d'arguments à vous opposer pour poursuivre la discussion.

Placer le petit doigt sur la couture du pantalon signifie une soumission et une obéissance totales, comme un soldat devant un général. Ce geste est apparu après les réformes de Pierre Ier quand l'armée fut réorganisée avec, désormais, la tradition de « se mettre au garde-à-vous ». Ce geste symbolise une soumission aveugle. Ne vous y fiez pas trop, car il peut dissimuler le comportement sarcastique ou l'ironie de celui qui simule la soumission totale.

Si l'on vous montre le pouce et l'index rapprochés avec le poing fermé, cela signifie « un peu, un tout petit peu ». Il peut s'agir de choses concrètes comme, par exemple, lorsque vous demandez à ce que l'on ne vous remplisse pas le verre de vodka entièrement. Mais ce geste peut aussi être utilisé au sens abstrait lorsque, par exemple, vous souhaitez dire que quelqu'un manque d'idées ou de dynamisme ou de fantaisie, etc.

Au cours d'une discussion, vous pouvez voir soudain l'index de votre interlocuteur russe ostensiblement recourbé devant son visage. Il entend par là vous faire savoir qu'il ne vous croit pas, qu'il demeure absolument sceptique vis-à-vis de ce que vous lui avez dit. Ce geste vient du verbe idiomatique « mentir de façon flagrante » – c'est-à-dire mentir ouvertement, dire quelque chose d'incroyable, exagérer fortement – et il peut être carrément offensant.

Un geste fort vulgaire et qui exprime un refus catégorique est celui de la « figue » avec le pouce passé entre l'index et le majeur et le poing serré. Cette configuration des trois doigts évoque l'accouplement avec le pouce pour substitut du membre masculin. Si l'on vous fait ce geste, vous aurez toutes les raisons de vous offenser ; il n'exprime toutefois pas tant le mépris qu'une menace. Il est significatif que ce geste fût largement utilisé dans les affiches de propagande des premières années du pouvoir soviétique. Il représentait une « figue » ouvrière et paysanne dirigée contre les capitalistes et les bourgeois.

Rappelons que la Russie est un pays multinational avec, toutefois, une prédominance de la population russe. Les relations multinationales entre les différentes nationalités ont, par tradition, été caractérisées par l'emprunt aux autres peuples de leurs gestes. Ainsi, un geste menaçant bien connu des Russes comme étant le *sekir-bachka* (la hache pour la caboche) vient du Caucase : il consiste, lorsqu'on défie la mort, à se passer énergiquement le pouce le long de la gorge. On fait ce geste aujourd'hui en plaisantant pour signifier que « c'est un ultimatum » (« Si tu ne le fais pas, je te coupe la gorge ! »). Il est important de ne pas le confondre avec le même geste signifiant « ras le bol ». Dans ce cas, vous appuyez la main, la paume en bas, contre la gorge ou le menton.

Il convient de noter que dans la Russie d'aujourd'hui, de plus en plus de gestes d'origine étrangère, surtout américaine (comprenant aussi des gestes inconvenants), sont repris par la jeunesse à partir de films ou d'émissions de télévision (telles que « Victoria » et d'autres). Il faut que les Français aient à l'esprit que le geste qui signifie chez eux « se défiler, se tirer » (le « bras d'honneur » français) est très similaire à un geste russe totalement indécent, surtout si vous fermez le poing tout en donnant des petits coups sur l'avant-bras ou le pli du coude.

En Russie, il est mal élevé de se lécher les doigts et se curer les dents en public – ce qui est admis dans d'autres pays. La gesticulation inutile et le déplacement d'un endroit à l'autre durant la conversation – caractéristiques, par exemple, des Italiens – agacent les Russes. Cela les empêche de se concentrer et de comprendre leur interlocuteur, ce qui pourra amener un Italien à conclure que les Russes « comprennent avec difficulté ».

Les gestes désignant en France la peur (les « boules »), la méfiance (« mon œil ! »), l'énervement dû à des répétitions (« la barbe ! »), sont incompréhensibles pour un Russe. Ils n'ont pas d'équivalent gestuel en Russie.

12. Les présages, les superstitions et les préjugés

Pour l'Européen, la connaissance de ce sujet n'a peut-être pas autant de valeur pratique. Mais si les affaires vous amènent en Russie, la connaissance de cette particularité de la culture russe vous permettra de « pénétrer » plus facilement la vie russe et de ne pas poser de questions superflues, voire qui manquent parfois de tact.

Il faut reconnaître que les Russes sont très superstitieux et ils ont vraisemblablement hérité ce trait de leur caractère de leurs ancêtres païens. Les habitudes et la mentalité des païens étaient si vivaces qu'elles ont, même de nos jours, résisté à l'autorité du christianisme millénaire. Comme disent les philosophes, « En Russie, les parfums naturels n'ont pas été définitivement dissipés par la civilisation… Dans la nature russe, dans ses maisons, en ses gens, on ressent souvent un mystère, absent en Europe occidentale où les parfums naturels sont dénaturés par la civilisation[51]. »

Pourquoi cela est-il arrivé ? D'où vient cette étrange particularité de la conscience collective de tout un peuple ? Au demeurant, elle ne dépend pas du niveau d'éducation de la personne. Rappelons les particularités de la nature, du climat austère, l'histoire du pays, le penchant byzantin des Russes pour le mystique. Cela provient en très grande partie de la croyance des gens en des forces obscures, en la diablerie qui peut détruire leurs plans, intervenir dans le cours normal de la vie. On peut ou non croire en les présages mais jusqu'à ce jour, on leur accorde beaucoup d'importance, ce qui donne du piquant à la vie en Russie.

Si vous êtes invités chez des Russes, par exemple, et qu'ils vous ouvrent la porte, vous leur tendez la main pour les saluer, mais ils vous diront avec le sourire : « Non, non, pas sur le seuil » et vous feront entrer dans l'appartement. Ce n'est qu'à ce moment qu'ils vous serreront la main. Si pour les Français, *le jour le plus redoutable* est le vendredi 13, pour les Russes, c'est le lundi, d'autant plus si ça tombe un 13. Il y a une raison physiologique à cela. Après le repos et la détente du week-end, l'organisme a du mal à reprendre le rythme du travail. Pour cette raison, les Russes essaient de ne pas entreprendre de choses importantes le lundi. Ils « font traîner les choses en longueur » ce jour-là : les chirurgiens essaient d'éviter les opérations compliquées, le capitaine s'efforce de ne pas faire de sortie en mer, les hommes d'affaires tentent de reporter la signature du contrat au lendemain. On essaie de ne pas prêter de l'argent ce jour-là et de ne rien entreprendre de nouveau.

Aujourd'hui encore, de nombreux Russes craignent le *dournovo glaza* (le « mauvais œil ») – c'est de là que vient le verbe *cglazit* (« jeter un mauvais sort »). Pour s'en conjurer, les Russes (notamment les femmes) portent une croix ou des épingles dans les coutures des vêtements. Les Russes ont souvent peur de contrarier leur destin, ils redoutent l'envie des autres, et ainsi de suite. Si un Russe se met soudain à vous parler de projets mirobolants pour le futur ou de sa chance inespérée ou vous dit qu'« il n'a pas de problèmes », il va aussitôt, par peur et pour « conjurer » le sort, cogner le bois du poing ou cracher trois fois par-dessus son épaule gauche. Il crachera aussi trois fois si, par mégarde, il a renversé du sel, car c'est là le signe d'une dispute à venir et il essaiera de réparer son erreur.

Et si vous avez oublié quelque chose chez vous, vous n'avez pas peur de retourner le chercher, n'est-ce pas ? Le Russe, lui, évite de revenir, autrement « la route lui sera barrée ». S'il lui faut malgré tout revenir, en entrant chez lui, il se regarde aussitôt dans un miroir et touche du bois. Tout en se moquant de lui-même, il ne peut s'empêcher de penser : « Il ne faut jurer de rien. »

C'est cette même peur inconsciente qui le pousse à contourner un chat noir, si possible, en crachant trois fois par-dessus l'épaule gauche. On dit que cela ne peut qu'« aider ». Vous aurez assez souvent l'occasion d'observer cette coutume de cracher trois fois afin que rien de fâcheux n'arrive, afin de « conjurer le sort ».

De nombreux présages sont liés au *côté droit* ou au *côté gauche*. Pour les Russes, le côté gauche est le côté chanceux, le droit le côté malchanceux. Rappelez-vous que pour conjurer le sort, il faut cracher trois fois par-dessus l'épaule gauche. Si l'œil gauche vous démange, c'est bon signe ; si c'est le droit, c'est mauvais signe. Si la main gauche vous gratte, c'est signe que vous allez recevoir de l'argent ; si c'est la droite, vous en devrez. Si vous trébuchez du pied gauche, la chance vous attend ; si c'est du pied droit, vous connaîtrez l'échec.

Il y a aussi de nombreux préjugés liés aux *chiffres*. Comme dans de nombreux autres pays, le chiffre 13 (*tchertova dioujina*, littéralement « la douzaine du diable ») est censé porter malchance en Russie, mais il n'est pas aussi occulté qu'en Occident : on trouve des maisons, des appartements, des immatriculations de voitures, des vols aériens, etc., qui portent ce numéro.

Le chiffre 7 est particulier et, en vieux russe, le mot *sedmitsa*, qui provient de *sem* (« sept »), désignait la semaine. Il existe des dictons liés à ce chiffre tels que « sept rassemblés n'en attendront pas un », qui signifie que si un invité est en retard, on ne l'attendra pas pour se mettre à table. Pour exprimer qu'il ne sert à rien de faire les choses à la hâte mais qu'il vaut mieux agir avec circonspection, le Russe dira : « On mesure sept fois, on coupe une fois » (l'équivalent français est « on retourne sept fois sa langue dans sa bouche avant de parler »).

Un chiffre qui a une signification particulière est le 3. On cherche une explication dans la trinité de phénomènes tels que : longueur, largeur, hauteur ; le passé, le présent, le futur ; la trinité dans la religion chrétienne. De nombreux dictons russes font référence à ce chiffre : « se perdre entre trois sapins » (utilisé dans le cas d'une personne embarrassée par les questions les plus simples) – « Chasser en prenant par les trois cous » (se dit d'une personne renvoyée de son travail ou chassée brutalement de chez elle).

Il est amusant que les gens instruits, même s'ils ne croient pas en ces « contes de bonnes femmes », les connaissent parfaitement. Ils rient d'eux-mêmes ou des autres, ce qui ne les empêche pas de cracher trois fois par-dessus l'épaule gauche « au cas où » et de toucher du bois.

Le succès attend celui qui, à table ou dans toute autre situation, se retrouve entre deux personnes portant le même prénom – c'est un gage de réussite et de réalisation de ses vœux. Cette situation prête souvent à plaisanterie lorsqu'on est en compagnie. Aussi doué que vous soyez pour la musique, efforcez-vous de *ne pas siffler* dans une maison (même chez vous), au bureau ou en voiture en présence d'un Russe : il sera persuadé qu'une catastrophe financière vous guette, car votre sifflement signifie : « Vous n'aurez pas d'argent. »

Et pourquoi les Russes jettent-ils leur gobelet par-dessus leur épaule après avoir bu leur vodka ? Cette habitude de « hussard » (barbare pour les personnes sobres) est même parodiée lorsqu'on veut se moquer des Russes. Savez-vous que ce n'est pas dû à une surproduction de verre en Russie ? Elle s'explique tout simplement par le fait que les Russes croient en les présages : lorsque la vaisselle se brise, vous avez d'autant plus de bonheur que les morceaux brisés sont nombreux. C'est pour cette raison que l'on casse de la vaisselle à la noce et autres fêtes pour souhaiter « du bonheur ».

Et conserver de la vaisselle ébréchée porte malheur, mène à la pauvreté.

Et si vous avez fait déborder un verre à la fête, ne soyez pas affligé par la nappe tachée. C'est là un signe que vous serez de nouveau bientôt invité à un gueuleton.

Si vous vous retrouvez avec un bambin sur les genoux qui, par surprise, a commis « un petit désagrément d'enfant », ne vous chagrinez pas : c'est le gage d'une très longue vie dans la mesure où ce signe indique que vous vous amuserez au mariage de cet enfant.

Ces derniers temps, les Russes se sont découvert une passion pour le calendrier oriental. Même les gens les plus sensés (indépendamment de leur confession) sont excités et délibèrent, à l'approche du Nouvel An, de la nouvelle année chinoise : est-ce que ce sera celle du coq, du singe ou du cheval ? On en tient compte pour la tenue arborée au Nouvel An ainsi que pour de nombreuses autres vétilles qui peuvent influer (qui sait de quelle façon ?) sur la vie privée de chacun l'an prochain.

Les superstitions, les préjugés, la croyance en les présages et autres diableries font partie de la psychologie du pays, elle-même étroitement liée au folklore, à l'histoire d'un peuple et à sa culture. Pour cette raison, elle est digne d'intérêt et d'attention.

Conclusion générale des chapitres 1 et 2

Nous avons abordé certaines particularités liées au *mode de vie* et au *comportement stéréotypé* des Russes dans leur quotidien. Elles sont une preuve de ce que de nombreux aspects de la vie matérielle et sociale en Russie sont très originaux; c'est tout juste s'ils ne remontent pas à des temps immémoriaux et ils n'ont pratiquement pas changé depuis. D'un point de vue superficiel, ils peuvent sembler fort étranges et incompréhensibles à un Européen, ce qui a, en partie, créé le mythe de l'« énigmatique âme slave ».

Mais nombreuses sont les choses énumérées qui sont logiques en réalité et s'expliquent par les conditions historiques, climatiques et autres : elles sont fondées et peuvent même susciter l'estime. Il ne faut pas juger les particularités ethniques et culturelles des gens vivant dans ces conditions selon sa propre échelle de valeurs, celle qui nous est familière et nous fera dire que cela est « civilisé » (dans la mesure où nous pouvons le comprendre) ou ne l'est pas complètement.

De nombreux détails de la vie russe peuvent nous échapper : rien, cependant, ne nous empêche d'emprunter ces « manières » pour nous y habituer ou nous divertir. Il est tout à fait facile d'imiter des attitudes.

Mais il en est tout autrement lorsqu'il s'agit d'imiter les *pensées* et les *réactions* par rapport à tel ou tel événement. On ne peut ni les voir, ni les entendre et elles sont livrées à l'étranger avec une mauvaise volonté évidente ou une sincérité affectée. De longues années de contacts, d'observation et de révision de ses propres erreurs sont parfois nécessaires pour pénétrer les mystères d'une *mentalité* étrangère.

Le problème dans les relations interculturelles ne vient pas de ce que vous ne puissiez, par exemple, boire de la vodka avec autant d'assurance qu'un Russe, endurer aussi facilement les « bains russes » surchauffés, utiliser une gestuelle typiquement russe, tenir votre ami « par-dessous le bras », embrasser à trois reprises ou raconter des anecdotes « russes » et autres. Tout cela ne correspond qu'à des signes extérieurs, superficiels, d'une certaine « russification ». Et ils ne facilitent aucunement la compréhension mutuelle avec des Russes.

Non, le problème dans les contacts interculturels vient d'ailleurs. Il provient de ce que, en même temps que le lait maternel, vous avez été habitués à vous reposer sur *certaines notions et valeurs*. Il vous est difficile de vous en défaire, de voir le monde avec d'« autres yeux » et de comprendre la logique d'un « cerveau russe », de saisir le rapport des Russes à la réalité et les réactions inattendues qui en découlent.

III. Mentalité et comportement social traditionnels des Russes

1. Les particularités psychologiques de l'archétype russe

Selon C. G. Jung, « l'archétype est l'inconscient collectif, le social (normes, représentations, préjugés, mythes) qui marque la conscience de chaque individu ». Par ce mot, nous faisons allusion à la « clé » pour « déchiffrer » le caractère national. Du reste, parmi les Russes, prédomine ce que le psychologue C. G. Jung nomme le « type psychologique intuitivo-sensuel » ou, comme il le désignait encore, l'« introverti intuitivo-éthique ».

C. G. Jung définit lui-même ce qui caractérise ce type d'individu : « des dispositions particulières pour le pressentiment, une intuition développée et une perception particulièrement sensuelle de la vie ». La vie intérieure (morale et spirituelle) est importante à ses yeux.

Ce n'est pas un hasard si les notions d'« âme » (on trouve de nombreux dictons dans la langue russe avec ce mot), de « vérité » (*pravda* en russe) et autres sont fondamentales pour les Russes.

La première condition du bonheur pour les Russes est d'avoir la *conscience tranquille*, et pour cela, notre conscience ne doit pas se sentir coupable d'une faute envers quelqu'un, car cela peut vous miner.

La *perception sensuelle de la vie* chez les Russes explique pourquoi ils sont plus empreints d'irrationnel oriental que de rationalisme occidental, d'où leur caractère passionné. Les émotions chez eux prennent toujours le pas sur la raison et les passions sur les intérêts matériels. Face à un problème difficile à résoudre, le Russe se laissera plus souvent guider par la « voix du cœur » que par celle de la raison. L'objectivité, une froide logique et une approche sereine de l'affaire sont très difficiles à exiger de lui.

Pour le Russe, c'est « tout ou rien » ; cela exprime bien leur caractère extrême.

Cette tendance à l'*extrémisme* de l'archétype russe explique pourquoi l'histoire de la Russie a connu tant de débordements, pourquoi elle a donné des projets si démesurés. Nous avons à l'esprit, par exemple, l'œuvre de Pierre le Grand qui, en l'espace de quelques années, fit construire une capitale sur des marécages et transforma un pays arriéré en une puissance de première ligne. Un autre exemple consiste en l'approbation aveugle et en la propagation des idées marxistes ; l'enthousiasme naïf et l'espionnite sous Staline et, à présent, l'étalage sans scrupules de leur richesse par les « nouveaux Russes », etc.

La perception sensuelle de la vie chez les Russes s'exprime par leur besoin de contacts proches, de compréhension mutuelle, ils dépendent affectivement de leur entourage. On ne se replie pas en Russie sur sa vie privée et familiale, mais « on se tient les coudes » ; on est habitué à ce que tout se sache et à se sentir parmi « les siens ».

Une *perception aiguë des états d'âme des autres* est aussi un des traits propres au peuple russe. De là viennent les contacts vivants, même entre gens qui se connaissent peu, la facilité pour nouer connaissance... Cette qualité – l'attention accordée à la vie personnelle de l'autre – est renforcée par une autre constatation : les Anglais, les Américains et les Français, eux, ne comprennent pas le discours de leur interlocuteur à la moindre faute de prononciation, parce que leur attention est concentrée sur la façon dont le discours est construit, sur ses paroles. À l'inverse du Russe qui, habituellement, comprend son interlocuteur, même lorsque ce dernier a une très mauvaise prononciation : son attention est, en effet, concentrée sur le sens du discours qu'intuitivement il saisit. Pour cette raison, il est stimulant d'apprendre le russe en Russie : personne ne vous reprochera vos fautes, votre entourage essayera même de comprendre ce que vous ne pouvez pas exprimer mais que vous sous-entendez et il s'efforcera, en plus, de vous approuver.

Nombreux sont ceux qui mentionnent que les Russes, dans leurs relations avec les autres, sont, d'une certaine façon, *confiants* comme des enfants, ils reconnaissent sur-le-champ les côtés positifs de toute nouveauté – nouvelle idée, nouvelles formes – et essayent de *s'approprier* tout ce qui est nouveau, se soumettant facilement à l'autorité d'une personne plus forte, plus résolue.

Les Occidentaux se caractérisent par une *réflexion verbale et logique*, les Russes par leur *pensée intuitive et originale*. L'Occidental agit selon sa volonté et son raisonnement, il n'établit pas de relation véritablement « réciproque » avec son interlocuteur : il n'entend que ce qui a été dit, sans essayer de *faire des suppositions* à partir de ce qu'il a entendu.

Le Russe fait d'abord appel à son imagination et à son intuition, seulement ensuite à sa volonté et à son intelligence. Le Russe a plus de ressources : son intuition très développée lui fait deviner les sous-entendus dans ce qui a été dit, l'humeur de son interlocuteur, ses pensées secrètes et autres. Ce qui lui permet de pressentir les tendances et les changements à venir. De là découle l'idée largement répandue que les Occidentaux sont plus simples, plus « directs » et ouverts que les Russes parce qu'ils raisonnent logiquement et n'expriment que ce qu'ils pensent. Qui plus est, on évoque même parfois le « manque de sincérité » et la « fausseté » des Russes. Il faut dire que l'« ouverture » et la « franchise » sont interprétées tout à fait différemment chez les Russes.

Le Russe, qui est très intuitif, devine les dessous de ce qui se passe, l'humeur et la relation à son interlocuteur, il *pressent* les tendances et les changements à venir. Toutefois, transformer ses pressentiments en actions concrètes lui pose véritablement problème ! Il réfléchit longuement et profondément aux questions sérieuses de l'existence. Et ces longues réflexions ne l'amènent pas forcément à des décisions ou à des changements radicaux dans sa vie. Sa capacité à se mobiliser pour une action concrète est comme atrophiée. Dans les situations critiques où il lui faut rassembler sa volonté et faire preuve d'indépendance d'esprit, il est plutôt enclin à s'adresser aux « aînés », à une « personne perspicace », au chef, à l'État. Pour cette raison, il souhaite généralement un « État fort » qui protégerait ses intérêts ou, à la rigueur, le ferait se prendre en main.

C'est ce trait de caractère chez les Russes qui est, par exemple, mis en exergue dans les pièces de Tchekhov. Les Français, par exemple, se plaignent souvent de leur difficulté à comprendre le sens de ces pièces. Pour eux, les héros de la pièce passent quelques heures à souffrir incroyablement, essayent de trouver une issue à une situation déplaisante avec, pour point culminant, le scandale inévitable. En fin de compte, le héros est au bord de l'hystérie et les spectateurs attendent le dénouement à ce moment. Hélas, non ! Pour finir, tout reste comme avant et continuera ainsi.

Les personnages du célèbre film de N. Mikhalkov, *Partition inachevée pour piano mécanique*, se comportent de façon presque similaire. À la fin du film, il est clair pour tout le monde que le héros ne peut pas continuer à mener une double vie dans le mensonge et la tromperie, qu'il n'a pas la force de surmonter l'humiliation et qu'il est prêt à en finir avec la vie… Le protagoniste rate son suicide, il se calme et se résigne, impuissant : « On ne peut rien changer dans cette vie, ça ne vaut même pas la peine d'essayer. »

De très nombreuses personnes vivent selon ce schéma en Russie. Dans les situations complexes, le Russe est impulsif : il en arrive au désespoir, est au bord de l'hystérie. Mais il lui est difficile de prendre une décision finale. Sous la menace d'un conflit, il préfère ne pas se battre mais céder. Il lui est infiniment plus important de conserver des relations « normales » avec son entourage que d'entrer en conflit avec lui, même au détriment de la justice, si importante fût-elle à ses yeux.

Mais le Russe n'est pas que l'« introverti intuitivo-éthique » décrit par C. G. Jung. On lui prête généralement une autre qualité. Nous entendons par là son caractère *contradictoire*. De nombreux philosophes et historiens russes se sont intéressés à ce trait de leur caractère, invoquant en premier la « situation de la Russie entre l'Occident et l'Orient ». Deuxièmement, le fait que le *christianisme* et des vestiges de la perception *animiste* du monde soient réunis en l'âme russe. La troisième raison réside en l'histoire russe même avec son *conflit éternel* entre la puissance de l'État et l'esprit épris de liberté du peuple.

Et plus loin, il nous faut nous arrêter à un postulat sévère mais justifié : on ne peut en effet que constater la *destruction* progressive *de l'archétype russe traditionnel.* Le régime soviétique a, de fait, renforcé cette contradiction apparente des Russes et contribué à cette destruction. Plus haut, nous avons évoqué les transformations brutales que subit l'archétype russe avec le «problème du logement» (voir 2e partie, chap. 1, § 1). Et cela n'est qu'un des aspects de la réalité, il y en a eu beaucoup d'autres.

Le mode de vie soviétique fut extrêmement destructeur pour l'archétype russe. Comme le notait précisément A. Soljenitsyne, dans son livre *La Russie sous l'avalanche*, «le régime soviétique contribua toujours à l'essor et au succès des pires individus» et, ajoutons-le, à la destruction des meilleurs. Par exemple, les principes moraux traditionnels furent remplacés par des postulats idéologiques qui assenaient aux gens : «Celui qui n'est pas avec nous est contre nous», «Donne ta vie au nom du communisme», etc. Avec pour résultat effroyable d'inciter, dans les années 20, un jeune pionnier du nom de Pavel Morozov, dans un village sibérien, à dénoncer son père qui cachait du pain au kolkhoze. La famille du jeune traître resta sans pain et le malheureux garçon fut tué en représailles. La propagande fit de lui un héros national : on donna son nom à des détachements de pionniers, des navires, des rues, etc. Rares furent ceux qui, à l'époque, réfléchirent à la moralité de l'affaire...

La *structure sociale* de la société soviétique porta, de même, un coup sérieux à l'archétype russe. Le nouveau postulat sur la *priorité de la classe ouvrière* y contribua particulièrement, la paysannerie (moins importante sur le plan idéologique) venant en second. Et l'intelligentsia dans l'histoire se retrouvait telle la *prosloïki* (couche intermédiaire de confiture) dans un gâteau avec une place très modeste.

Les intérêts de la classe intellectuelle étaient négligés avec des salaires et des conditions de vie plus bas que ceux de la classe ouvrière. C'est avec fierté que les prolétaires revendiquaient leur appartenance à la classe ouvrière. Dans la vie courante, les individus d'allure intellectuelle étaient traités avec condescendance, leurs héritiers étaient traités de haut, carrément avec mépris.

Cette *situation humiliante* les poussa inévitablement au conformisme, à la complaisance et à la débrouillardise, à manifester leur propre loyauté qui, au fil du temps, devint une conviction personnelle. Ce qui explique pourquoi, à une époque, les écrivains partirent en guerre contre A. Soljenitsyne, n'étant pas à même de lui pardonner sa liberté d'esprit intérieure et «recherchant les faveurs» des autorités.

L'existence d'une « nomenklatura » eut, quant à elle, un effet dévastateur sur les principes moraux de la société. Cette nomenklatura possédait un système de distribution au sein d'un cercle étroit de chefs « corrompus » qui se tenaient les coudes et formaient un réseau de « caution solidaire ». Et, pire encore, ce groupe de privilégiés s'allia avec des éléments criminels (organisés en clans) dont ils adoptèrent les principes : ils étaient *au-dessus des lois*. Le principe de la « caution solidaire » fut repris par les masses et mis en pratique dans la vie quotidienne. Cela engendra les *prispiki* (chiffres truqués dans les rapports), le vol – quand chacun « apportait » (c'est-à-dire volait au travail) tout ce qui pouvait être utile à la maison. Tout cela devint fort courant dans le quotidien des Russes. Ce qui renforça leur goût de la cachotterie, leur méfiance à l'égard de toute forme de pouvoir, leur cynisme.

Une expérience unique en son genre, avec des conséquences désastreuses sur la santé morale des Russes, est l'internement massif des citoyens dans les camps (goulags). Les destinées (ainsi que la santé psychique) d'une foule de gens furent détruites et cette épreuve les habitua à recourir inéluctablement au mensonge et à la simulation. Des générations entières de gens furent saisies d'une peur littéralement « génétique ». Et cela, à son tour, poussa logiquement à adopter un comportement où il valait mieux ne rien faire : « Moins tu en fais, mieux tu te porteras. »

La jeunesse, devenue le nouveau leader après le krach de l'Union soviétique, fut nommée par les citoyens plus âgés la première « génération de ceux qui n'ont pas connu le knout soviétique ». N'ayant pas connu cette époque, ils n'ont peur de rien et cela explique leur dynamisme et leur réussite dans toute entreprise.

Il semble que ce soit, plus que tout, *le double standard de vie et l'hypocrisie* de la vie soviétique qui dénaturèrent l'archétype russe. En sont responsables : le fossé démesuré entre l'élite dirigeante et le peuple, l'ingérence brutale de l'État dans la vie privée et l'arbitraire à découvert. Y contribuèrent aussi la propagande acharnée de l'État face à l'indifférence totale du peuple envers la politique, l'athéisme d'État omniprésent face à la religiosité cachée, la mégalomanie officielle face au quotidien pitoyable des pauvres gens dans les queues, la survie par la recherche de revenus « au noir », le « piston » et les petites filouteries des « porteurs » qui ramenaient du travail tout ce qui pouvait servir chez eux…

Mais la duplicité de la vie soviétique se manifesta principalement dans le désir instinctif du citoyen ordinaire de séparer sa vie privée de sa vie publique. Ce qui explique la mine habituellement renfrognée des Russes, leur manque d'amabilité, leur air affairé, leur méfiance et leur indifférence dans les lieux publics. Ils font aussi semblant de montrer leur loyauté, leur enthousiasme au travail… Mais en cercle étroit parmi « les siens », le Russe est méconnaissable : souriant, cordial, sentimental, ouvert, critique vis-à-vis de tout ce qui se passe. Ce « comportement de façade » en public n'a fait que renforcer le caractère contradictoire des Russes.

Les étrangers ne se donnent pas la peine de sonder la vie russe, de comprendre les raisons de cette incohérence dans le comportement de telle ou telle personne dans différentes situations. Ils ont des clichés en tête tels que celui de la « dualité », de la « dichotomie », du caractère énigmatique et même de l'hypocrisie et de la fausseté des Russes[52].

Il n'est pas étonnant que l'exemple des rapides « montagnes russes » avec ses envols, ses chutes et ses brusques revirements convienne si bien à la description du caractère russe. Car l'on peut pratiquement tout trouver dans un Russe : la tendance au nationalisme et l'ouverture à toutes les cultures et nouvelles idées ; la brutalité et l'extraordinaire compassion ; le pouvoir de faire du mal et celui de ressentir profondément la peine des autres ; l'habitude de se culpabiliser, le respect de l'autorité et l'amour de la liberté, la bravoure allant jusqu'à l'anarchisme. La capacité de s'investir dans le travail jusqu'à l'abnégation, oubliant tout le reste sur terre, et le ramollissement, la passivité, la paresse, le désir de contemplation, de faire une « pause-cigarette », d'avoir de la compagnie et, pendant le travail, de s'épancher l'un l'autre…

On peut trouver tous ces traits de caractère chez les Européens, mais ils y sont comme « escamotés » et étouffés par le corset de la civilisation et les règles de l'étiquette ; chez les Russes, ils se manifestent plus amplement et plus ouvertement.

Selon les résultats d'études ethno-psychiques, les orientations contradictoires et les comportements stéréotypés s'affrontent, aujourd'hui, dans la conscience des Russes. Ainsi, le questionnaire adressé à 305 personnes par des scientifiques dans quelques villes importantes de Russie a mis en évidence les principales tendances comportementales[53] :

1) vis-à-vis du *collectivisme* (l'hospitalité, l'entraide mutuelle, la générosité, la confiance) ;

2) vis-à-vis des *valeurs morales* (la justice, la conscience, la droiture, etc.) ;

3) vis-à-vis du *pouvoir* (le culte, la fabrication d'idoles, l'administration, etc.) ;

4) vis-à-vis d'un *avenir meilleur* (l'espoir en la « chance », l'irresponsabilité, l'insouciance, le manque de pragmatisme, le manque d'assurance en soi, etc.) ;

5) vis-à-vis d'une *résolution rapide des problèmes vitaux* (l'habitude du remue-ménage, la bravoure, la grande capacité de travail, l'héroïsme, et ainsi de suite).

Regardons plus en détail les orientations inscrites dans la conscience des Russes.

2. La conscience russe

La littérature scientifique distingue trois types de comportements sociaux[54] :

1) « être comme tout le monde », « être ensemble » ;

2) « être une personnalité » ;

3) « être différent, se distinguer du lot ».

Chacune de ces orientations détermine le comportement de l'individu et ses valeurs dans la vie.

La première, le désir d'« être comme tout le monde », d'« être avec les autres » s'exprime dans des raisonnements du type : « Nous formons un peuple. » Le maintien des traditions culturelles et l'entente réciproque entre les gens font sa force. On la trouve dans les sociétés traditionnelles où le comportement de l'individu ne dépend pas tant de sa personnalité que des traditions, des normes de comportement admises, des préceptes religieux ou des slogans idéologiques.

L'orientation « être une personnalité » se manifeste chez la personne qui souhaite se réaliser en tant qu'individu, ressentir son « individualité » unique, sa valeur propre, être une personne libre. Elle apparut en Europe, où la Renaissance répandit l'idée que chaque individu était unique. Cette orientation poussée à son extrême transforme le monde en une immense maison où les voisins sont isolés les uns des autres et où personne ne s'intéresse à son prochain.

L'orientation de « ne pas être comme les autres » s'exprime dans le souhait de vivre sa personnalité propre ; d'être original et brillant, d'avoir une vie riche et variée. Elle est souvent caractéristique de la jeunesse, des marginaux et des artistes.

Dans toute société, les trois tendances cohabitent en chaque individu et elles peuvent ressurgir selon les circonstances de la vie et le tempérament de la personne. Toutefois, une seule domine plus ou moins dans le modèle culturel de chaque ethnie.

Les Russes ont principalement pour modèle de conduite le « besoin d'être comme les autres », d'« agir ensemble ». La Russie n'a pas connu la Renaissance et la culture russe n'a pas porté beaucoup d'attention à l'idée du caractère unique de chaque individu. L'aspiration à « vivre comme tous », à « ne pas se détacher du lot » revient bien plus souvent chez les Russes. Et ce n'est pas un hasard si à la question : « Qu'est-ce qui est le plus important pour vous dans la vie ? », les Russes répondent : l'« égalité des chances pour chaque individu » (72,3 %) et qu'il est bien préférable de « vivre comme tout le monde plutôt que de se détacher du lot » (64,7 %). Seulement 31,9 % des Russes[55] souhaitent devenir une personnalité hors du commun, « ne pas être comme tout le monde ».

Ces réponses peuvent sembler encourageantes, comme exprimant le *démocratisme inconscient* des Russes. Et, à maintes reprises, nous avons pu nous convaincre de cette qualité des Russes en observant leur mode de vie et leur comportement dans la vie de tous les jours (voir § 1 de ce chapitre). Toutefois, il faut reconnaître que cette orientation empêche souvent le Russe de développer sa « personnalité ». C'est comme si la cohésion du groupe le spoliait, en quelque sorte, du recours à l'initiative personnelle, du sens de la responsabilité. Bien entendu, ces qualités sont étouffées chez les Russes dès l'enfance avec l'« éducation collectiviste » : plusieurs générations de Russes ont été « dressées » à l'école par le biais des organisations de pionniers et de «komsomols» (Jeunesses communistes) avec leur discipline de fer et la priorité donnée aux valeurs sociales. Dès l'enfance, l'initiative individuelle était «étouffée» par la cohésion du groupe.

La désintégration de la personnalité dans le groupe fait, d'une part, naître un «sentiment de solidarité» et de confort moral pour l'individu. Il est réconfortant de «ne pas se retrouver seul» dans le malheur. Mais ce modèle, d'autre part, engendre aussi l'irresponsabilité dans son comportement, dans son choix ou sa participation à toute chose. Dans la pratique, cela conduit souvent à une attitude agressive de la collectivité envers ceux qui ont une personnalité trop marquée, qui diffèrent des autres par leur apparence, leur conduite ou leur mode de pensée. Tout le groupe peut «dans un même élan» se dresser contre ce type de personnes.

La vie actuelle en Russie favorise les gens énergiques et entreprenants, c'est-à-dire ceux qui agissaient dans l'«économie de l'ombre» au temps de l'économie planifiée dans l'ex-Union soviétique et se trouvaient en dehors de la loi. Ces hommes d'affaires, à présent, provoquent une sourde hostilité du peuple dans son ensemble, surtout de la génération plus âgée. Avec cela, le Russe moyen comprend parfaitement que pour réussir aujourd'hui, il faut savoir risquer, s'adapter et se débarrasser des stéréotypes et des habitudes anciennes. Mais cela est loin d'être à la portée de chaque Russe, et, comme nous le comprenons à présent, pas du tout par paresse. Renoncer à son archétype national est peut-être la chose la plus difficile à faire dans la vie.

Le désir d'«être comme tout le monde» et de «rentrer dans le rang» conduit à préférer un cadre professionnel traditionnel et non un cadre novateur. De plus, dans ce type de société, on recourt souvent à l'*économie extensive habituelle* et les gens y développent le *syndrome conservateur*. Cela se traduit, par exemple, par la réticence des Russes à détruire leur mode de vie habituel : changer de lieu de travail, divorcer de la femme détestée, faire des travaux importants dans l'appartement ou déménager devient toute une affaire! Et changer de lieu de résidence leur est si douloureux qu'ils disent, non sans raison, que «deux déménagements équivalent à un incendie». Il leur est plus facile d'endurer quelques inconvénients que de changer radicalement quelque chose et de s'habituer progressivement au changement.

Cette tendance, inscrite dans le cadre d'une démographie en baisse et de la montée du chômage, donne des résultats particulièrement déprimants dans la Russie d'aujourd'hui. L'instabilité politique et économique devrait stimuler l'individu, le faire réagir, chercher n'importe quel travail pour survivre. La perte d'un emploi est responsable du stress, du manque de confiance en soi, de la maladie, de la désintégration de la personnalité, de celle de la famille et autres malheurs. Les études sociologiques, toutefois, montrent que souvent les Russes sans travail (surtout les hommes) refusent de faire l'apprentissage d'un nouveau métier même en l'absence de postes vacants correspondant au leur sur le marché du travail, se condamnant eux et leur famille à vivre des temps difficiles.

Et ce ne sont pas la bêtise, la paresse ou la légendaire *oblomovchtchina* («laisser- aller» – mot formé à partir d'Oblomov, personnage du roman de Gontcharov) qui sont responsables de cette situation, mais le fameux *syndrome conservateur*, généralement inhérent à l'archétype russe et qui s'est encore renforcé durant la période soviétique.

Tout d'abord, on a, dès l'enfance, appris aux Russes à *se choisir un métier pour la vie*, même s'il ne correspondait pas à leur tempérament et à leurs aptitudes. L'individu avait peur de changer d'emploi, redoutant qu'ailleurs cela soit encore pire.

Deuxièmement, dans la conscience de chacun s'est gravée l'idée que l'État avait mis d'énormes moyens au service de l'enseignement «gratuit» et de l'apprentissage professionnel. Pour cette raison, chacun se sentait redevable envers l'État. Ce qui permettait à ce dernier de lutter contre la mobilité des cadres, et *liait encore plus le citoyen respectueux des lois à son lieu de travail.*

Troisièmement, l'État soviétique garantissait à ses citoyens des emplois. Toutefois, cela servait surtout ses intérêts et non celui de l'individu. Le plan prévoyait le développement de telle ou telle branche, la création de postes, le nombre de spécialistes dans tel ou tel domaine, etc. L'individu devenait un rouage dans un État totalitaire avec son système paternaliste. Et cela convenait à la majorité de la population dans la mesure où ça lui donnait l'illusion de la stabilité et de la confiance dans le lendemain. Cela convenait parfaitement à l'archétype conservateur russe.

Les gens, depuis l'enfance, s'étaient habitués à être pris en charge et à penser que l'État était tenu de les aider. Ils avaient désappris à croire en eux-mêmes, en leurs forces et en leurs capacités. Le syndrome conservateur ne fit qu'aggraver la situation, déjà difficile, de nombreux Russes.

À quoi conduit ce syndrome dans la pratique ? Le désir constant chez le Russe d'« être comme tout le monde » peut amener à ce que les exigences spirituelles et les *impératifs moraux* influent sur les *normes extérieures de conduite* ou les orientations idéologiques. L'opinion publique (« Mais que vont dire les gens ? ») devient plus importante à l'individu que le contrôle de soi et le sentiment de responsabilité personnelle.

Il est logique que, dans ces conditions, les gens préfèrent rejeter la responsabilité de leurs actes sur leur destin – sur quelqu'un d'autre. Des proches, des membres de la famille, des parents peuvent être responsables de la mauvaise fortune d'un individu. Et il est encore plus commode de rendre la société coupable de ses malheurs. Le plus simple étant, bien évidemment, d'accuser l'État de ses malheurs et de lui demander ensuite aide et réparation pour le préjudice subi.

Bien entendu, les gens, dans ce contexte, deviennent indifférents et irresponsables. Ce qui explique le nombre si important d'hommes infantiles et d'enfants abandonnés à eux-mêmes en Russie. Dans le quotidien, cela a abouti à l'antisémitisme traditionnel et, à présent, au syndrome « anti-caucasien ».

En effet, au cours de ces dernières années en Russie, on assiste à la montée de mouvements nationalistes, racistes, voire fascistes, en particulier au sein de la jeunesse, qui, elle, n'a pas grandi avec des idées telles que celle de l'« amitié internationale » et autres inoculées du temps de l'Union soviétique.

À l'époque soviétique, la plupart des petits marchands de fruits et légumes sur les marchés des villes importantes de Russie étaient originaires du Caucase et d'Asie centrale. Dans la conscience collective, l'image du « Caucasien » (dans la vie courante) était déjà liée à l'habileté à ruser, voire à embobiner le Russe confiant. La désintégration de l'URSS vit l'arrivée en masse de réfugiés des républiques du Sud dans les grandes villes de Russie, l'élargissement du réseau criminel qui inclut des représentants de plus en plus nombreux de la région du Caucase, les persécutions des Russes dans les républiques nouvellement indépendantes, les opérations militaires en Tchétchénie... Tous ces facteurs ont, dans une large mesure, contribué à l'essor du nationalisme russe.

Dans la langue, le mot *Tchiornie* (les « Noirs »), pour le Russe d'aujourd'hui, ne fait aucunement référence aux Africains mais bien aux ressortissants du Caucase (Tchétchènes, Azerbaïdjanais, Géorgiens, Daghestanais et autres). Le mot grossier *Tchourki* désigne, avec la même intonation méprisante, les personnes originaires des anciennes républiques d'Asie centrale (les Ouzbeks, les Kazakhs, les Mongols, les Kirghizes et autres). Il est curieux que l'on ne trouve pas cette hostilité vis-à-vis des Tatars, auxquels l'histoire de la Russie est étroitement liée, malgré leur présence dans les grandes villes de Russie. Et il est frappant que la ville la plus « musulmane » de Russie soit Moscou (10 % de la population) et que les Tatars y soient respectés et laissés en paix.

L'habitude ancestrale des Russes de toujours vouloir « trouver un coupable » est fort préoccupante. Ainsi, l'aspiration propre des Russes à « être comme tout le monde », à « être ensemble » n'est pas, dans la pratique, sans leur créer certains problèmes. Mais, par ailleurs, cette désintégration du Russe dans la société n'est pas dépourvue d'une certaine chaleur et d'un certain attrait. Elle engendre chez l'individu un sentiment de communauté avec les autres, un sentiment de sécurité, de stabilité et de confiance dans les gens, de « fraternité » et surtout de bien-être moral, de bonheur et même d'euphorie. Inconsciemment, cela se traduit par le raisonnement suivant : « Je ne suis pas seul. Donc, je ne suis pas perdu, on sera toujours là pour m'aider. Parmi "les miens", je n'ai pas peur de la solitude et autres malheurs. »

Ce n'est pas sans raison que tout le monde constate combien il est difficile à un Russe de s'adapter en Occident, indépendamment de ses conditions de vie matérielles. Il se différencie en cela des ressortissants d'autres nations. Tombé du cocon douillet de la vie « collective », le Russe, à l'étranger, se sent comme un enfant qui a perdu sa mère dans la foule. Voilà d'où vient la nostalgie des Russes ! Ce n'est pas seulement la nostalgie des « bouleaux », du samovar et autres clichés. C'est l'abattement faisant suite à un sentiment de solitude jamais ressenti auparavant, l'impression d'être perdu dans un monde immense et inconnu, la sensation d'avoir été arraché à une grande famille.

Le souhait général d'« être comme tout le monde » est lié à une représentation du monde qui perçoit l'*individu* non comme une *entité importante en soi* (il en est ainsi chez les Européens) mais comme *faisant partie d'un tout – la société en l'occurrence.* Cette orientation de l'archétype russe exclut l'individualisme, la solitude, le repli sur soi-même, elle condamne l'égoïsme et la complaisance pour soi, si caractéristiques de la société occidentale.

Au niveau du comportement, le souhait d'« être comme tout le monde » revient souvent à « ne pas être pire que les autres ». Cette logique peut pousser l'individu à des actions parfaitement innocentes comme, par exemple, l'aspiration vaine à ne pas être « vêtu plus mal que les autres », même si cela implique une brèche sérieuse dans le budget familial. D'où le dicton russe : « On se rencontre d'après les vêtements, on s'accompagne selon l'esprit. » Cela explique pourquoi les Russes accordent tant d'importance aux vêtements et aux attributs de la réussite (montre, bijoux, voitures, etc.). Et ils sont fort étonnés de constater qu'en France, par exemple, il est de bon ton de ne pas faire étalage de sa richesse et que les personnes aisées préfèrent s'habiller de façon discrète et dans des tons neutres. Y faire preuve de fantaisie est considéré comme « une faute de mauvais goût » ; c'est pour cette raison que les Français préfèrent circuler dans des petites cylindrées discrètes plutôt qu'en Mercedes.

Des proverbes français du type : « Pour vivre heureux, vivons cachés » (Florian), « Le plus grand secret du bonheur, c'est d'être bien avec soi » (Fontenelle) demeurent incompréhensibles à un esprit russe, sinon absurdes. Pour un Russe, ces conseils, plutôt que de faire allusion à la discrétion, rappellent l'individualisme des Français, qui ne les mènera à rien.

Toutefois, ce principe de ne pas « être vêtu plus mal que les autres » n'est pas vraiment si innocent, car il suscite l'envie, l'hostilité vis-à-vis de « celui qui est sorti du rang », qui s'est enrichi et a « grimpé les échelons ». Ce revirement de situation peut empoisonner les relations, même entre anciens amis. Le folklore russe abonde en dictons méprisants vis-à-vis de ceux qui ont connu une réussite fulgurante tels que : « Sorti de la boue, il est devenu prince», «Une fois riche, il a oublié ce qu'était la fraternité», etc. Mais des approbations, vous n'en trouverez pas!

Par ailleurs, cet état d'esprit a aussi ses côtés positifs : la facilité à compatir, le désir d'aider celui qui est tombé «plus bas» et connaît une situation difficile. En vivant parmi les Russes, vous serez émus jusqu'aux larmes en observant avec quelle sincérité et quelle énergie ils aident quelqu'un qui, soudain, est tombé gravement malade ou traverse une période de stress. Cette aide ne vient pas seulement des parents proches ou des amis – ce qui est bien naturel –, mais aussi des collègues de travail, de voisins qui, jusqu'à présent, ne lui avaient jamais porté attention.

Un proverbe russe caractérise ainsi l'individu généreux : «Il est prêt à donner sa dernière chemise» (nous disons la même chose en français). Pas forcément à n'importe qui mais, de préférence, à celui que frappe le malheur. Dans ce cas, le désir d'«être comme tout le monde» l'incite à agir, à spontanément aider la personne dans la peine – à la hisser au niveau de tout le monde. Il n'est pas vain de dire que c'est précisément dans les situations extrêmes, dans le malheur, que les Russes montrent le meilleur d'eux-mêmes.

Ainsi, nous avons vu comment, conformément au modèle traditionnel, le souhait d'«être comme tout le monde» se réalise en Russie. Au cours des 10-15 dernières années, on a enregistré, parallèlement à l'effondrement du système soviétique, une désaffection à l'égard des rapports sociaux dans la société russe, une crise du pouvoir d'État et de l'idéologie, une faillite des idées qui, autrefois, faisaient de la société un tout unifié.

Les valeurs morales, les normes et le mode de vie ont changé. Il est clair que, dans le contexte de la société *post-soviétique*, il est nettement plus difficile au Russe de mettre en pratique la propension à «être comme tout le monde». Ce qui engendre chez les gens un mal-être et un état dépressif ou, au contraire, un renforcement de leur activité destructrice.

Examinons les autres caractéristiques psychologiques des Russes.

3. Le fatalisme

En décrivant les particularités de l'archétype russe, on ne peut rester sans évoquer leur *fatalisme*, leur relation passive-contemplative au monde. Avant que d'entreprendre quelque chose, le Russe doit y réfléchir.

En Occident prévaut la devise : « Ne remets pas à demain ce que tu peux faire aujourd'hui. » Elle témoigne de l'esprit pratique des gens, de leurs efforts pour parvenir à un résultat le plus rapidement possible. Mais en Russie, on dit l'inverse avec le dicton : « Le lendemain est plus sage que la veille », autrement dit : « Il est inutile de se hâter avant de prendre une décision. Qui sait comment les choses tourneront demain ? » La *prudence* russe provient d'une expérience négative de la vie.

Le fatalisme des Russes est lié à ce que, pour eux, la notion de « destin » est très importante. Cette notion existe aussi en français, mais elle n'est pas aussi essentielle. Demandez au Français moyen s'il croit en sa destinée, si s'efforcer de la changer selon son désir en vaut, généralement, la peine. Souvent, la personne élevée dans les traditions européennes vous répondra avec la plus grande assurance : oui, bien entendu, dans la vie, il est possible d'atteindre – et il le faut – le but que l'on s'est fixé.

Le Russe se contentera de sourire tristement de cette assurance naïve. L'expérience de plusieurs générations d'ancêtres l'a convaincu de ce que beaucoup de choses sont prédéterminées dans cette vie et de ce que nombre d'entre elles arrivent indépendamment de sa volonté ou de son envie, quoi qu'il entreprenne. D'où son espoir en un miracle et sa croyance en de « formidables coups de théâtre » (quand tous les problèmes se résolvent par eux-mêmes), sa confiance en des personnes solides (les leaders) à même de changer les événements. De là viennent aussi la résignation et l'humilité dont les Russes font preuve lors de coups imprévus dans la vie. « Ce n'est rien », « Eh bien, c'est le destin ! » se dit le Russe en lui-même et il accepte ce coup du sort.

Les rigueurs climatiques, les difficultés économiques et les privations, les épreuves de guerre et celles de l'histoire n'empêchent pas les Russes de persévérer dans la voie choisie et de s'en sortir grâce à leur endurance. Ce qui frappe chez les Russes – et provoque, depuis longtemps, l'étonnement des étrangers –, c'est leur humilité et leur résistance. Cela se manifeste dans leur capacité à s'acclimater sans faiblir, à résister peu à peu, bref, tout ce qui a toujours sauvé le Russe là où un autre que lui n'aurait pas « tenu ».

La vie en Russie n'a jamais été facile, elle ne l'est nullement davantage de nos jours. Pour survivre dans des conditions difficiles, tromper le destin, ne pas perdre courage, il faut toujours être prudent, patient, croire plus en un miracle qu'en soi-même, s'efforcer d'économiser ses forces. C'est ainsi que s'est progressivement créé le *comportement stéréotypé* du Russe – celui d'*être raisonnablement travailleur* : après tout, on ne sait jamais quand et comment les fruits du labeur vous seront retirés ! Il suffit que le tonnerre gronde, que la guerre éclate, qu'une crise se profile ou que sais-je encore... Et les résultats de tout ce que vous avez entrepris partent en fumée !

Il se peut que l'habitude d'économiser ses forces et le peu d'empressement à acquérir de la richesse expliquent, chez de nombreux Russes, l'indifférence et même le mépris vis-à-vis de l'attachement bourgeois à la propriété et aux biens matériels. Pour eux, consacrer sa vie à thésauriser est une aberration : tu n'emportes rien avec toi dans la tombe ! Il faut *vivre l'instant présent sur terre.*

Quant à la circonspection extrême des Russes (résultat de leur expérience négative), elle est compensée par d'autres qualités : l'*audace*, l'*absence de préjugés* et le *goût du risque.* Ces qualités sont le revers du fatalisme lorsque l'individu s'en remet aveuglément à son destin, à sa bonne étoile. Ce trait de caractère apparaît dans les dictons : « Qui ne risque rien n'a rien ! », « Qui a peur du loup ne va pas au bois », etc. Et tout le monde ici a entendu parler de la fameuse « roulette russe » où l'on joue avec la mort à raison d'une seule cartouche par revolver. « Mettre les nerfs à vif » est considéré comme une des occupations favorites des Russes. Du reste, cette inclination à défier le destin, à tenter sa chance est connue sous le nom de « hasard » ou « petit bonheur russe ».

L'espoir aveugle en la chance rend absurde toute action énergique, ce qui rend aussi l'individu insouciant, indifférent quant aux résultats de son travail. Il peut travailler « par-dessus la jambe » ou rester passif dans une situation critique – jusqu'au moment crucial où il sera obligé de « se remuer » pour survivre et éviter les désagréments.

Bien entendu, le « hasard russe » simplifie la vie, bien qu'il soit contestable : Dieu seul sait combien de fois cette habitude de penser a été couronnée de succès, a mené à la chance, à ce que « tout se déroule sans heurts » là où une seule erreur a conduit à des catastrophes technologiques... Dans la presse russe, l'euphémisme « facteur humain » est souvent utilisé à la place de « hasard russe » lorsque les tragédies et les catastrophes résultant d'erreurs, du manque de professionnalisme et tout simplement de l'irresponsabilité infantile sont évoquées.

4. Le rapport à la liberté

Une des composantes importantes de l'archétype russe est l'*amour de la liberté* et son expression la plus élevée : la *liberté intérieure*, la *liberté d'esprit*.

Cette réalité est souvent mise en doute : la presse libérale (à l'étranger et en Russie même) part d'une idée contraire – sur la soumission, la passivité et même le caractère servile des Russes. Au Moyen Âge encore, les premiers voyageurs et ethnologues évoquaient la condition d'esclaves, la soumission en silence et l'abrutissement passif des Russes privés de leurs droits. Comme, par exemple, Gerberstein et Olearii au XVIe siècle, le marquis de Custine au XIXe et le premier « démocrate » russe Radichev. Durant les années de perestroïka, la presse russe fut inondée d'articles sur la conscience de masse des Russes, restée totalitaire : à ce qu'on dit, ils acceptent l'arbitraire d'État, et plus encore, ils l'approuvent.

L'extension de l'empire dans l'histoire de la Russie réfute l'idée d'une soumission servile des Russes. Dans la vie sociale, l'amour de la liberté des Russes s'exprimait dans leur rejet de l'État. Lorsque le paysan russe comprit que la politique de l'État ne changerait pas (« Autant se cogner la tête contre le mur »), il partit chercher le bonheur ailleurs, s'enfonça à l'est et au nord, s'établit le long des fleuves innombrables où il brûla et défricha de nouveaux terrains dans la forêt. Historiquement, les Cosaques sont les héritiers de ces individus audacieux et entreprenants fuyant l'État. Le peuplement du nord de la Russie et de la Sibérie se fit grâce à ces individus à la recherche de la *liberté*, loin du pouvoir d'État. Ils fuirent et peuplèrent de nouvelles terres. Tôt ou tard, l'État les rattrapait. Afin de ne pas détruire les villages insubordonnés, les *voïvodie* (gouverneurs de province) leur imposaient des tailles supplémentaires (impôts) et les laissaient vivre sur ces terres. Et plus loin, c'était le même scénario qui se répétait. C'est ainsi que l'Empire russe s'étendit progressivement. Si le peuple russe avait réellement été soumis et patient, la Russie se serait alors limitée aux frontières du royaume moscovite ; elle aurait peut-être alors connu un développement non extensif mais intensif comme dans les pays européens. Mais il en a été autrement.

Il est intéressant de constater que l'opinion contrastée sur les Russes – comme un peuple capable de se rebeller, « cruel et absurde » selon Pouchkine – s'est renforcée de façon totalement paradoxale. En effet, il se peut bien que le Russe remporte la palme mondiale pour ce qui est des soulèvements populaires, des guerres paysannes et des rébellions citadines. Ce sont l'injustice et l'impatience qui sont à l'origine des conflits sociaux de ces trois derniers siècles. Ces affrontements ont parfois pris des proportions et des formes tout simplement effrayantes. Rappelons-nous seulement la résistance des *millions* de vieux croyants qui, *trois siècles durant*, s'opposèrent à la transition à la religion officielle jusqu'à s'immoler, ne souhaitant pas changer les attributs de leur foi.

Malgré le fatalisme et la patience infinie des Russes, ils sont réticents à accepter ce qu'ils détestent, à trouver un *consensus*, à approuver ce qui va à l'encontre de leurs principes. Pour vous donner un exemple très simple, rappelez-vous comment les Russes traversent la rue au feu rouge ! Ce qui choque totalement les Allemands… Ainsi, l'idée répandue sur l'âme anarchique du Russe, sur son « insubordination », est fondée. C'est pourquoi il ne faut pas trop croire en la prétendue « soumission » du peuple russe « opprimé » et « éternellement souffrant », tout comme en son anarchisme inné.

Un des paradoxes de la vie russe est que la liberté dans le *régime politique* n'a généralement pu coexister avec le *mode de vie individuel* des Russes. *Politiquement*, la Russie ne répond pas aux modèles de démocratie européenne : elle fut pendant presque 400 ans une monarchie absolue puis un État totalitaire avec les bolcheviques à sa tête.

Parallèlement, des siècles durant, *les rapports entre individus dans le quotidien étaient démocratiques*. Les Russes, pour donner un exemple, n'aiment pas les conventions, les subtilités de l'étiquette, les sourires polis (qu'ils perçoivent comme faux). Ils sont hostiles aux apostrophes officielles par le titre et la position – ils leur préfèrent celles par le nom et le patronyme.

Précédemment, nous avions évoqué la quasi-disparition de barrières sociales entre les familles russes, ce qui en soi reflète bien l'absence de préjugés de caste (chap. 2, § 7) et l'*existence de mœurs démocratiques.*

Ce comportement démocratique des Russes entre eux dépasse le simple cadre de la famille; partout, selon le contexte, les barrières sociales tombent. C'est ainsi que des liens amicaux peuvent se nouer entre gens de catégories sociales et même de niveau de vie différents, à la seule condition qu'ils aient des passions ou intérêts communs ou des souvenirs d'enfance et d'adolescence à partager. Ces relations comptent bien plus pour eux que l'appartenance à une classe.

Qu'est-ce qui domine chez le Russe : la tendance à l'anarchisme ou la soumission ? Le débat n'est pas clos à ce sujet. Il semblerait que les points de vue opposés dépendent de l'interprétation que l'on a de tel ou tel fait. On peut ainsi considérer l'observation inconditionnelle de la loi comme « un goût inné pour l'ordre »_mais aussi comme « une docilité d'esclave » ; le non-respect des lois, quant à lui, peut être perçu comme l'« aspiration à vivre librement, pour soi-même », tout comme une manifestation de l'« anarchie » et de l'« insubordination russe ». La frontière entre le désordre et l'amour de la liberté en ce sens est assez floue, ce qui nous ramène, malgré nous, au caractère contradictoire et pas toujours conséquent des Russes – au modèle des « montagnes russes ».

5. Les traditions du collectivisme russe

Il est généralement admis que le *collectivisme* est le trait le plus marquant de l'*archétype russe.* Pratiquement tous les ouvrages consacrés à la mentalité russe (voir la Bibliographie) y font allusion. Ce « sentiment de solidarité » des Russes suscite quelquefois l'envie et l'admiration des Européens. Ce dont témoignait, par exemple, le poète R. M. Rilke, amoureux de la Russie et de sa culture[56].

Les origines du collectivisme remontent aux temps païens : c'est à cette époque que s'est formé le caractère primitif de l'archétype russe. Toutefois, avec le temps, ce trait de caractère s'est modifié.

Historiquement, le *collectivisme* s'est développé en tant que norme culturelle : les pensées, la volonté et les actions de l'individu devaient se conformer aux exigences de la société. L'aspiration à la communauté, au « collectif » existait déjà chez les ancêtres des Russes dans les temps païens. À la différence des chrétiens, le comportement public, l'intérêt général, la *primauté du collectif sur l'individuel* furent toujours plus importants pour les païens.

C'est pourquoi, lors d'une prise de décision importante, le Russe, tel le païen impulsif, agira inconsciemment, non seulement dans son intérêt personnel, mais en tenant aussi compte de l'opinion de son entourage.

Ainsi le *collectivisme*, héritage des temps les plus reculés, a été légué avec les traditions du paganisme. Nous avons évoqué plus haut le patriotisme russe, l'attention accordée à l'intérêt public, l'aspiration à l'unité et à la communauté et autres qualités issues du sentiment de masse à vouloir, par tradition, « être comme tout le monde » et à « être de concert avec tous ». Aujourd'hui encore, on considère que le *collectivisme* est une qualité inhérente aux Russes.

Mais qu'en est-il réellement ?

L'action conjointe d'un groupe d'individus ne signifie pas nécessairement la présence d'un collectif. Le véritable collectivisme n'est pas fait que de solidarité et d'entraide : c'est aussi agir pour la reconnaissance de l'ensemble du collectif et de chacun de ses membres. Il s'agit d'un *état d'esprit* qui fait que chaque individu se sent un membre actif du collectif et dont la vie privée rejoint l'objectif de tous.

De nombreux dictons populaires tels que « L'union fait la force », « Malheur partagé n'est malheur qu'à demi », « Il est doux de mourir parmi les siens » et autres ont exprimé cet esprit collectiviste dans le comportement du Russe. Toutefois, plutôt qu'une apologie du collectivisme, ces dictons *renient le sentiment de solitude* et expriment la nécessité, pour chaque individu, d'avoir à ses côtés une âme sœur, une personne proche avec laquelle « partager sa peine ».

Mais la négation de la solitude n'est-elle pas la même chose que le collectivisme ?

Les années 20-30, années de l'« édification d'une nouvelle société » ont été imprégnées de l'esprit collectiviste. Et les actes d'héroïsme au cours de la Deuxième Guerre mondiale sont une meilleure illustration encore de cet état d'esprit. L'histoire de cette période est riche en sacrifices sans précédent au nom de la victoire sur le fascisme. Ensuite, par tradition, ce même esprit s'est manifesté lors de l'émulation au travail des années 60-70 et s'est perpétué jusqu'à ce que l'on nomme aujourd'hui la période de « stagnation ». Presque toute la littérature soviétique officielle se base sur des faits réels, quand les gens ne ménageaient ni leurs forces, ni leur santé, et accomplissaient, parfois au prix de leur vie, des exploits au travail pour le « bien de la patrie ». Et l'on ne peut pas dire que ces actions n'étaient pas spontanées, que les individus se sentaient menacés et obligés d'agir au prix de sacrifices. Le comportement des gens d'alors était sincère et impulsif, surtout en temps de guerre.

Pour ce qui concerne l'émulation au travail, il est parfois difficile de contester le désir des gens de se distinguer, de ne « pas être comme tout le monde », le désir de gloire, de reconnaissance sociale et d'estime en tant qu'affirmation de soi-même, source d'ambition personnelle apportant des avantages : décorations, argent, un tremplin dans la carrière professionnelle...

Aujourd'hui, l'affirmation selon laquelle le « collectivisme » est le trait principal des Russes semble sujette à caution. Car le plus souvent, les chercheurs *confondent avec collectivisme le goût qu'ont les Russes de se retrouver entre eux*, leur sentiment de « se tenir les coudes », leur désir de ne pas se distinguer de la foule en faisant preuve d'originalité, leur souci permanent de « ce que diront les gens », leur amour des fêtes grand public et des kermesses populaires, leur tradition de l'hospitalité, etc. – bref, tout ce qui peut correspondre à leur comportement en société.

Or l'essence du collectivisme ne se trouve là en aucune façon ! On ne peut parler de véritable collectivisme que si l'individu a conscience de ce qu'il n'est qu'« un précieux rouage » de l'ensemble de la machine, et de ce que la machine, sans lui, ne pourrait fonctionner et s'arrêterait. Et les Japonais, si dévoués aux intérêts de la compagnie « natale » et à la patrie, sont probablement les seuls à avoir cet état d'esprit !

Il nous faut, malheureusement, constater que *cet état d'esprit n'est pas tout à fait caractéristique des Russes*, même si leur comportement est encore marqué par un authentique esprit collectiviste hérité du passé.

Nous partageons plutôt l'avis du philosophe I. Ilyine, pour qui le Russe est l'opposé, avec son goût pour l'*individualisation*[57], son individualisme inné, sa tendance à être « lui-même », à défendre ses idées, à avoir son opinion sur tout. Selon Ilyine, les grandes plaines de Russie ont facilité l'isolement des gens ; on n'avait pas besoin de « vivre en bonne intelligence » avec l'autre, de supporter son voisin à tout moment. La densité d'une population vivant à l'étroit, si caractéristique de l'Occident, a accoutumé les gens à s'organiser pour s'entendre. Mais pour les Russes, il était plus simple de se sauver ailleurs que de s'adapter à quelqu'un ou coopérer. L'influence séculaire du nomadisme asiatique (Tatars) dispersa encore plus les gens ; il détruisit l'esprit du collectivisme.

Et sous le pouvoir soviétique, l'esprit du collectivisme fut perverti, la vie accoutuma chacun à séparer sa vie publique (étatique) de sa vie privée, à s'opposer par tous les moyens possibles à l'ingérence de l'État dans sa vie privée et à mépriser ceux qui servaient l'État dans cette tâche injuste. L'enthousiasme collectif n'existait que sur écran et dans les pages de l'art officiel et manifester son enthousiasme personnel au sein de la collectivité n'était qu'un moyen pour propulser sa carrière, une façon d'obtenir des biens matériels et la reconnaissance de son entourage. Avec la chute de l'Union soviétique et la destruction des structures d'État (dont l'éducation et la médecine gratuites), chaque Russe se retrouva livré à lui-même.

Ainsi l'affirmation selon laquelle tous les Russes seraient de grands collectivistes (surtout dans la Russie actuelle) est tout à fait discutable.

6. Le système clanique dans la société russe actuelle

Dans le premier paragraphe de ce chapitre (sur l'archétype russe), nous avons déjà évoqué les *effets destructeurs* du recours à la caution solidaire *sur l'archétype russe.*

À la fin du régime soviétique, alors que la propagande idéologique se faisait moins sentir, les *aspects traditionnels* du collectivisme russe furent pervertis et acquirent une autre signification, même si, en apparence, ils demeuraient les mêmes. C'est ainsi que, dans les années 70, le *système des clans* fit son apparition. Les *clans* étaient particulièrement puissants dans la sphère culturelle – cinéma, théâtre, peinture et littérature, télévision, chaires prestigieuses d'université, journalisme. Chaque profession dans le domaine de la création avait son cercle étroit d'« élus ». Un clan se caractérisait par son comportement attentionné envers les « siens » (ainsi qu'envers sa femme, son mari et ses enfants) et par sa froideur (et même son agacement) envers ceux qui cherchaient à « s'introduire » dans ce cercle.

L'entrée dans un clan ne se faisait qu'au travers des « siens », à travers les parents, les amis ou les camarades de classe, après avoir prouvé sa fidélité et son attachement aux intérêts communs du clan. Ce système de formation des clans existe dans tous les domaines de la vie russe. Cette défense, et plus précisément la *caution solidaire* du cercle, engendre des anomalies : les enfants de chanteurs deviennent chanteurs, même s'ils sont dépourvus de voix ; les enfants d'acteurs populaires des réalisateurs médiocres ; ceux de professeurs d'université enseignent obligatoirement aux côtés de leurs parents ; quant aux enfants de diplomates, ils font inévitablement leur carrière au ministère des Affaires étrangères, et ainsi de suite. Comme s'il n'existait pas d'autre voie pour eux.

Et le plus étonnant est que cette tendance est tellement ancrée dans les traditions de la société que même la chute de l'Empire soviétique n'a pu y mettre fin. Bien au contraire, elle s'est, au cours de ces dernières années, développée au point de prendre des formes absurdes qui sautent aux yeux de n'importe qui. Quelle que soit la sphère d'activité où vous exercez en Russie, vous rencontrerez partout des clans multiples et ramifiés, constitués non seulement de parents mais aussi d'amis, de camarades de classe, de voisins – en fonction du prestige de la sphère d'activité. Dans la langue parlée, cela se nomme « avoir du piston » et c'est ainsi que l'on est le mieux armé pour que toutes les portes s'ouvrent à vous.

Chaque clan se forme généralement à l'horizontale et est constitué de gens sensiblement du même âge. Ce ne sont habituellement pas tant des parents et amis (comme dans les autres pays) que des camarades de classe, de promotion de faculté, c'est-à-dire des personnes unies par des intérêts communs et la même profession. À présent, par exemple, nous avons dans l'économie russe et l'élite politique du pays 3-4 promotions d'économistes et de juristes sortant des universités prestigieuses de Saint-Pétersbourg qui agissent « main dans la main ». Auparavant, cette niche était occupée par les physiciens et mathématiciens des établissements d'élite de Moscou. Au cours des deux dernières années, la relève des élites a relégué les « Moscovites » en dehors des frontières du pays et ces derniers travaillent principalement dans les pays industrialisés dont l'Europe et les États-Unis.

Il est pratiquement impossible de briser le système de solidarité clanique. Et pas seulement parce qu'il correspond à une vieille tradition. La consolidation d'une société sans lois ni justice est nécessaire, d'une façon ou d'une autre, pour permettre le travail dans la production et, plus encore, dans l'économie.

Et *les clans jouent un rôle stabilisateur* par rapport à cela. Car si les lois ne peuvent maintenir l'ordre, on peut établir celui-ci à partir de critères moraux : la confiance et les relations personnelles associées au professionnalisme. Dans toute sphère d'activité, la confiance personnelle en l'individu est primordiale. C'est ainsi que se forme un clan.

D'une part, cela n'est pas mauvais en soi, car les clans permettent au moins de maintenir une certaine stabilité et une ligne de continuité dans la société.

D'autre part, cela interdit l'accès de gens talentueux « de l'extérieur » à toute sphère d'activité. Et rend inutile toute tentative de personne active extérieure au clan. Cela renforce aussi les stéréotypes conservateurs dans toute activité, empêche toute opposition, favorise la répétition d'erreurs. En fin de compte, un véritable professionnalisme et le clanisme sont incompatibles. Ils s'excluent mutuellement.

Le conformisme très développé des Russes crée une *cohésion* de groupe, qui, de l'extérieur, ressemble au collectivisme. Elle conduit, dans la pratique, à une caution solidaire silencieuse de tous les membres de la société. Les conséquences de cette caution solidaire ne peuvent être que négatives tant pour l'évolution de la société que pour son économie, pour la corruption, etc. Ce système entrave la collecte des impôts, la lutte contre l'économie parallèle et, de façon générale, empêche de faire confiance à quiconque.

Ce conformisme a aussi, toutefois, des aspects positifs. Il redouble les possibilités pour chaque individu de s'adapter au sein de la société.

Dans une situation difficile, le Russe fonctionne selon ce schéma : il prend son téléphone et joint tous ceux qu'il connaît. Ce réflexe ancien d'obtenir quelque chose « par le biais d'une connaissance », « par piston », fait partie du mode de vie des Russes.

La cohésion de groupe et la caution solidaire agissent essentiellement sur le comportement des gens travaillant dans les entreprises et les administrations publiques, c'est-à-dire là où il est possible de tricher sur les impôts, dissimuler des revenus complémentaires à l'inspection fiscale, etc. Et dans ces entreprises, celui qui fait autorité n'est, généralement, en aucune façon le directeur ou le chef d'établissement, mais un simple comptable de formation économique capable de présenter un rapport financier « sous son meilleur angle » et de dissimuler les malversations de son chef pour un pot-de-vin. Lui-même se tient dans l'ombre, « ne sortant pas du lot ». C'est ainsi que se renforce la caution solidaire. Y mettre fin de l'intérieur est pratiquement impossible, seule une forte pression d'en haut pourrait y parvenir, et encore le succès n'est-il pas garanti.

Dans les situations où les gens ne sont pas liés par des intérêts communs, lorsqu'ils sont, contre leur gré, contraints d'agir de façon autonome et de se montrer responsables de leurs actes, lorsque les stimulants économiques redoublent, cette cohésion de groupe a bien vite fait de disparaître. Elle est, par exemple, de moins en moins présente dans les sociétés et entreprises privées, surtout après la crise de 1998 et alors que de nombreuses sociétés-écrans avec du personnel non professionnel (constitué de parents, d'amis d'enfance, etc.) se sont désintégrées et ont été réduites à néant.

7. Le rapport à l'État

Un trait important de l'archétype russe est le *sentiment de la nation*, le sentiment que la politique de l'État pèse sur le destin de chacun, question qui intéresse personnellement le Russe. En ce sens, les Russes sont un peuple *extrêmement politisé* : indépendamment de son niveau d'éducation et de sa profession, tout Russe, aujourd'hui, suit de près la presse et ce qui se trame dans l'« antichambre du pouvoir », comme si sa vie personnelle et son bien-être en dépendaient.

Parallèlement, l'archétype russe est caractérisé par une peur innée de l'État, sa soumission volontaire à lui. Depuis les temps les plus anciens, l'État a été perçu par les Russes – tout comme le tsar et Dieu – comme le juge suprême et, en même temps, comme un défenseur et un protecteur.

D'où cela vient-il ?

On prétend que les Russes n'ont jamais été une simple nation : ils ont toujours été une « super-nation », une « super-ethnie », la « trame d'un tissu brodé par d'autres nations[58] », un événement ethnique très rare. Les racines ethniques des Russes sont mêlées à celles des Slaves, des Finnois, des Turcs et Dieu sait encore quelles autres tribus. Ce qui signifie que l'État russe n'a jamais été exclusivement national. Il y a toujours eu beaucoup d'étrangers parmi les tsars russes et dans l'appareil de l'État russe. Et le maintien de l'unité et de l'intégrité d'un pays aussi vaste ne pouvait être assuré que par un État hétérogène. Ainsi les Russes sont le *résultat* et non le début *d'un processus.* Ils se sont, dès le début, plus souciés de l'idée *politique* que de l'idée nationale ; ils ont, historiquement, développé une conscience politique. Par exemple, même à l'époque soviétique – période pas si lointaine –, 80 % des Russes se percevaient et se désignaient comme des « Soviétiques », c'est-à-dire non par rapport à leur nationalité mais par rapport à leur système politique. Il n'est pas étonnant que, dans la culture russe, la puissance de l'État soit devenue l'objet d'un culte particulier.

Nombreux sont ceux qui se posent la question : « Pourquoi et comment un État aussi puissant a-t-il pu prendre naissance en Russie ? Pourquoi est-il si puissant face à l'individu ? » Pour répondre tant soit peu à cette question, il nous faut analyser les faits historiques.

Rappelons que la Russie, durant une longue période de son histoire, fut une forteresse en état de siège. Selon les calculs de l'historien S. Soloviev, elle fut, entre 800 et 1237, attaquée tous les quatre ans. De 1240 à 1462, on y recense 200 incursions (!) d'ennemis. De 1368 à 1893 (soit en l'espace de 525 années), il y eut 329 années de guerre ! En tout, la Russie a connu, au cours de toute son histoire, *une année de paix pour deux années de guerre*[59] ! Peu de pays ont connu cette expérience : la Russie a constamment eu à défendre son indépendance et sa souveraineté. Comme le disait le philosophe Ivan Ilyine (1882-1954) : « Au cours des siècles, notre souci n'était pas de mieux nous loger ou mieux vivre mais, tout simplement, de mieux manger, tenir bon, éviter les malheurs immédiats, venir à bout des dangers quotidiens ; il ne s'agissait pas tant d'obtenir la justice et le bonheur que de vaincre l'ennemi ou le malheur... »

L'histoire particulière de la Russie reflète *le cheminement de sa conscience politique : la mobilisation sur les frontières extérieures et leur défense* ont été considérablement renforcées. Cela s'est fait progressivement. Ainsi, dans l'ancienne Russie, les princes n'étaient pas autocrates et leurs rapports en société étaient très démocratiques. Le prince d'antan *n'avait pas de pouvoir absolu* et ce pouvoir lui était délégué sous certaines conditions. « Le prince était le premier parmi les égaux. » Il devait, tel un père, être sévère et juste.

C'est pourquoi le peuple russe a, depuis les temps anciens, conservé *un idéal de pouvoir* sévère mais juste. Et si le prince enfreignait ces règles, il était réprimandé et renvoyé. Le prince Andreï Bogolioubskii, par exemple, voulut au XIIe siècle régner de façon « despotique » mais fut assassiné à la suite d'un complot des « boïards » (ou « boyards », c'est ainsi qu'on appelait les nobles dans les pays slaves). Affirmer que « l'autocratie a toujours été inhérente au peuple russe » est une contrevérité à ne pas propager. L'idée d'un pouvoir suprême apparut et s'affirma progressivement dans la Rus sous l'influence des Tataro-Mongols. Les khans mongols régnèrent plusieurs siècles en Russie et les princes russes, sous leur règne, conservèrent leur pouvoir et leur liberté d'action à l'intérieur du pays. Mais le grand prince n'était désormais plus élu mais *désigné par le khan.* Et le prince russe devait rendre hommage au khan dans des conditions humiliantes pour les Russes. Le pouvoir des khans était illimité, il avait un caractère absolument despotique. C'est à partir de cette époque (XIIIe-XIVe siècle) que le pouvoir princier se mit à acquérir des traits monarchiques et que le principe d'égalité entre le prince et sa *droujina* disparut. Même le terme *droujina* disparut de l'usage courant pour être remplacé par celui de « cour » comme en Europe. Cette façon de gouverner du prince subit, sans aucun doute, l'influence de ses conquérants asiatiques.

Avec le temps, ce mode de gouvernement pénétra peu à peu la conscience politique des Russes. Les sujets se mirent à dépendre entièrement de la volonté et des caprices du prince ; cela devint une habitude, puis une tradition. Et les relations entre le maître et son serviteur se transformèrent peu à peu suivant ce modèle.

C'est ainsi que naquit dans l'État de Moscou un pouvoir qui pouvait *se situer en dehors de la loi et au-dessus d'elle.* Ce pouvoir acquit progressivement un caractère sacré. Comme le notait le philosophe religieux P. Florenskiï, « dans la conscience du peuple russe, le pouvoir absolu n'est ni un droit, ni une formalité mais la volonté de Dieu ». Ainsi le pouvoir du tsar était perçu non comme une notion de droit mais comme une idée religieuse.

Avec la chute de Byzance au XVe siècle, les princes moscovites prirent le titre de « tsar » (du latin *Caesar*, « César ») et, en 1547, Ivan le Terrible fut couronné tsar. Le titre de « tsar » devint officiel, il ne s'agissait pas d'un titre mais plutôt d'une appellation divine avec un sens mystique. « La volonté du tsar est la volonté de Dieu. » Il est l'« administrateur de Dieu sur terre » et son pouvoir est illimité, ce qui autorisait un arbitraire total comme, par exemple, sous le règne d'Ivan le Terrible. Et à partir de 1649, la *personne du tsar* fut directement identifiée à l'État dans le code du Saint Synode. La sacralisation du monarque (et parallèlement celle de l'État) fut encore renforcée sous Pierre le Grand. Le monarque, sous son règne, assume définitivement les fonctions de patriarche. À partir du XVIIIe siècle, tous les événements survenant dans la vie de l'empereur et de sa famille sont célébrés par le peuple comme des fêtes religieuses avec le soutien actif de l'Église orthodoxe.

Le contexte historique de l'époque a ainsi contribué à l'apparition de l'autocratie en Russie et celle-ci a peu à peu été identifiée à l'État dans l'esprit des citoyens. Et le pouvoir étatique consolidé au cours des siècles devint une composante essentielle de la culture russe. Il fut perçu par le peuple comme la seule défense face aux ennemis, le garant de l'ordre et de la sécurité dans la société. Les relations entre le pouvoir et la population étaient, par tradition, de type patriarcal et familial : le tsar était le « petit père », le chef de la « lignée russe », et les « enfants du souverain » (le peuple) étaient tenus d'exécuter tous ses ordres au risque de voir la lignée périr. Le tsar, bien que sévère, était juste et cette croyance était solidement ancrée dans la conscience populaire. Tous les malheurs du peuple venaient des fonctionnaires qui trompaient le souverain et déformaient sa volonté.

Une telle dépendance, des siècles durant, habitua les Russes à penser que la vie de l'individu ne dépendait pas de la loi mais de la « volonté du tsar » et que c'est « en allant s'incliner devant le tsar » que l'on « trouvait la vérité ». Mais, le plus souvent, ils se persuadaient qu'il fallait endurer car « Dieu est au ciel et le tsar est loin ». Par tradition, le pouvoir en Russie se maintient par la peur. C'est ainsi que le simple peuple craint le sergent de ville (le policier), celui-ci craint le gouverneur de ville qui, lui-même, craint son chef de département, et l'on remonte ainsi jusqu'au tsar. Dans la conscience populaire, le pouvoir a toujours été associé au « maître » (au seigneur) : on ne peut se protéger du malheur et trouver justice qu'en une personne concrète, investie du pouvoir, et non en ayant recours à la loi.

À notre avis, ce rapport au pouvoir n'a pas changé à l'époque soviétique, qui mit en pratique l'ancien principe : « Ce n'est pas la loi mais des personnes concrètes qui gouvernent. » À l'époque soviétique, les « décisions du parti communiste et de l'État » et les « décrets du comité central du parti communiste de l'Union soviétique » avaient plus de poids que les lois ou la constitution.

Cette pratique, transmise d'une génération à l'autre, encouragea le peuple à contourner la loi pour décider des problèmes les plus vitaux. Et la peur traditionnelle devant tout représentant du pouvoir atteint son apogée à l'époque soviétique

Les Russes d'aujourd'hui n'ont pas changé de comportement vis-à-vis de la loi et du pouvoir. Comme dans le passé, les gens craignent le sergent de ville et le citoyen russe d'aujourd'hui ne fait pas confiance à la police et en a peur. Les rapports entre l'individu et l'État dans la Russie d'aujourd'hui diffèrent de ceux que l'on peut trouver en Occident. En Occident, l'État intervient comme le *garant de l'individu* dans ses rapports avec la société, alors qu'en Russie, c'est la société – et non l'individu – qui est au cœur des relations entre l'État et l'individu. *La Russie, sur ce plan, est plus proche de la civilisation orientale que de l'occidentale.*

Ces observations ne nous permettent pas, toutefois, de conclure que les Russes_auraient une prédisposition pour une société totalitaire. L'État idéal, pour eux, serait plutôt celui qui se soucierait des intérêts du « peuple » et pas seulement de ceux de l'appareil d'État. Outre le maintien de l'ordre et de la sécurité, il aurait aussi une fonction sociale et organiserait la vie au niveau individuel.

Le type patriarcal de société (qui s'est ancré durant des siècles dans l'archétype russe) fait que l'on craint l'État, mais aussi que l'on est *en droit d'avoir des revendications envers lui* tout comme un fils envers son père : on peut exiger de l'État la *justice*, de l'*aide*, l'*indemnisation de ce qui a été perdu*, sans rien donner en échange. C'est précisément dans cet état d'esprit que l'on assiste à des vagues de mécontentement en Russie : les gens revendiquent leurs salaires, exigent le maintien de l'ordre, la lutte contre la criminalité, la remise en état du système de chauffage, ils protestent contre la fermeture des mines ou d'une chaîne de télévision populaire, etc., agitant des drapeaux devant les administrations publiques à Moscou. La naïveté politique et le comportement revendicateur vis-à-vis de l'État les empêchent de comprendre que c'est ailleurs qu'il faut chercher justice et qu'il vaut mieux demander des comptes aux personnes concrètes qui sont à l'origine de cette illégalité plutôt qu'à l'État affaibli. Mais il est encore trop tôt pour renoncer à la tradition culturelle forgée par l'histoire.

De l'avis des analystes[60], la pyramide est le modèle qui représente le mieux la société actuelle pour la majorité des Russes (55,6 %). À sa base, on trouve la majeure population du pays ; en haut, l'élite politique et économique du pays couronnée par son « patriarche », le tsar, le secrétaire général du parti communiste ou le Président. Les Russes ont, dès le plus jeune âge, été imprégnés de ce modèle de société.

Mais il est intéressant de constater que les plus jeunes, qui représentent un tiers de la population d'aujourd'hui, voient la société actuelle comme deux groupes qui ne communiquent pratiquement pas entre eux : le plus petit vase représente les « nouveaux riches », et le plus grand, le reste de la population du pays. Il va de soi que cette construction manque de stabilité et de solidité.

8. Le sens de la justice chez les Russes

Le sens de la justice, c'est le respect du droit et de la loi, le libre accomplissement de son devoir public et de ses engagements privés, l'organisation de sa vie sans commettre de délit. Le sens de la justice repose sur le respect de soi-même, la discipline intérieure, le respect mutuel et la confiance des citoyens les uns envers les autres, envers l'État et réciproquement. Et ce, conformément à la profonde observation du philosophe Ivan Ilyine : « Plus le sens de la justice est solidement et profondément ancré dans le peuple, plus il est facile de le gouverner, moins un pouvoir faible se révélera dangereux[61]. »

Le sens de la justice chez les Russes a un lourd héritage historique : les discordes d'apanage et le joug tatar au Moyen Âge, l'influence du nomadisme et du brigandage du sud-est, les innombrables soulèvements populaires, les révoltes et les révolutions incessantes de palais des XVIe-XVIIIe siècles, le mouvement révolutionnaire du XIXe siècle, le régime soviétique au XXe siècle… « Tout cela n'a fait que développer ces traits de tempérament que l'on peut caractériser comme le *manque de discipline*, l'*individualisme* slave, le *goût* slave *pour l'anarchie*, la *fougue* naturelle. » (I. A. Ilyine.)

Peu à peu s'est ancré dans le peuple russe un sens de la justice auquel seul un pouvoir fort peut tenir tête (« une direction sévère »). Un pouvoir faible n'a jamais fait que susciter – et ce, pour longtemps encore – un sentiment de permissivité totale, de corruption et de décadence générale[62].

Le principe « Dieu est dans le ciel et le tsar est loin » traduit bien le rapport du peuple à l'ordre établi (l'État, la loi, les règles). Et ce rapport pourrait se définir de cette façon : il est inutile de chercher justice, il ne faut pas espérer en elle… Pour cette raison, chacun est libre de faire ce qu'il veut (d'où le despotisme de rigueur et la fourberie paysanne). Le peuple éprouve rarement de l'admiration pour la droiture d'un individu, pour son obéissance aux lois. Et le folklore russe abonde plutôt en « sagesses » populaires du style : « Il est allé tout droit et il est tombé dans le piège » ; « Ce n'est pas en allant tout droit mais en prenant des chemins détournés que tu réussiras », et l'on trouve même le dicton suivant : « Si tu n'es pas pris, c'est que tu n'es pas un voleur. » La ruse est généralement approuvée. La logique ici en est bien simple : puisque la vie est ainsi faite que « Dieu est dans le ciel et le tsar est loin », on ne peut compter que sur soi-même. C'est pourquoi on peut se permettre plus que ce qui est accordé par la loi. Il ne sert à rien de craindre d'enfreindre la loi, de redouter de changer « son destin ». Puisque de toute façon « ça ne peut être pire ». Toute patience a ses limites et la discipline n'est acceptable que dans certaines limites. La Russie est un territoire immense et plat, on peut toujours prendre la fuite et aller y chercher la « liberté » plus loin.

En Russie, *ce ne sont pas tant les lois que leurs exécutants* incarnant le pouvoir *qui sont importants*. Le dicton « La loi, ce sont les rênes du cheval que tu tiens et fais avancer avec l'éperon » exprime le rapport traditionnel du peuple vis-à-vis de la justice, où, « sans approche individuelle », l'affaire va s'éterniser pour, finalement, disparaître dans les lourdeurs de la machine bureaucratique. Pour gagner un procès (indépendamment de ton bon droit ou de ta faute), il faut savoir « mettre la main au porte-monnaie », c'est-à-dire donner un pot-de-vin. Ce qui reflète bien la dépravation et l'impuissance du système judiciaire.

Il convient de rappeler ici qu'il y a encore un siècle, les paysans formaient l'écrasante majorité du pays et que le servage, qui les avait maintenus à l'état d'esclaves, ne fut aboli qu'en 1861. Les propriétaires fonciers, ennemis de l'affranchissement des serfs, décidaient eux-mêmes du sort de ces derniers. C'est de là que vient l'expression sur le maître qui « arrive pour juger ». Et, à l'époque soviétique, cette petite phrase se transforma en l'axiome « Le chef a toujours raison ». La notion de chef dans ce cas était interprétée au sens le plus large : pour l'employé, il s'agissait du directeur ; pour le directeur, de sa hiérarchie ; pour celle-ci, des « décisions du parti et de l'État » dans le cadre des plans quinquennaux, des décrets pour la lutte... contre l'alcoolisme, le non-conformisme, etc.

Avant la perestroïka, l'écrasante majorité des juristes était spécialisée en droit pénal (du côté de l'accusation). Très peu de juristes étaient spécialisés dans le droit civil (et encore moins dans le droit économique). En URSS, la législation interdisait d'intervenir dans l'économie. C'est, pour ainsi dire, le parti communiste qui s'était approprié le rôle de tribunal. Il discréditait la justice, la transformant en organe répressif. Le parti avait ses « organes de justice et de police » (*le comité du parti*, extrêmement redouté de tous) – dans chaque entreprise, chaque administration, chaque organisation. Officiellement, une législation existait mais, selon la tradition, ce n'était *non la loi* mais son *interprétation* qui comptait. Et ce n'étaient pas des juristes professionnels qui traitaient et rendaient les jugements mais des spécialistes de la « morale socialiste » – des carriéristes du parti.

Ainsi les gens privés de droits et les tribunaux impuissants en Russie ne datent pas d'aujourd'hui ni de l'époque soviétique mais remontent à bien plus loin. La situation économique s'est, aujourd'hui, détériorée au maximum et il est plus que jamais crucial d'avoir une justice qui fonctionne normalement. Or plusieurs siècles d'expérience sont nécessaires pour instaurer une législation et un système judiciaire efficaces. Et les individus qui se retrouvent en tête-à-tête avec les fonctionnaires n'ont nulle part où s'adresser pour obtenir un jugement « selon la justice » à défaut d'être « selon la loi ». Et lorsque la morale et les bonnes mœurs ne sont pas défendues par la justice, elles se dépravent. Tout pays privé de justice laisse en effet le champ libre aux individus dépourvus de toute morale pour y prospérer, s'enrichir et prendre le pouvoir. Ce qui conduit à une dévalorisation de l'éthique et à un sentiment de justice encore plus émoussé.

La *conscience morale* en Russie[63] l'a toujours emporté sur la *conscience politique* ou la *notion de droit* (mais pas toujours sur l'économique). Ce qui peut se résumer en ceci : tout acte est considéré par les Russes du point de vue moral dans la mesure où il est *équitable*. La notion de droit est peu développée chez eux ; elle est compensée par des rapports moraux entre les individus.

Quelles conclusions peut-on en tirer ? En Europe, par exemple, on peut très bien travailler dans la science ou faire de la recherche auprès de quelqu'un qui ne vous plaît pas ou ne vous est pas sympathique. En Russie, pour qu'une activité soit fructueuse – y compris en affaires –, les gens doivent établir des relations personnelles de confiance en raison du manque de règles et critères professionnels précis, quel que soit le type d'activité. Dans les relations d'affaires, malheureusement, il faut se convaincre que le plus important pour réussir dans votre projet (signature d'un contrat, obtention d'une commande importante, etc.) est de trouver les personnes-clés utiles et « se mettre d'accord avec elles » (en recourant aux pots-de-vin).

Ce principe alimente la corruption des fonctionnaires, parlementaires, juges, généraux, etc., d'aujourd'hui. Les Russes n'ont pas encore acquis un véritable professionnalisme au sens où on l'entend en Europe avec des *relations d'affaires impersonnelles* basées sur les obligations de chaque partenaire. En Russie, le facteur humain, émotionnel est déterminant dans les relations d'affaires basées sur la subjectivité et motivées par l'intérêt personnel ou l'enthousiasme. Pour cette raison, de « bonnes » relations de confiance avec le « bon » partenaire y sont beaucoup plus importantes que les règles et le comportement à adopter au cours de ces relations. Et surtout, on ne peut particulièrement pas se fier aux « paperasses » (contrats, accords, etc.).

En établissant des relations d'affaires avec les Russes, il ne sert à rien de se fier à la législation du pays, aux documents, aux organes de contrôle, à la loi, etc. Seuls comptent les contacts personnels que vous aurez noués avec les gens tout en vous assurant de toujours les maintenir sous contrôle.

Ces dernières années, avec la fin de la législation soviétique, la notion de droit, peu développée chez les Russes, s'est même affaiblie et les relations morales (personnelles) n'ont fait que prendre de l'importance à leurs yeux. Mais cette morale a aussi un caractère conservateur : elle est basée sur un rapport tacite entre les partenaires selon le principe : « Tu me donnes quelque chose, tu auras quelque chose. » Et cette formule marche quel que soit le domaine de relations concerné. La réticence à faire des concessions mutuelles peut conduire à la rupture totale dans les relations d'affaires.

Comment expliquer ce retard dans la notion de droit chez les Russes? Selon les analystes[64], celui-ci serait psychologiquement lié à l'*absence d'un sentiment développé de respect de soi.* La plupart des Russes n'ont pas le sentiment d'être les artisans de leur vie et de pouvoir maîtriser leur destin; ils s'en remettent toujours à l'État, à leur hiérarchie pour résoudre leurs problèmes, faire un choix et agir par rapport à celui-ci. Rappelons la *peur* innée du Russe vis-à-vis de l'État et du pouvoir. Bien entendu, cela concerne moins la jeunesse, élevée avec la perestroïka.

Prenons, par exemple, les Européens et les Américains avec leur sentiment développé de dignité personnelle. Ils n'ont pas vécu l'expérience des Russes. Cette confiance en eux-mêmes et en leurs capacités crée l'initiative, l'assurance et l'esprit d'entreprise qui agace les Russes; ils peuvent même percevoir ces qualités comme de l'arrogance et de la bêtise!

Chez les Russes, dans des situations où leur personnalité (leur « moi ») est écrasée, la protestation peut prendre la forme d'un amour-propre profondément blessé, créer en eux des complexes. Lorsqu'on a affaire à des Russes, il faut avoir à l'esprit leur amour-propre particulier, leur susceptibilité et leur méfiance exacerbées. Du fait de leur caractère impulsif et explosif, il faut leur manifester autant de prévenance et de tact que possible. Un amour-propre blessé, doublé d'une liberté intérieure, peut amener les Russes à des actes totalement imprévisibles pour un Européen, pouvant aller jusqu'à recourir aux mains et au désir de se venger.

9. Le rapport à la propriété

«Tout ce qui appartient au kolkhoze m'appartient»
(proverbe venant des paroles d'une chanson populaire soviétique).

«Tu n'emporteras rien avec toi dans ta tombe»
(dicton populaire russe).

Historiquement, le rapport du paysan russe à la propriété était, on peut le dire, très particulier. En effet, l'archétype culturel russe n'a pas de notion bien affirmée de la propriété capable de distinguer «ce qui est à moi de ce qui ne l'est pas (et appartient à autrui)». Historiquement, le paysan russe *ne faisait pas de différence entre le droit de propriété, de l'usufruit et du droit de disposer.* Cela est probablement dû à l'influence directe des traditions de la communauté paysanne qui déterminaient toutes les questions de propriété privée.

Dans les observations des voyageurs étrangers, on remarqua, bien des fois, la légèreté avec laquelle le paysan russe pouvait, sans remords inutiles, s'approprier une chose qui ne lui appartenait pas. La pauvreté, dans ce cas, justifiait moralement le vol. De plus, le paysan bonasse considérait le vol comme un préjudice uniquement *matériel et non moral* porté à la victime.

Il arrivait (et il peut encore arriver) que lorsque le Russe empruntait quelque chose, le fait d'«emprunter» était compris au sens de «tout simplement prendre», avec aucune intention de retourner ce que l'on a emprunté. La conscience collectiviste, le regard constamment tourné vers «ce qu'ont les autres» ont favorisé cet état d'esprit : l'individu ne considère pas comme un péché le fait que le riche «partage», en quelque sorte, avec celui qui en a le plus besoin. Toutefois, même avec cette conviction, si l'on vous prend la main dans le sac, il est honteux de voler. Mais le plus souvent on dit : «Ni vu, ni connu.» Car d'un point de vue philosophique, cela n'a rien de si honteux et c'est même plutôt juste.

L'absence de distinction entre ce qui est à moi et ce qui ne l'est pas a des causes historiques. Le peuple russe, dans sa grande majorité, n'avait aucune notion de ce que pouvait être l'autonomie personnelle, lui qui avait si souvent travaillé pour «des étrangers» : Tatars, trésor royal, tsar, *barine* (maître), bureaucrate de parti, etc.

L'incapacité à planifier sa vie par manque d'habitude conduit au désir de « vivre l'instant présent », « ici et maintenant », avant que l'on vous enlève ce que vous avez gagné. La logique en est simple : « Il ne sert à rien au jour d'aujourd'hui de faire des projets pour demain : un nouveau maître viendra qui donnera de nouveaux ordres. » C'est pour cette raison que la patience de fourmi pour construire son foyer, travailler pour soi et accumuler la richesse est quelque chose de totalement absurde et inutile pour les Russes puisque, de toute façon, « Tu n'emporteras rien avec toi dans ta tombe ». Ce qui explique pourquoi ils aiment se montrer si généreux lorsqu'ils dépensent, même si cet argent n'a pas été gagné facilement. Les touristes russes sont réputés et appréciés dans le monde entier pour leurs pourboires extrêmement généreux, et, durant les années de pouvoir soviétique, le caractère prodigue de l'économie soviétique n'a fait que renforcer ce comportement stéréotypé.

Rappelons que des générations entières de Soviétiques ont été éduquées avec l'idée que l'intérêt public primait sur l'intérêt personnel. Demander une augmentation de salaire à titre privé était considéré comme « de la cupidité » (on « s'appropriait » une part pour soi-même sans penser à l'intérêt général). Le pire reproche que l'on pouvait s'entendre dire à cette époque était de « placer ses intérêts personnels au-dessus de l'intérêt public ». Cela pouvait vous valoir le licenciement et votre réputation était à tout jamais endommagée.

Cette incapacité à distinguer ce qui est à eux de ce qui est à autrui ne doit toutefois pas être mal interprétée et être vue comme « un penchant des Russes pour le vol » (cela donne parfois lieu à ce genre d'affirmations). Cette pratique fait appel à une ouverture d'esprit beaucoup plus grande. Bien sûr, le Russe est capable d'emprunter et d'« oublier » de rendre sous le prétexte que le prêteur n'a pas énormément besoin de cet argent à ce moment précis, il en a « déjà suffisamment comme ça » : par exemple, « il est riche », « il a de la chance », etc. On peut ainsi prendre le bien d'autrui sans se poser de problèmes de conscience pour la simple raison que « j'en ai plus besoin en ce moment » que « ma victime ».

Mais en même temps, les Russes ont le penchant contraire. Toujours sans hésiter et sans réfléchir, ils sont capables de vous donner tout ce qui leur reste afin de partager avec la personne qui se retrouve dans une situation difficile. C'est une tradition chez eux, conformément au dicton russe, de « donner jusqu'à sa dernière chemise ». On trouve dans la littérature de nombreux témoignages sur cette « générosité » des Russes qui frappe tant les Occidentaux[65]. Bien que les choses aient quelque peu changé dans la Russie d'aujourd'hui.

Il est intéressant de constater que le vol est rarement condamné dans les dictons russes ; en revanche, de nombreuses expressions telles que « ce qui traîne appartient au voleur » et d'autres du même style traduisent le mépris témoigné vis-à-vis de la négligence qui a permis le vol. Il est clair que la sagesse populaire ne condamne pas tant le voleur que le sot et l'imprudent qui lui a donné la possibilité de le voler.

Cette particularité de la mentalité russe traduit, à défaut d'une attitude hostile, du moins *une attitude non réceptive, indifférente à l'égard du positivisme et de l'esprit pratique*, et le manque d'intérêt pour la civilisation et les valeurs matérielles. Cela explique les autres « singularités » des Russes telles que leur amour des grands gestes qui fait que l'on dépense sans compter, le mauvais entretien et la saleté des maisons et des toilettes russes, l'état d'abandon des jardins et des parcs. Le rapport particulier des Russes à la propriété est la preuve supplémentaire que tous nos défauts ne sont que le prolongement de nos qualités.

Les principes moraux n'existent donc pas à l'état pur mais sont toujours *le résultat de l'histoire, des relations économiques, politiques et autres entre l'individu et la société.* Le sentiment de propriété tout juste naissant des Russes, sa destruction, l'absence de ce sentiment ou l'indifférence à son égard, le manque de distinction entre ce qui est à vous et ce qui est à autrui sont des traits constants de l'archétype russe. Ils n'ont pas disparu avec le temps mais se sont ancrés dans l'esprit et peuvent être observés jusqu'à aujourd'hui.

10. Le rapport à la hiérarchie

Rappelons encore une fois que les relations traditionnelles entre les simples gens et ceux qui possédaient le pouvoir étaient tout à fait démocratiques dans l'ancienne Russie. On sait que dans les villes du nord, à Novgorod par exemple, il existait un *vétché* (assemblée populaire dans l'ancienne Russie) – le prototype du parlement. Seule la cruauté d'Ivan le Terrible a pu mettre fin à cette institution démocratique.

Ce n'est que plus tard, à partir du XVIe siècle, que prédomina dans le royaume moscovite une autre tendance amenée par les Tataro-Mongols. Et c'est sous l'influence de ces derniers que se renforça en Russie un type de relations sociales entre « le maître et ses serviteurs » dans sa version asiatique. On se mit, en effet, à juger le comportement d'un individu dans sa vie publique et privée en fonction de son *tchin* (« rang ») – autrement dit, de sa place dans la hiérarchie sociale.

C'est ainsi que se formèrent peu à peu de nouveaux modes de comportement de la personne : une *psychologie* particulièrement *servile* et une morale renforcée par le sentiment réprimé du respect de soi-même des Russes (voir *supra*). Le même individu peut se montrer méprisant et hautain vis-à-vis d'un inférieur et, une minute plus tard, changer totalement de comportement et se montrer servile face à un supérieur.

Ce qui a donné ce dicton russe dont le cynisme reflète bien les rapports encore en cours dans chaque collectif de travail : « Tu es le chef et je suis un imbécile. Je suis le chef, tu es un idiot. » Dans la pratique, cela revient à dire que l'individu sans pouvoir ne doit pas se considérer comme une personne. Sa seule valeur est d'être un rouage de la société, un élément de la machine. Il n'a pas le droit de discuter, de défendre son opinion devant un supérieur. En tout cas, même s'il a raison, cette tentative se terminera mal pour lui. Depuis des siècles, cette idée a été assenée au Russe : « Ne discute pas avec tes supérieurs : ils savent mieux que toi. Et si tu te mets à discuter, il t'en coûtera cher. »

Il convient de réprouver cette psychologie servile. Mais on peut aussi essayer de la comprendre comme un modèle imposé de comportement, comme le résultat d'une attitude fataliste dans la vie et du conformisme des Russes.

Pourquoi, malgré les conditions effarantes de travail et le mode de vie injuste, les salaires non versés pendant des mois et la dégradation évidente des relations entre travailleurs et employeurs (toutes choses dont l'Occidental n'a même pas idée), les gens manifestent-ils si rarement pour protester ?

Au début de l'année 2002, les citoyens argentins, saisis de panique face à la dévaluation de leur monnaie de 50 %, n'ont pas hésité à organiser des manifestations à travers tout le pays et destituer l'un après l'autre *cinq* (!) de leurs présidents. En Russie, après la crise de 1998, le rouble a été dévalué de 400 % et des millions de personnes voyaient fondre toutes leurs économies, perdaient leur emploi et l'espoir de recouvrer leur précédent statut matériel... Il ne serait venu à l'idée de personne, pour autant, de dresser des barricades ou d'avoir légalement recours aux instruments de la démocratie en place : par exemple, interpeller son député et exiger qu'il intervienne d'une façon ou d'une autre... Et la presse libérale de ressortir les poncifs sur la soumission de vieille date des Russes...

Comme il ressort des études sociologiques[66], la majeure partie des Russes offraient de 1995 à 1998 une résistance passive au cours indolent des réformes. En témoignait la production des marchandises et des services qui continuait malgré les salaires non versés ou leur baisse considérable. Les gens continuent à travailler pour un salaire dérisoire! Cela est difficilement concevable dans des économies de marché.

Cette forme d'opposition passive, vécue par de nombreuses générations, conduit à l'*habitude de supporter*. La conséquence la pire est que les gens en perdent le sentiment de danger. Les analystes[67] appellent cela le « phénomène de la grenouille bouillie ». On sait que la grenouille est un animal à sang froid et que sa température interne correspond à l'externe. Si on la plonge dans de l'eau bouillante, la différence de température donne le signal du danger et elle bondit hors de l'eau. Mais si on la met dans une eau que l'on réchauffe progressivement, elle a le temps d'accorder sa température interne à sa température extérieure pendant qu'elle cuit.

Le Russe aspire beaucoup à créer une *situation stable* : les conditions de vie en Russie sont souvent extrêmes, mais on a toujours envie de vivre. Et tous essayent de s'adapter à toutes les conditions de vie, endurent, « se serrent la ceinture » dans l'espoir que, d'une façon ou d'une autre, « la chance leur sourira » et qu'ils s'en sortiront... Le fatalisme et le conformisme propres aux Russes leur a enseigné qu'il ne sert à rien de recourir à des actions brutales, autrement « cela peut être pire ».

Enfin l'apathie et le manque de concertation dans l'action des Russes d'aujourd'hui ne peuvent susciter que de la pitié et de sombres pressentiments pour l'avenir. Mais, parallèlement, on ne peut rester sans éprouver du respect pour le stoïcisme, la patience infinie et le calme sensé des Russes. Quelles émeutes peut-on organiser dans un pays où les réacteurs atomiques et un bon nombre d'autres productions particulièrement dangereuses liées à la chimie et aux radiations sont usés ? Et peut-on oublier le rigoureux hiver russe ? Il suffit d'une panne d'électricité ou d'une rupture des canalisations de chauffage par les grands froids de janvier pour que la population de toute une ville soit condamnée à mourir dans le silence… Alors pour ce qui est des émeutes et des révoltes ! Par 30°, les foules peuvent bien, la nuit, se livrer au brigandage, dévaliser les magasins, sans risquer de mourir de froid. Comparer l'Argentine et la Russie n'a pas de sens, tout comme il est faux de recourir aux mythes rebattus sur la soumission des Russes.

Les particularités relevées de l'archétype russe : le *stoïcisme*, la *patience* infinie, l'aptitude à créer une *situation stable*, le *calme sensé*, la *capacité de survie* dans les conditions les plus incroyables, la capacité à *trouver une issue* là où un autre renoncerait, l'inaptitude (l'absence de désir) à défendre ses intérêts personnels, la capacité à se soumettre à des circonstances difficiles sans s'énerver. La formation des Russes associée à leur motivation créent, à notre avis, le terrain favorable pour tout employeur en Russie, pour une collaboration d'affaires.

11. L'attitude traditionnelle des Russes envers les étrangers

« Dis-moi qui tu hantes, je te dirai qui tu es »
« Ce qui fait la santé du Russe cause la mort de l'Allemand »
(dictons populaires russes).

Pour ce qui est des *relations entre nations*, toute l'histoire de la Russie montre que la structure d'un État multinational a enseigné aux Russes la *tolérance* vis-à-vis des autres coutumes et mœurs. Le Russe n'est ni un nationaliste, ni un raciste. Son histoire, de par ses nombreux contacts avec l'étranger, n'a fait que l'enrichir.

Du reste, il a toujours su s'approprier et transformer les idées originales venant de l'étranger au point de les rendre méconnaissables. Sans la Chine, par exemple, les « chemises russes » au col brodé, les boîtes peintes et laquées de Palekh (école renommée pour ses boîtes en laque) et la manie du thé n'existeraient pas. Sans les Tatars, la structure de l'État russe, les « toques russes », les jurons grossiers, les bottes, les cochers, le « knout » (fouet), la « troïka russe », et beaucoup d'autres choses encore n'auraient jamais vu le jour. Sans le délicat attrait de Pierre Ier pour la porcelaine hollandaise, il n'y aurait pas de *Gjele* (porcelaine russe blanc et bleu), si gaie à regarder. Sans le Japon, nous n'aurions pas nos fameuses *matriochki* (poupées) russes. Et sans le Moyen-Orient, on se serait bien passé du « samovar russe » en Russie. Pour ce qui est de notre forme de christianisme, notre écriture, l'architecture de nos églises, notre peinture originale et l'aigle bicéphale, ils nous sont tous venus de l'Empire byzantin. Et toute la civilisation contemporaine de la Russie (avec les cultures matérielle, technologique, juridique et certains éléments de la culture spirituelle) s'est développée en contact étroit avec l'Europe occidentale – et pour beaucoup sous son influence.

Toutefois, tous ces exemples d'ouverture aux cultures étrangères ne nous parlent pas tant de tolérance que de souplesse, d'esprit pratique dans les affaires et du *don d'imitation* des Russes qui savent attraper au vol et transformer en bien tout ce qui peut leur être utile au niveau pratique. Les contacts avec les étrangers permirent à la civilisation matérielle, la philosophie et la langue russes de s'enrichir. Mais, pour être plus précis, plutôt que de *tolérance*, parlons là plutôt de débrouillardise, d'avantages et d'un intérêt purement matériels.

Les Russes se sont toujours montrés ouverts aux nouveaux venus au cours de l'histoire. Au XVIIIe siècle, la Russie comptait de nombreux Allemands. Le mot russe pour « Allemand », *nemets*, signifie littéralement une « personne muette » (*nemoï*), incapable de s'exprimer ou de se faire comprendre. Les Polonais, les Hollandais et les Français pouvaient tous être considérés comme des *nemtsi* et, à l'époque, ils se plaisaient tous assez en Russie. Des aristocrates de Hanovre, des artisans, des professeurs et des marchands ruinés vinrent en Russie pour « remédier à leurs affaires » et retourner ensuite au pays ou rester dans ce pays sauvage mais riche. Il y a 200 ans, l'Allemagne était démembrée et surpeuplée, alors que la Russie offrait d'immenses espaces, l'aristocratie y était riche et prodigue et le peuple cordial et soumis. Ce qui permit à tout étranger de s'enraciner, surtout après que Pierre Ier eut fait revenir, de force, la Russie à la civilisation occidentale. Après Pierre Ier, le principal trait de la culture russe devint *l'ouverture et la réceptivité à tout ce qui est étranger* – ces trois siècles durant. Et ce n'est qu'aujourd'hui que cette qualité des Russes s'est mise à changer, à se transformer en quelque chose de nouveau.

Tout comme pour les *nemtsev* (« étrangers »), les Russes étaient des barbares sauvages vivant selon des lois incompréhensibles, les étrangers étaient pour les Russes des personnages semi-légendaires auxquels les liait une relation complexe faite de curiosité et d'hostilité. Les étrangers se mélangeaient rarement aux Russes, ils s'établissaient dans des « faubourgs » à part, comme à Koukouï dans Moscou. On se supportait – on tirait les uns des autres des avantages d'ordre pratique, mais on n'avait pas d'attirance réciproque particulière les uns pour les autres.

Le rapport des Russes aux étrangers, extrêmement nombreux dans la littérature russe, est intéressant à observer. Les étrangers décrits *avec une note satirique* par les écrivains russes sont, généralement, des malfaiteurs évidents attirant toutefois la sympathie mais, d'une certaine façon, « corrompus » par la civilisation occidentale. Les étrangers dans la littérature russe sont très rarement des personnages positifs.

Ce n'est pas seulement parce que le nationalisme était virulent chez les écrivains russes. Les orientations philosophiques de ces derniers divergeaient beaucoup et leur description des étrangers était un *procédé littéraire* pour observer le peuple russe comme « de l'extérieur » et comparer les mentalités nationales aux autres cultures. Les écrivains russes ont, de façon générale, décrit les Allemands, les Français et les Anglais avec les traits nationaux propres à chacun de ces peuples. Car ce sont précisément ceux-là qui ont eu le plus d'influence sur la culture russe.

Les Allemands sont ceux qui ont été le plus souvent dépeints. Déjà sous Pouchkine, ils étaient traditionnellement décrits comme des individus pour lesquels l'intérêt économique, la « prudence », le penchant à thésauriser et l'assurance importaient beaucoup. Leur recours excessif à la raison, à l'esprit « arithmétique » se heurta à la réalité russe et les mit souvent dans des situations ridicules, allant jusqu'à provoquer leur faillite et leur perte. La galerie de personnages allemands dans la littérature russe peut rebuter en raison de la satire dont ils font l'objet.

L'attitude des Russes vis-à-vis des Français était originale. Pendant deux siècles, la fine fleur de la nation russe parlait français, honteuse de sa langue maternelle. Cela peut sembler vexant pour les Russes et même ridicule comme si, par exemple, à la cour de Louis XIV on parlait chinois. Même Alexandre Pouchkine, le « phénix russe », n'apprit le russe que grâce à sa nounou. Il y avait en Russie une foule de Français qui avaient fui les horreurs de la révolution de 1789. Et dans la littérature russe, le personnage du Français sympathique fait exception. Ce sont, dans la grande majorité, des gouvernantes invitées dans de riches demeures pour éduquer les jeunes enfants. Elles négligeaient souvent leurs obligations, étaient peu instruites et bêtes, enclines à commettre l'adultère avec le maître de maison, et traitaient les Russes de haut. Elles étaient venues en Russie avec un seul but : gagner de l'argent et le mettre de côté. Au bout de quelques années, elles quittaient le pays sans avoir appris la langue ni rien compris à un pays qui ne leur inspirait qu'agacement, aversion et lassitude.

Au cours de l'histoire de la Russie, les étrangers, toutefois, se sont intégrés avec succès à la noblesse russe. Dans la haute société, le sang bleu était à ce point mélangé que, par exemple, Félix Ioussoupov, le célèbre meurtrier de Raspoutine, se trouvait être à la fois l'arrière-arrière-petit-fils du roi de Prusse et le descendant d'un chef de guerre mongol.

Un coup d'œil sur les généalogies de la noblesse d'origine russe dans *Le Livre de velours* suffira à vous convaincre du nombre important d'étrangers et du succès de leur intégration dans le pays. Ce livre fut, jusqu'à la Révolution, conservé au département « héraldique » au Sénat de Russie[68]. Sa lecture témoigne de ce que presque toute l'ancienne noblesse russe a des ancêtres étrangers venus, en leur temps, servir les princes ou le tsar.

On peut supposer que ces généalogies ne correspondaient pas toutes à la réalité. Avoir un ancêtre étranger en Russie était prestigieux autrefois comme aujourd'hui : cette particularité dans l'arbre généalogique distinguait l'aristocrate des masses.

En Russie, on a, depuis les temps anciens, une opinion favorable de la France, *pays de la culture* par excellence, à la différence des autres pays associés à l'histoire, à la politique et à l'économie. Au XIXe siècle encore, les représentants de la noblesse et de l'intelligentsia russes parlaient couramment le français. Les Russes décrivent souvent la France comme le « carrefour du monde » et cette opinion sur la culture française repose souvent sur leur connaissance détaillée des monuments d'art, des curiosités architecturales. La France évoque, pour 33 % des personnes interrogées, les noms d'écrivains, de peintres, de musiciens, de chanteurs et compositeurs, les musées réputés mondialement et autres curiosités (le Louvre, Notre-Dame, la tour Eiffel, etc.).

Cette approche culturelle de la France rend les Russes bienveillants vis-à-vis des autres aspects de la vie française, envers les Français par exemple. Les opinions suivantes y prévalent : « En France, les femmes sont jolies et les hommes élégants », « C'est un peuple pacifique », « C'est un pays de gens indépendants et qui ont du tempérament. » Les Russes ont une assez bonne connaissance des Français illustres : ils tiennent Charles de Gaulle pour « un grand homme politique » qui « a libéré l'Algérie » et « a resserré les liens avec l'Union soviétique ». Et un tiers des Russes interrogés ont déclaré qu'ils éprouvaient de la sympathie pour Jacques Chirac en tant qu'homme politique et que les positions concordantes de la Russie et de la France en matière de politique étrangère au cours de ces dernières années étaient une excellente chose.

Parallèlement à cela, de nombreux analystes notent que bien que les Russes soient bien informés sur l'histoire et la culture françaises, leur conception de la France d'aujourd'hui ne correspond pas toujours à la réalité, tout comme l'idée que les Français se font de la Russie a besoin d'être sérieusement « mise à jour ». Il leur faut dépasser les vieux stéréotypes, car la Russie n'est pas seulement le pays de la corruption et de la mafia, avec des *ours*, des *balalaïkas* et autres balivernes, c'est aussi un pays avec une économie de marché et un énorme potentiel intérieur. Et la façon dont les citoyens se perçoivent réciproquement a souvent un impact sur les relations de leurs États respectifs.

Ainsi, dans les contacts extérieurs, dans les *relations entre nations*, les Russes ont fait preuve d'indulgence. Les autres nations ont toujours exercé sur eux une certaine attraction, les attirant comme un aimant. Les Russes ont toujours essayé de tirer le maximum d'avantages de leurs contacts avec les pays forts et « civilisés » : d'en retirer un enseignement, de leur emprunter des nouveautés techniques ou culturelles, de s'enrichir grâce à un commerce avantageux.

Cette *ouverture au monde extérieur*, ce *don d'assimilation des traits les plus séduisants des autres cultures développées* (tout en conservant son archétype) a créé en Russie les conditions pour une culture très originale et en pleine expansion.

Cette attirance magnétique profita aussi à des petits peuples faibles et permit à la Russie de conserver près de *200 autres peuples* (!) sur son territoire. Il est vrai que ce « magnétisme », selon l'expression de l'académicien D. C. Lichaëv, « repoussa constamment d'autres peuples pétillants de vie – notamment les Polonais et les Juifs ».

Il est plus difficile de parler de la *tolérance des Russes au niveau de la conscience individuelle*, dans la mesure où l'on ne dispose d'aucun document ou témoignage historique hormis des observations personnelles sur l'attitude de contemporains.

Et sous le pouvoir soviétique, les relations étaient régies par le « rideau de fer ». La machine de propagande de l'État fonctionnait à plein de façon à présenter l'étranger comme une force ennemie qui pénètre le pays avec de mauvaises intentions. Bien entendu, cette machine travaillait souvent à vide, car le « lavage de cerveau » avait inculqué aux Russes, à défaut d'une animosité vis-à-vis des étrangers, la méfiance et une peur élémentaire. Et les autorités surveillaient le moindre contact des Russes avec les étrangers, que ce soit au niveau des rencontres, de la correspondance, des conversations téléphoniques. Celui qui, par naïveté, enfreignait cet interdit tacite risquait de mettre sa carrière, son poste et même sa liberté en péril.

Les étrangers, à l'époque, se sentaient « comme des rois » en URSS, malgré le sentiment stressant d'être épié et les restrictions de mouvement : ils avaient accès à des magasins spéciaux, les *Beriozka* (« le bouleau ») et, pour une somme dérisoire, pouvaient se procurer des articles et services auxquels les Russes ne pouvaient même pas rêver dans leur propre pays : de très belles éditions de livres, les meilleurs spectacles et ballets, des circuits touristiques dans les coins les plus exotiques du pays – en un mot, tout ce qu'il y avait de mieux dans le pays leur était réservé.

Cette politique étatique de l'URSS (humiliante pour ses propres citoyens) était motivée par la volonté de « soutirer les devises » aux touristes étrangers.

Naturellement, cette politique ne pouvait que pervertir pendant toute cette période les relations des étrangers avec la population locale : elles ne pouvaient être ni sincères ni sur un pied d'égalité. Pour les citoyens de l'URSS, tout étranger, surtout en provenance d'« Occident » (cela incluait tous les pays capitalistes développés, dont l'Amérique), était un « habitant des cieux » : riche, libre, sûr de lui-même, sans soucis dans la vie quotidienne (cela apparaissait comme un bonheur inconcevable), merveilleusement habillé et parfumé, bref, « civilisé ».

En se comparant à un étranger, le Russe ne pouvait que développer des complexes d'infériorité et une attitude critique vis-à-vis de son entourage et du pouvoir, tellement le contraste était frappant.

Et bien que les contacts avec les étrangers fussent limités, cela ne diminua en rien la curiosité naturelle des Russes pour les cultures étrangères. Une solide formation classique, le goût pour la connaissance incitèrent les Russes à les côtoyer, même de façon passive : la littérature étrangère était traduite et publiée, on passait des films, des troupes artistiques et théâtrales venaient en tournée dans le pays.

Mais cette « relation à distance » eut des effets pervers en ce que l'imagination des Russes attribuait aux étrangers une vie féerique : ils étaient, à ce qu'on dit, tous incroyablement riches, vivaient comme des « stars de Hollywood » : dans le luxe, sans problèmes, sans la routine assommante de la vie soviétique, libres comme l'air…

Lorsque la propagande soviétique « montait en épingle » des documentaires sur la pauvreté, la drogue, la criminalité et la saleté des villes occidentales, personne n'y prêtait attention : il ne s'agissait là « que de propagande » ! Et les clichés imposés de force eurent l'effet inverse : les gens crurent que tous ces maux étaient fabriqués par le pouvoir soviétique, et qu'à l'étranger le paradis vous attendait.

Par conséquent, lorsque le « rideau de fer » s'écroula pour de bon, de nombreux Russes purent se convaincre du caractère illusoire de leurs idées sur la « vie occidentale » et ne cachèrent pas leur déception.

Il n'en est pas moins vrai que le respect envers la civilisation matérielle et la technique occidentales perdure. En témoignent ces « innovations » dans la langue russe : *inomarka* (« marque étrangère ») et *evroremont* (« réparations à l'européenne ») – voir chap. 2, § 1 – qui montrent que les Russes ont un profond respect pour la civilisation matérielle de l'Occident.

Parallèlement à cela, la très grande disparité qui existe entre le mode de vie des Russes et celui des « Occidentaux » saute aux yeux. Et cette dissemblance se retrouve dans les comportements stéréotypés des Russes et ceux des Occidentaux. Ainsi, le Russe ne peut concevoir que les Français puissent, par exemple, différencier par le goût, la couleur et l'arôme une centaine de vins – comment cela est-il possible ? Cette science des Français contribue à les rendre encore plus énigmatiques et raffinés qu'ils ne l'étaient à leurs yeux. Et cette impression est encore renforcée par la centaine de fromages et de parfums qui existent en France...

À cela, en raison de leur connaissance superficielle de la vie « occidentale », les Russes ont toujours à l'esprit des vieux stéréotypes tels que : « les Allemands sont des maniaques de l'ordre », « les Anglais sont des gentlemen distingués », « les Français sont le peuple le plus galant qui soit », et ainsi de suite.

Si l'on tient compte des traditions de l'hospitalité russe et de la bienveillance des Russes à l'égard des invités (étrangers compris), vos interlocuteurs russes, dans vos relations avec eux, sauront vous témoigner de l'attention et vous mettre à l'aise (dans la mesure où vous vous comportez correctement). Mais il ne faut pas s'attendre à ce qu'ils vous fassent entièrement confiance : après tout, vous n'êtes pas « des leurs ». Dieu sait ce que vous avez à l'esprit. Et il ne faut pas, pour autant, s'en offenser.

12. Le rapport au temps et sa gestion par les Russes

« Beaucoup d'eau coule sous le pont en une heure de temps russe »
« N'anticipe pas sur l'avenir »
« Qui trop se hâte reste en chemin »
(dictons russes).

Nombre de particularités du caractère ainsi que des comportements stéréotypés des Russes ont déjà été décrits dans des ouvrages spécialisés. Certains de ces traits n'ont, toutefois, jamais été abordés, car ils restent incompris, bien qu'ils déconcertent l'étranger qui les rencontre. Il s'agit, plus précisément, de la *notion du temps* chez les Russes.

Première particularité : depuis longtemps déjà, on a constaté que le Russe est plus enclin à examiner le chemin parcouru qu'à faire des projets pour l'avenir, il regarde plus souvent *en arrière* qu'en avant. Comme le disait l'écrivain Tchekhov, « le Russe aime à se souvenir sans se satisfaire de l'existence qui lui est donnée » (récit *La Steppe*). Ce n'est pas pour rien que le Russe éprouve du mépris pour celui qui ne se rappelle pas son passé, celui qui « est oublieux comme un coucou ».

On peut s'en convaincre en parcourant la littérature russe classique. Le sujet de nombreux romans ou contes célèbres est construit à partir de souvenirs de conteurs (des compagnons de route ou de beuverie occasionnels), de l'histoire incroyable qui leur est arrivée et comment elle a « bouleversé » leur vie.

Le passé est très important pour le Russe. La *nostalgie* de l'enfance, de l'adolescence, du premier amour, des endroits où il a vécu autrefois, le caractérise. Bien entendu, cette particularité explique pourquoi les Russes ont du mal à s'acclimater, une fois émigrés : la nostalgie est trop forte chez eux. Et l'on retrouve cette particularité psychologique chez les Russes âgés et moins âgés d'aujourd'hui, nostalgiques de l'« Atlantide », l'URSS, de la patrie de leur enfance et de leur jeunesse.

Pourquoi le passé est-il si important pour le Russe ? Précisément parce qu'il recherche dans les faits passés la raison secrète de ses actes futurs, un soutien moral, une consolation, la justification de sa propre conduite, la raison de ses choix. Ce n'est pas en vain que l'on dit que « le Russe a l'esprit de l'escalier ».

Mais il ne faut pas interpréter ce dicton dans le sens que le Russe est niais ou qu'il a l'esprit lent. Ce proverbe signifie qu'il est *plus circonspect qu'il n'est prévoyant.* Ce qui revient à dire qu'il enregistre mieux les conséquences et les résultats, qu'il analyse mieux le passé qu'il ne fixe des objectifs pour l'avenir et s'organise pour les atteindre. Il faut tenir compte de cette particularité de l'archétype russe dans vos relations d'affaires avec eux.

Deuxième particularité de l'archétype russe : ce n'est pas tant la logique que l'*humeur*, les *émotions*, le vécu personnel, le cours même de la vie qui décideront de la priorité des tâches à accomplir.

Cela concerne surtout le *temps dans la vie privée* : là le Russe peut vraiment décontenancer l'étranger, changer ses plans inopinément (selon les circonstances de sa vie privée, son humeur, etc.) – être en retard, annuler au dernier moment le rendez-vous prévu, ne pas remplir ses obligations, etc. Et ce qui frappe souvent l'étranger, c'est qu'après cela, il ne cherchera même pas à s'expliquer et à présenter ses excuses. Ce comportement des Russes (tout comme celui des autres peuples sur le territoire russe) a de quoi interloquer les Occidentaux, habitués, en toute occasion, à se comporter en temps et heure – de façon rationnelle, logique et pragmatique. Ces discordances ont, certes, leurs inconvénients, surtout dans les relations d'affaires, et il faut les prendre en considération.

On peut, bien entendu, tenir ces traits de caractère des Russes pour un manque de discipline, de l'instabilité et même de la fausseté. Et c'est comme cela qu'ils sont le plus souvent interprétés – de façon extrêmement négative.

Mais on peut aussi les percevoir différemment – comme le résultat d'une relation particulière des Russes à la vie, comme leur aptitude à dépasser le cadre habituel et étroit de l'existence. L'individu peut très bien vous avoir fait une promesse en toute sincérité, croyant pouvoir la tenir. Mais de nouvelles circonstances dans sa vie accaparent à présent son esprit. Et ses priorités ont, du coup, changé… Les obligations contractées précédemment lui paraissent moins importantes sous la pression des nouveaux événements. « Pour vivre sa vie, évitons de traverser le champ » : par ce dicton, on entend qu'il est impossible d'éviter tous les problèmes. Pour cette raison, il faut « vivre maintenant l'instant présent », et pour le reste, « comme Dieu le juge nécessaire »…

Par rapport à cela, les Russes rappellent les Grecs qui, comme on le sait, assimilaient la ponctualité au zèle au travail et appréciaient par-dessus tout leurs loisirs, leur vie privée et tout ce qui était associé à elle sur le plan des émotions.

Les Russes ont un rapport différent au *temps de travail*. La grande majorité de la population du pays, de génération en génération (surtout à l'époque soviétique), percevait son travail comme une redevance publique qui, de façon générale, ne correspondait pas à l'apport réel de la personne. Pareil pour le salaire, qui n'avait rien à voir avec la contribution de chacun. Les gens avaient pris l'habitude (surtout ceux qui n'étaient pas impliqués dans la production directe) de ne tenir aucunement compte des horaires de travail : arriver en retard, partir plus tôt que les horaires fixés, faire traîner en longueur la pause du déjeuner, boire du thé et bavarder durant les heures de travail faisaient partie du mode de vie. Et les nombreux films, spectacles, récits d'écrivains contemporains en témoignent.

Ce comportement choque les étrangers. Il leur faut se tenir prêts (même si la réunion fixée a lieu pour préciser quelques détails techniques) à différentes éventualités : à ce que, soudain, la personne indispensable fasse défaut et à ce que personne ne soit là pour la remplacer... Aujourd'hui, heureusement, les gens dans les entreprises privées touchent un salaire proportionnel à leur contribution au travail et le comportement professionnel change pour le mieux.

Troisièmement, le temps pour les Russes, comme pour tous les Orientaux, est *cyclique*. Chaque jour, le soleil se lève et se couche, les années se suivent. Les gens vieillissent et meurent et leurs enfants recommencent tout depuis le début. C'est pour cette raison que le passé est omniprésent dans la pensée des Russes. Cette idée est confirmée par l'étymologie du mot *vremia* (« temps » en russe) : il provient du vieux slave *veremia* et est lié aux mots *vertet* (« tourner »), *vereteno* (« quenouille »). Ainsi la perception du temps dans l'inconscient russe est cyclique et liée à l'idée de répétition.

Comparez ce mot à son équivalent allemand *die Zeit* (« le temps ») qui vient du verbe *ziehen*, qui signifie « tirer ». Comme nous le voyons, dans la langue allemande, l'idée du « temps » repose sur un mode linéaire. Ce qui se traduit dans les comportements stéréotypés des Allemands : il est difficile de rivaliser avec eux pour ce qui est de leur effort constant vers un but, leur ponctualité rigoureuse. Et si ces qualités font défaut aux Russes, c'est parce qu'ils « observent la vie avec d'autres yeux », leur optique est différente.

La différence de perception du temps a des conséquences importantes dans la pratique. L'Occidental résout le problème « de façon linéaire », en procédant « par étapes », en tenant compte des avantages d'aujourd'hui et en allant droit au but. Peu importe ce qui s'est passé hier ou dans le passé : il est tout axé sur le futur.

Mais avec la perception cyclique du temps des Russes, les décisions se prennent différemment en affaires. C'est comme si les Russes, inconsciemment, *regardaient toujours vers le passé*, ne le perdant pas de vue. Le passé est, pour eux, la raison cachée et le fondement de toute décision. Ils ne sont pas si présomptueux dans leurs plans pour le futur, dans la mesure où ils sont persuadés que ce dernier ne peut être maîtrisé, c'est le destin qui en décide : « N'anticipe pas le futur. » On ne peut qu'adoucir son destin en vivant en harmonie avec la nature et, surtout, avec les gens qui vous entourent.

Pour cette raison, selon la logique du Russe, il ne sert à rien de prendre des décisions dans la minute même, il vaut mieux réfléchir, « soupeser », « tourner sept fois la langue dans sa bouche » avant de décider de quelque chose. Et, de façon générale, il vaut mieux reporter la décision finale, car « la nuit porte conseil ».

On est loin de la règle occidentale qui conseille de « ne pas remettre au lendemain ce que l'on peut faire le jour même ». À l'époque soviétique, on s'était amusé à le transformer en « Ne remets pas au lendemain ce que tu peux faire le surlendemain ».

Outre le « fatalisme russe », le refus de planifier à long terme s'explique par la brutale réalité de la vie russe : la baisse du niveau de vie de la grande majorité de la population au cours des dix dernières années, le manque de garanties offertes par l'État, la survie au quotidien, le changement brutal de conjoncture politique et économique dans le pays – tout cela met un frein et rend absurde la formation de projets de vie à long terme.

13. Les particularités confessionnelles des Russes

Le caractère particulier du peuple russe fait l'objet d'une multitude d'ouvrages par des philosophes tels que N. O. Losski, N. A. Berdiaïev, N. Ilyine, L. P Korsavine et d'autres (voir Bibliographie). Tous s'accordaient pour dire que « l'esprit russe est empreint de religiosité[69] ».

Convenons avec eux que, pendant presque 1 000 ans, la religiosité a été au cœur de l'archétype russe. Toutefois, à l'époque soviétique, l'Église russe fut pratiquement anéantie, pillée et humiliée lorsque les popes furent contraints de coopérer avec le KGB, lui fournissant des informations. Elle survécut, toutefois, par miracle et conserva une étincelle de vie. Et depuis le début de la perestroïka, on peut même parler d'un renouveau de l'esprit religieux russe.

La Russie est un État multiconfessionnel ; le christianisme, l'islam, le bouddhisme et le judaïsme y sont représentés. N. Margelova, directeur de l'Institut des religions, au cours de l'émission de télévision « La voix du peuple » l'hiver 2001, a signalé que 11 000 paroisses *orthodoxes*, 4400 paroisses *évangélistes* et 258 paroisses *catholiques* étaient en activité en Russie. Bien entendu, les orthodoxes, par tradition, prédominent.

Une étude sur la vie religieuse dans la Russie d'aujourd'hui dépasse, bien évidemment, le cadre de cet ouvrage. On sait seulement que l'Église orthodoxe joue un rôle important dans la vie de la communauté. Elle a, bien sûr, perdu de son influence et il est peu probable qu'elle retrouvera dans le futur le rôle qu'elle avait avant la révolution de 1917.

Toutefois, à la différence des autres institutions nationales, elle jouit d'une forte confiance au sein de la population. En tout cas, d'après les résultats des sondages d'opinion publique, 54 % des personnes interrogées (soit plus de la moitié) ont déclaré leur attachement à l'orthodoxie, cependant que 46 % d'entre eux se déclaraient athées.

Nous ne sommes pas en mesure de vous transmettre des données plus précises ; en fin de compte, la liberté de conscience existe. Pour cette raison, nous ne pouvons que vous transmettre une atmosphère...

On peut, sur ce plan, rappeler les reportages télévisés diffusés dans le monde entier montrant les hommes politiques de la première vague démocratique, B. Eltsine, Khasboulatov et Jirinovski, se signant maladroitement, une bougie à la main. Il est de bon ton désormais d'aller à l'église, de se faire baptiser, de se marier religieusement et d'endurer stoïquement les très longues liturgies. Il se peut que ces actes soient destinés aux médias ; les dirigeants y apparaissent ainsi plus humains, plus proches du peuple.

On ne peut toutefois parler d'un renouveau de la conscience religieuse, même si plus de la moitié de la population russe se dit orthodoxe et que porter une croix est devenu à la mode. La véritable foi se transmet de génération en génération dès le plus jeune âge et non sur décision de l'ancienne nomenklatura politique.

Toutefois, même en supposant que le profond esprit religieux qui animait les Russes autrefois a disparu par suite de cruelles persécutions, cela ne s'est pas fait sans laisser de traces dans leur conscience et cet esprit a été préservé tout au moins dans la langue. Par exemple, tout individu (qu'il soit croyant ou athée) n'arrête pas à longueur de journée de prononcer le mot *spasibo* (« merci ») et s'adresse en cela inconsciemment à Dieu, lui demandant de l'aider et de le « sauver ». *Spasibo* en russe est formé du verbe *spasti* (« sauver ») et de *bo* (pour *Bog*, « Dieu »). Au Moyen Âge, on remerciait en disant *spasi (tebia) Bog* (« je demande merci à Dieu »). De même, l'expression *Gospodi, Bojie moï!* (« Seigneur, mon Dieu ! ») est fréquente en Russie pour exprimer l'enthousiasme, l'effroi, le ravissement sous le coup d'une forte émotion – surtout dans la bouche d'une femme. Alors que chez un Occidental, elle apparaîtrait aujourd'hui quelque peu archaïque.

Sans entrer dans des considérations théoriques, on peut noter certaines particularités confessionnelles de l'Église orthodoxe.

Premièrement, par rapport au catholicisme, l'orthodoxie est plus intime, c'est une religion populaire. Les cas d'intégrisme, d'opposition ou de guerre religieuse, y sont rares comparativement. Lors de leur conversion au christianisme, les Russes ont reçu les Saintes Écritures non en langue étrangère (latin, grec ou hébreu) mais dans la traduction accessible des apôtres slaves Cyrille et Méthode – à la différence de nombreuses autres nations prosélytes.

Dans la « Rus » (ancienne Russie), il n'y avait pas d'érudition monastique de type européen (avec la connaissance du latin, de la philosophie, de l'histoire et de la littérature romaines). Alors que c'est à partir de ce savoir que les universités sont apparues et que les arts se sont développés en Europe. Les popes et les monarques de la « Rus » n'étaient pas tenus d'étudier les langues anciennes et les sciences. Ce qui explique le retard accumulé peu à peu par la Russie dans les sciences et les technologies – une lacune évidente de son héritage historique, du moins du point de vue matérialiste et cartésien.

Deuxièmement, dans les conditions actuelles, l'orthodoxie russe apparaît comme une religion plus archaïque et traditionnelle. Les prières sont dites en vieux slavon, langue artificiellement créée par des bibliothécaires bulgares pour traduire les livres saints. Elle est incompréhensible même aux individus instruits. Le Russe ne comprend pas toujours mot à mot le sens de sa prière.

Troisièmement, l'orthodoxie contient des injonctions assez sévères : il est défendu aux femmes d'entrer dans une église maquillées et dans une tenue incorrecte, les pantalons leur sont interdits, elles doivent se recouvrir la tête d'un foulard ou d'une écharpe et leur corps doit être entièrement dissimulé aux regards, quelle que soit la température extérieure.

De plus, les Russes sont tenus de jeûner *volontairement* presque *la moitié de l'année*, c'est-à-dire qu'ils ne doivent pas consommer de viande ou de produits d'origine animale. Et durant les six semaines qui précèdent Pâques, il leur faut suivre un régime particulièrement sévère et strict. De nombreux Russes suivent ces traditions non pas tant pour des raisons religieuses que pour des raisons de diététique.

De façon générale, il vous faudra respecter et suivre les injonctions de l'Église russe même si vous n'êtes qu'un observateur étranger ou un touriste.

Quatrièmement, assister à une liturgie russe est une expérience qui sort de l'ordinaire pour un étranger. D'une part, l'atmosphère chaleureuse, les icônes magnifiques et les chants extraordinaires vous plongeront dans le ravissement. Mais, par ailleurs, il est impossible de s'asseoir et d'être confortablement installé dans une église russe. Pendant plusieurs heures, il faut être debout, s'incliner jusqu'à terre, se mettre à terre, embrasser l'icône, même si beaucoup d'autres l'ont embrassée avant vous... Sachez toutefois que ce n'est pas l'icône même mais le bord de celle-ci ou son revêtement d'argent qu'il convient d'embrasser. Bref, la liturgie est une expérience inoubliable mais peut aussi se révéler éprouvante !

Cinquièmement, il convient de rappeler les relations tendues entre orthodoxes et catholiques. Et cette tension, loin de s'amenuiser, ne fait que se renforcer. Il suffit de rappeler, par exemple, le tollé que déclencha, début 2002, l'Église catholique dans les médias russes : le ministère des Affaires étrangères – c'est-à-dire le gouvernement – fut même obligé d'intervenir à cette occasion. Le litige commença avec la question d'une émission télévisée en direct entre le pape de Rome et les catholiques de Russie. Le patriarche Alexeï II qualifia ce projet d'« ingérence de la confession catholique en territoire russe ».

Et *dernier point* : les traditions de l'orthodoxie font que tous, y compris ceux qui ont réussi dans les affaires, sont tenus « pour leur conscience » de sacrifier une part de leurs revenus aux œuvres de l'Église, aux orphelins et aux nécessiteux.

C'est là que réside le secret de la transformation radicale des grandes villes de Russie. Au cours des dix dernières années, d'innombrables églises (pas seulement orthodoxes) ont été recouvertes d'or et richement décorées, des palais ont été restaurés… Et cette splendeur n'est pas le fruit de la générosité ou d'un excès de patriotisme du gouvernement et de ses fonctionnaires. Elle existe grâce aux sacrifices, aux fonds et à la prospérité d'une multitude d'individus.

14. Le phénomène de l'alcoolisme

Les *Izvestia* (journal national) du 22 février 2002 et Internet ont fait circuler une information qui a fait beaucoup de bruit. Il y était question d'« un banquet russe qui aurait causé la mort d'un expert français ». Il y a trois ans à Naltchik, un Français de 44 ans est décédé d'une intoxication alcoolique : il avait passé la nuit à boire de la vodka avec des collègues russes. Sa veuve se vit refuser le versement d'une pension et elle engagea un procès avec l'aide de la Sécurité sociale. Le tribunal établit que la veuve avait droit à la pension, car l'accident avait eu lieu « sur le lieu de travail », que les employeurs du défunt auraient dû prendre en compte la « spécificité russe » ; ils étaient donc responsables de leur collaborateur. Il avait pour mission d'établir des relations avec des collègues en Russie, relations qui s'accompagnent des libations traditionnelles.

L'idée de « boire un coup pour faire passer la gueule de bois » était totalement inconnue du Français. Les employeurs étaient, eux, forcément au courant de cet aspect de la vie russe mais ne l'avaient pas pris au sérieux et n'avaient pas mis en garde leur collaborateur, et ce dernier le paya de sa vie. Ils allaient répondre de leur légèreté. Afin d'éviter que ce cas ne se reproduise, il faut connaître le phénomène de l'alcoolisme en Russie et pas seulement par ouï-dire.

Le penchant pour les boissons fortes – une tradition de longue date – était déjà connu dans la « Rus ».

Premièrement, il est lié au climat froid : l'alcool réchauffe sensiblement par temps froid. Le vin ne pousse pas en Russie. C'est pourquoi on utilisa au début du miel, de la bière, du vin fait à partir de pain. La vodka ne fit son apparition qu'au XVe siècle.

Deuxièmement, le rire et la boisson sont indissociables dans l'esprit des Russes. Au Xe siècle, le grand prince de Kiev, Vladimir, choisit de se convertir au christianisme aussi parce que celui-ci ne s'opposait pas à la vieille tradition « La joie de la Rus est de boire… on ne peut vivre sans elle. »

Cette tradition s'est perpétuée de la haute Antiquité à nos jours. Les statistiques font de la Russie le leader mondial en quantité d'alcool absorbée par habitant, devançant les pays traditionnellement « grands buveurs » tels que la France, le Portugal, l'Italie, l'Allemagne et la Hongrie.

De l'avis des médecins, la consommation de boissons fortes en Russie dépasse les normes admises. Pour éviter des dommages irréversibles à la santé, cette consommation ne doit pas dépasser les 10 litres d'alcool dans l'année, or elle atteint les *13-15 litres* par individu *(femmes et enfants inclus)* en Russie[70]. Les Russes demeurent les leaders dans la consommation d'alcool, bien qu'ils soient conscients de perdre 9 à 22 années de leur vie des suites de maladies dues à l'alcoolisme.

L'alcool « qu'on fait soi-même » cause encore plus de ravages, provoquant la mort d'environ 35 000 personnes chaque année, en particulier dans la province russe. Ainsi dans les petites villes et à la campagne, où il est difficile de trouver du travail, l'alcoolisme fauche les jeunes hommes, soit la population la plus active et la plus apte au travail.

Il est incontestable que l'alcoolisme est aussi la première raison pour laquelle les femmes vivent 13-14 ans de plus que les hommes dans le pays, et cet écart reste stable ; les hommes boivent infiniment plus et plus fréquemment.

Cette situation est catastrophique pour le pays tout entier. Comment expliquer cette calamité qui tue silencieusement un nombre important de gens sans aucune guerre ?

Il faut mentionner la tradition de l'*hospitalité* russe qui vient du fond des âges et selon laquelle il est impensable de se mettre à table sans boissons fortes. Et enfin le *climat* qui joue, bien entendu, un rôle important.

La *troisième raison* est d'ordre purement *physiologique*. Vous avez sûrement déjà remarqué que l'alcool agit différemment sur les individus.

Pour certains, il suffit d'une chope de bière pour qu'ils montrent tous les signes de l'ivresse : visage rouge, agitation extrême, etc. Alors que d'autres peuvent tranquillement « se descendre » une bouteille de vodka sans que cela affecte leur état... Cela ne dépend pas tant de la quantité et de la qualité d'alcool ingurgitée que de l'activité du ferment qui oxyde l'alcool, l'aldéhyde acétique. Selon les individus, le taux d'activité de ce ferment peut être multiplié *par dix*! Chez les populations de type mongol, par exemple, ce taux est très bas, ce qui explique pourquoi une chope de bière suffit à les enivrer. Les Européens ont, généralement, un taux élevé d'activité de ce ferment. C'est pourquoi ils supportent mieux l'alcool que les populations de type mongol et ne tombent pas dans une forte dépendance alcoolique. Le comportement des gens, aussi paradoxal cela soit-il, dépend non seulement de leur éducation ou de leur bon sens, mais aussi de la composition physiologique de leur sang. Sur ce plan, les Russes occupent une place intermédiaire (comme dans beaucoup d'autres choses, du reste) entre les Européens et les populations de type mongoloïde[71]. Dans l'ensemble, les Russes ont un taux élevé de ferment « alcoolique » dans le sang, ce qui signifie qu'ils supportent bien l'alcool, peuvent boire beaucoup de vodka et rester « lucides » : même consommé en forte quantité, l'alcool ne les rend pas malades. Ces qualités physiques, positives à première vue, causent parallèlement leur perte. En raison de ce qu'ils supportent bien l'alcool, les Russes s'y habituent vite et tombent dans la dépendance.

D'autres raisons contribuent aussi à l'alcoolisme actuel des Russes. Le facteur *psychologique*, par exemple, grâce auquel l'alcool joue un rôle à la fois dévastateur et positif avec son action anesthésiante. L'alcool a, des siècles durant, servi d'exutoire aux Russes, il leur permettait d'« oublier » le despotisme du maître, l'arbitraire des autorités, l'angoisse et la tristesse de la vie quotidienne. Cette forme d'exutoire a été conservée au cours des quinze années de la « thérapie de choc » menée récemment en Russie. Les Russes qui s'abstiennent de boire sont beaucoup plus nombreux (47 %) à dire qu'il « ne leur est plus possible de supporter leur situation difficile », alors que seulement 20 % des ivrognes expriment la même chose[72]. Ce qui démontre bien que l'endurance et la soumission ne sont pas seulement des traits du caractère national. Elles proviennent, plus prosaïquement, de l'alcool.

Dans les conditions de vie actuelles en Russie, l'alcool a aussi un rôle *émancipateur* : il libère le Russe de ses soucis quotidiens, de ses obligations sociales, de l'autorité de l'État et renforce son « amour de la liberté ». Ce qui lui permet de s'adapter aux conditions de vie difficiles.

Mais il y a aussi une raison non négligeable à l'alcoolisme généralisé des Russes et qui est d'ordre purement économique. La vodka est très accessible en Russie, et en raison de son prix, et parce qu'il est facile de s'en procurer. Il se trouve toujours une échoppe ou un magasin ouvert 24 heures sur 24, 7 jours sur 7, qui en vend à proximité d'une station de métro, d'un arrêt d'autobus ou dans tout autre endroit fréquenté.

Quelles conclusions peut-on tirer de ce qui vient d'être énoncé ?

Premièrement, il ne faut pas considérer le penchant des Russes pour les boissons comme la manifestation de « mœurs barbares ». Les raisons de ce phénomène sont multiples : historiques, physiologiques et économiques. Prises ensemble, elles sont encore renforcées par l'insatisfaction de la vie actuelle en Russie.

Deuxièmement, cette ancienne habitude russe de boire vous concernera inévitablement si vous vous préparez à faire des affaires en Russie. Il est peu probable que vous arriviez à échapper aux « banquets russes » au cours desquels on boit de la vodka. On sait que les gens qui ne boivent pas avec les autres ont peu de succès en affaires comme en d'autres domaines. Et cela ne date pas d'aujourd'hui.

Cette tradition s'est conservée jusqu'à aujourd'hui. Pour réussir en affaires, il faut savoir *où, avec qui et comment boire*. Il faut toujours l'avoir à l'esprit.

Mais il se peut très bien que vous rencontriez aussi un Russe qui ne supporte pas la vodka et ne connaisse que les bons vins. Une nouvelle génération a grandi qui a connu une jeunesse dorée, a étudié dans les universités étrangères, a une expérience multiple de la vie et a adopté un nouveau comportement stéréotypé calqué sur celui de l '« Occidental ».

Il n'est pas exclu que vous rencontriez ce type d'individus dans les échelons supérieurs du pouvoir et dans des entreprises sérieuses, notamment dans les grandes villes de Russie.

En conclusion, il convient de noter que, d'après les statistiques, la consommation de vodka a quelque peu diminué au cours de ces dernières années, alors que celle du champagne (pour fêter la nouvelle année, les mariages ou autres fêtes officielles) a augmenté, et encore plus celle de la bière. Cette dernière est devenue incroyablement populaire, cela saute aux yeux des téléspectateurs par exemple : une émission est régulièrement interrompue par une publicité de bière. La jeunesse en Russie en consomme beaucoup, au point que ça devient alarmant. Selon les experts, le penchant pour cette boisson ne peut qu'aboutir à un véritable alcoolisme.

Ainsi donc, le penchant traditionnel des Russes pour les « boissons fortes » a quelque peu évolué sans toutefois disparaître totalement…

Conclusion de la deuxième partie du livre sur les particularités ethno-culturelles traditionnelles des Russes

La comparaison entre les mentalités russe et occidentale a montré que la conscience russe de masse s'intéresse plus à l'*aspect humain* que pratique des choses[73]. Les Russes s'intéressent avant tout à l'individu et à son développement, aux sujets historiques, aux problèmes liés à la création, à la politique et aux rapports sociaux des gens.

La mentalité occidentale est plus rationnelle : elle accorde plus d'importance au « bon sens », à la logique et aux problèmes posés par l'édification de la société, tout en insistant sur des termes comme « tolérance », « égalité », « droit », institutions politiques, etc.

La conscience russe, elle, est plus idéaliste : elle recourt plus souvent à des expressions telles que « conception du monde », « relations entre personnes »…

Le Russe est marqué par les principes traditionnels qui régissent la société et influent sur sa formation, ses qualités attachantes et ses « vices ».

Il s'agit, *d'une part*, de son hospitalité, de sa franchise, de son esprit de camaraderie et d'entraide, de son empressement à aider quelqu'un dans le malheur, de sa confiance, de sa patience et de son manque de rancune…

Quelqu'un qui connaît bien la culture russe et les Russes et s'est lié d'amitié avec eux les considérera toujours avec sympathie. Qui plus est : il pourra même, sous leur influence, devenir, avec le temps, plus généreux, plus serein vis-à-vis de sa carrière et de sa réussite, plus large d'esprit, moins mesquin et moins affairé dans la poursuite d'objectifs matériels.

Les Russes, *d'autre part*, se caractérisent aussi par leur manque d'esprit pratique, leur légèreté face aux problèmes sérieux, leur manque d'assiduité au travail, leur manque de discipline, leur incapacité à planifier pour le futur et à concrétiser incessamment leurs projets, leur manque de véritable professionnalisme (plus manifeste dans leur incapacité à réaliser incessamment leurs obligations professionnelles que dans leur « ignorance »), le caractère trop « personnel » et émotif de leurs rapports, leur espoir puéril en la « chance », au « miracle »... parallèlement à leur penchant pour l'alcool et les fêtes exubérantes, leur désir de trouver un coupable et reporter sur lui la faute dans une situation difficile... Tous ces travers compliquent leurs relations avec les autres et contribuent, malheureusement, à la mauvaise réputation des Russes dans le monde des affaires, où ils sont perçus comme des Oblomov et des partenaires peu fiables.

Cela n'est toutefois pas tout à fait juste. Les Russes reconnaissent eux-mêmes ouvertement ne pas être des hommes d'affaires chevronnés. Jusqu'à ce que l'affaire les intéresse vraiment...

Les Russes sont des *enthousiastes*. Ils ont besoin d'avoir un but, un intérêt, pas forcément financier. Et si l'« affaire » les intéresse, si vous avez pu leur faire miroiter des perspectives et que vous avez réussi à établir avec eux des relations de confiance et d'amitié, vous ne pourrez trouver meilleur partenaire, quel que soit le domaine d'activité.

TROISIÈME PARTIE

Les valeurs socioculturelles contemporaines des Russes

1. Les nouvelles réalités et valeurs dans la Russie contemporaine

Il est devenu courant de penser qu'au cours des dix dernières années, la Russie a changé en même temps qu'ont changé la conscience et le comportement des Russes.

Après avoir fait le bilan des changements « révolutionnaires » intervenus en Russie, de nombreux analystes[74] notent que le principal concerne la *détérioration de la qualité de vie.* Il y a des causes objectives à cela.

Après la chute de l'URSS, la Russie s'est retrouvée privée des régions les plus méridionales de son territoire au sud et à l'ouest, elle a perdu la moitié de sa population, 40 % de son produit national brut et un quart de son territoire. Ses richesses naturelles se trouvent dans des zones au climat très dur. L'extraction de 70 % du pétrole et du gaz russes demande infiniment plus d'efforts que dans d'autres régions du monde. Son produit intérieur brut classe la Russie parmi les *deux cents derniers pays du monde.* Selon les calculs des experts d'Interfax effectués à partir des statistiques officielles russes, le produit intérieur brut a baissé de 27 % au cours des dix dernières années, alors que les prix à la consommation ont augmenté de 10 139 fois depuis novembre 1991 (!). La production industrielle a été réduite de 35 %, les investissements en capitaux ont diminué de 3 fois. Les revenus réels des Russes, compte tenu de l'inflation, ont diminué de près de 2 fois (47 %) entre 1992 et 2001.

Il est souvent question de la baisse rapide de la population et de la détérioration de la santé dans les médias. La population de Russie diminue de près de 1 million de personnes par an. Le taux de mortalité des Russes dépasse de 2,5 fois les indicateurs mondiaux[75]. Les accidents de route jouent un rôle crucial : la moitié d'entre eux entraînent la mort de piétons. On sait que la durée de vie moyenne d'un homme est de moins de 58 ans, celle d'une femme de moins de 73 ans. Ces moyennes sont inférieures à celles que l'on trouve en Mongolie, au Viêt Nam et en Égypte... et pour ce qui est de celle des hommes, elle équivaut à celle du Botswana ou du Lesotho[76]!

L'opinion de l'académicien I. Arnold, publiée dans les *Izvestia*[77], est encore plus effrayante : selon lui, la baisse de la durée de vie moyenne sur 10 ans, à l'échelle de la Russie, serait équivalente au passage simultané par les armes de près de 40 millions de citoyens. Ces faits et chiffres sont exploités dans de nombreux médias, mais le «business» journalistique n'est pas notre propos.

En même temps, comment ne pas constater les changements radicaux auxquels la société russe commence à s'habituer? Elle les considère à présent souvent comme un dû, oubliant facilement les terribles réalités qu'étaient le Goulag, le sévère contrôle idéologique et politique, la bureaucratie de parti dans tous les domaines de la vie privée et sociale, la pénurie générale, les cartes de rationnement, les queues interminables pour des produits de première nécessité, etc.

Il existe aujourd'hui en Russie des institutions et une liberté inconcevables pour plusieurs générations de Russes : une constitution libérale, des élections libres, le multi-partisme, l'opposition, un parlement, des médias libres, une production cinématographique non censurée, la liberté de se déplacer dans le pays et à l'étranger, la liberté de conscience, la liberté d'entreprendre, l'initiative personnelle, la totale liberté culturelle, le boom théâtral et éditorial, etc. Ces réalités doivent être considérées comme un véritable bond en avant. Malheureusement, ce ne sont pas des faits qui retiennent particulièrement l'attention des journalistes. Alors qu'il y a encore seulement 10-15 ans, de nombreuses générations de Russes n'auraient pu croire en leur avènement!

Les journalistes et les hommes politiques évoquent encore plus rarement le fait que, depuis 1998, *une famille sur trois* possède déjà sa voiture (autrement dit, le nombre de voitures particulières a été multiplié par 5!); que 32000 kilomètres d'autoroutes ont été construites ces dernières années (ce qui n'empêche pas les bouchons permanents sur les routes); que le nombre de téléphones a augmenté de 40 % chez les particuliers et que le nombre de communications téléphoniques à l'international a été multiplié par 12.

La mortalité qui avait tendance à augmenter ces dernières années est de nouveau retombée au niveau de 1990. La jeunesse qui, il y a 3-4 ans, refusait d'étudier et préférait « s'occuper de business » (vendre de l'alcool dans les kiosques) se rue à présent dans les instituts et passe des concours auxquels se présentent quinze personnes pour une place ! Il y a aujourd'hui en Russie 264 étudiants pour 10 000 habitants, soit 20 % de plus que les meilleurs scores de l'ère soviétique.

Les Russes eux-mêmes, à la question de savoir si leur *bien-être* s'est amélioré ces dernières années[78], répondent, pour la majorité, de manière pas trop alarmante : pour la moitié d'entre eux, la réponse est « oui » ; pour 20 %, « rien n'a changé ». Seulement 11 % reconnaissent que « les choses sont bien pires » et 15 % que « leur situation s'est un peu détériorée ». Comme nous le voyons, même les Russes qui ne sont pas réputés pour être de grands optimistes, nous amènent à tirer des conclusions pas trop pessimistes. En outre, la situation politique et économique en Russie change constamment et de façon si brusque que les chiffres doivent être actualisés tous les 2-3 ans.

En observant les nouvelles réalités de la vie russe au cours des dernières 10-15 années, le modèle des « montagnes russes » nous revient de nouveau à l'esprit avec ses tournants imprévisibles et ses changements précipités. Car bien que la Russie ait subi d'immenses pertes dans tous les domaines de la vie, elle n'a pas succombé, elle s'est relevée et, tel le phénix, elle renaît de ses cendres.

Pour évoquer la vie actuelle des Russes, nous allons nous efforcer d'exposer les faits objectivement en recourant à l'étude « Dix années de réformes vues par les Russes ». Ce travail a été réalisé par l'Académie russe des sciences (Institut des recherches sociales approfondies) et l'Institut russe indépendant des questions sociales et nationales en coopération avec la fondation du nom de Friedrich Hebert (Allemagne). Le recours à des chiffres concrets nous permettra de comprendre ce que pense le peuple et comment ses opinions reflètent celles de l'élite qui a accès à la tribune publique. Les sondages ont été menés de 1991 à 2001 sur tout le territoire russe. Ils montrent combien, en dix années de réformes, les opinions des gens ont changé sur un très large éventail de questions – de l'attitude envers la libre entreprise aux tabous sexuels. Avec des résultats que les analystes jugent eux-mêmes surprenants.

Il faut noter dans l'ensemble que la majorité des Russes se sent accablée par la *dégradation* du pays que pratiquement tous les indicateurs attestent. Ce n'est pas un hasard s'ils considèrent de façon largement *négative* la période actuellement traversée par leur pays : ils évoquent « la criminalité et le banditisme », l'« avenir incertain », les « conflits nationaux », « la corruption et les malversations », l'« absence de spiritualité », la « situation économique difficile », l'« injustice sociale », etc. Les gens s'inquiètent aussi beaucoup de ce que la Russie ne soit plus considérée comme un pays développé.

Il faut toutefois considérer ces réponses pessimistes des Russes en tenant compte des particularités de leur caractère national, soit le *fatalisme*, leur tendance à exagérer les *aspects négatifs du quotidien* et à faire une fixation sur eux, de même que celle à ne pas associer étroitement le sentiment de *bonheur* et les aspects *matériels* de la vie (voir 1re partie, § 5 ; 2e partie, chap. 2, § 1 ; chap. 3, § 1).

Le *jugement négatif* porté par le Russe moyen sur la décennie de réformes implique la recherche d'un coupable. Et pour la première fois dans leur histoire, 30 % des Russes[76] estiment qu'« ils sont eux-mêmes coupables ».

Le plus dur pour les Russes est que le passage de la société à l'économie « de marché » et à la démocratie a été accompagné d'un effondrement du système social précédent, de ses structures politiques, économiques et sociales parallèlement aux comportements stéréotypés des citoyens qui leur étaient associés. La société qui semblait soudée s'est littéralement scindée en groupes dont l'orientation diverge sur pratiquement toutes les questions d'ordre politique, économique et social.

Les questions fusent : *En quoi la conscience des Russes a-t-elle précisément et concrètement changé ? Comment se sont modifiés les schémas traditionnels de conscience et de conduite sociale ? Comment sont-ils intégrés aux nouveaux rapports sociaux ? Quels sont les Russes qui se sont adaptés aux nouvelles conditions de vie et quels sont ceux qui ne l'ont pas pu ? Et pour quelle raison ?*

Selon les critères en vigueur, la société russe actuelle est une *société de transition, en pleine évolution.* Analyser l'humeur des individus dans cette société n'est pas une tâche facile, tout comme il n'est pas facile de cerner et d'expliquer les phénomènes de transition qui ne sont pas encore totalement structurés mais seulement esquissés.

2. La sécurité et la légalité dans la Russie actuelle

Le problème de la sécurité personnelle se pose pour tout individu qui s'apprête à se rendre en Russie.

Premièrement, les médias ne nous épargnent pas tous les détails sur le sujet. Au point de donner parfois l'impression que tout journaliste occidental met un point d'honneur à dénicher un sujet tragique ou abominable tiré de la réalité russe. Avec pour résultat que les Occidentaux sont si effrayés par la criminalité paraissant sévir en Russie qu'ils se demandent presque, en plaisantant, si un gilet pare-balles ne leur est pas nécessaire pour se rendre dans ce pays.

Deuxièmement, la légalité dans la Russie actuelle a de quoi susciter les craintes. Les journaux mais aussi la radio et la télévision en parlent ouvertement. Pour la première fois, le procureur général de la Fédération de Russie a publiquement évoqué face à la gravité de la situation dans son discours à l'Assemblée nationale[79].

La criminalité galopante dans le monde inquiète de plus en plus les simples citoyens des pays concernés. Les événements qui se sont déroulés durant la campagne électorale au printemps 2002 en France en témoignent. Toutefois la situation spécifique de la Russie au cours des dix dernières années n'a fait que renforcer cette tendance générale.

Le discours prononcé par le procureur général de Russie en avril 2002 est alarmant. En voici quelques chiffres : 1 *meurtre*, 4 *cambriolages* et près de 40 *vols* se produisent *toutes les 10 minutes* dans le pays ; 2 millions de citoyens ont été les victimes de criminels l'an passé et, selon différentes estimations, près de 600 milliards de dollars seraient sortis du pays au cours des dix dernières années.

Le plus consternant, ce ne sont pas les chiffres eux-mêmes mais leur tendance à augmenter sans arrêt. Le nombre de délits[80] répertoriés l'an dernier n'a pas baissé, bien au contraire – il a augmenté de 0,5 %. Les meurtres prémédités se sont aussi accrus de 5,5 %. Les crimes, de plus en plus souvent planifiés à l'avance, sont bien organisés. Il est horrifiant de constater que les bandes de délinquants sont souvent des adolescents que l'on ne peut même pas condamner sérieusement conformément à la législation et qui reçoivent donc des punitions symboliques.

Toutefois, la plupart des meurtres (près de 80 %) se déroulent comme avant, dans le cadre de la *vie quotidienne.* Le cas classique, par exemple, est celui où deux « amis » associés en affaires se sont mis à boire, se sont emportés, et la dispute s'est terminée au couteau – une situation courante en Russie, difficilement concevable en Europe. Les variantes en sont multiples. Les désillusions profondes, l'insatisfaction et l'aigreur, l'impulsivité, des sentiments poussés à l'extrême conjugués à une vodka « trafiquée » de mauvaise qualité suffisent à créer l'incident.

De l'avis des analystes, la violente fracture sociale n'a fait que renforcer l'agressivité en société : après des décennies de pauvreté générale, la population de Russie s'est brusquement scindée en couches sociales connues autrefois des Russes uniquement à travers les livres et le cinéma. La conscience humaine n'a pas toujours eu le temps de s'adapter aux nouvelles réalités. Il est difficile aux gens d'accepter que quelqu'un s'enrichisse très rapidement sous leurs yeux, du reste de façon souvent illégale. Cette rupture avec le passé provoque de fortes tensions sociales.

Elle explique aussi le changement d'orientation de vie, en particulier chez les jeunes. Ce n'est pas un hasard si 10 % de tous les crimes sont commis par des adolescents totalement mineurs. Les derniers sondages d'opinion publique montrent pour la première fois que, pour une nouvelle catégorie de gens, ce ne sont pas tant les valeurs russes *traditionnelles* (par exemple, la « famille », la « santé », les « amis », le « respect de l'entourage », etc.) (cf. 2e partie, chap. 3, § 2, et 3e partie, § 7) que le *bien-être personnel* et l'*aisance matérielle* qui importent. Du reste, la façon dont cette dernière a été acquise importe peu.

La *toxicomanie* a pris des proportions inquiétantes. Le nombre de crimes liés au commerce de la drogue augmente chaque année. En provenance d'Afghanistan, les drogues ont rapidement envahi le marché russe après avoir transité par le Tadjikistan, et aujourd'hui, hélas, on ne se trouve pas un seul endroit habité en Russie, même dans la province la plus reculée, où ce poison ne soit connu. Quant à la police, elle n'arrive à mettre la main que sur les petits dealers ou des consommateurs, mais on ne connaît toujours pas de cas où les organisateurs de trafics de drogue aient été arrêtés.

Le nombre de crimes est, bien sûr, impressionnant. Mais la perte de confiance en l'État pour trouver les coupables dans le pays se révèle encore plus inquiétante ; les Russes croient encore moins en la possibilité d'une condamnation appropriée ou en la réparation des préjudices subis. 90 % des citoyens ne font aucune confiance au parquet[81].

Les Russes ne font pas plus confiance à la police, au point de ne pas même rapporter les crimes à ses agents. Dans sa lutte contre la criminalité, la police est en effet plus soucieuse d'afficher ses « bons résultats » vis-à-vis de ses supérieurs que de concentrer ses efforts en vue de protéger le citoyen. La pratique courante est de dissimuler certains crimes non évidents. Comme on peut le constater, le rapport des Russes à la police est totalement différent de celui que l'on peut avoir en Europe ou en Amérique.

Traditionnellement, la corruption est le point faible des organes chargés de faire respecter le droit. La pratique du pot-de-vin chez les fonctionnaires ne date pas d'aujourd'hui ni de l'époque soviétique, mais ses origines remontent aux temps les plus éloignés. Les Russes ont un dicton très ancien : « Si tu ne graisses pas la patte, tu n'iras pas loin. » Et personne n'y a jamais trouvé à redire. Quel que fût l'objet convoité (une décision judiciaire, un certificat ou la copie d'un acte notarial, etc.), le Russe n'avait pas l'habitude de discuter et de « chercher justice » à chaque étape mais de se taire et de payer : cela était moins éprouvant et moins risqué et l'affaire était « expédiée » de cette façon.

Il en fut ainsi pendant des siècles. Et il en est encore ainsi aujourd'hui. Cela se perpétue même à grande échelle dans la mesure où *le nombre de fonctionnaires en Russie a augmenté de 1,8 fois* en 10 ans[82]. La fondation « L'informatique pour la démocratie » s'est livrée à une étude qui montre que près de la *moitié* de la population du pays et 60 % des hommes d'affaires estiment que « le pot-de-vin est une composante essentielle de notre vie ». De temps en temps, les journaux laissent filtrer une information sur la corruption dans les plus hautes sphères, et tous de s'indigner à qui mieux mieux.

Le plus souvent cependant, les gens préfèrent fermer les yeux sur la corruption au quotidien. Ou que vous vous adressiez, vous vous y trouverez confrontés. L'éventail des pots-de-vin est illimité, mais il y a de grands favoris : un pot-de-vin pour une assistance médicale « gratuite » coûte par exemple 600 millions de dollars l'année, l'entrée dans les prestigieux établissements d'enseignement supérieur 520 millions de dollars, le trucage de dossiers auprès de l'inspection automobile ou de la police 465 millions de dollars, le « rétablissement » de la justice au tribunal 275 millions de dollars, l'attribution ou l'accomplissement de toutes les formalités nécessaires à l'achat d'un appartement 123 millions de dollars. En gros, les dépenses minimales que la population russe consacre aux pots-de-vin représentent environ 3 milliards de dollars l'an. Et il est possible que cette somme soit 3 à 5 fois supérieure[83].

Les secteurs de l'économie où les « réseaux » corrompus se font particulièrement graisser la patte sont : l'exportation de pétrole, de gaz et de métaux, l'énergie électrique, les transports ferroviaires, les communications, le service de commandes de la défense nationale, l'intendance de l'armée, le commerce de gros[84]. Certes, la production et le commerce de vodka de pétrole ainsi que la production et la distribution de médicaments sont aussi corrompus. Dans certaines régions, les « leaders » en la matière sont l'industrie poissonnière, l'abattage et le commerce du bois, l'extraction et le traitement de l'or, les diamants, l'aluminium et les métaux précieux.

Les sphères où la corruption sévit le plus sont la santé publique et l'éducation, ce qui rend particulièrement difficile la vie des familles qui ont des enfants ou des parents malades. Les dirigeants de PME s'en sortent difficilement.

Comparé à la corruption qui règne dans les hautes sphères, le montant moyen d'un pot-de-vin n'est pas si élevé : 2 000 à 4 000 dollars « en tout ». Mais les concussionnaires ne laissent passer aucun homme d'affaires sans lui demander une « rétribution ». Et ce sont le contrôle et l'inspection qui « coûtent » le plus cher. La délivrance de documents de toutes sortes et la dissimulation d'erreurs dans les impôts représentent approximativement 60 % du marché total de la corruption. Les dépenses engagées pour l'« action non officielle de l'État sur le monde des affaires » représentent en tout 15 % du PNB, soit près de 1,4 trillions de roubles[85].

Les pots-de-vin les plus élevés sont versés aux douanes. Un simple douanier peut facilement vous « réclamer » 4 000 dollars et plus. Les leaders absolus de la corruption auprès des organes de contrôle sont[86] : les douanes (18,3 %), l'inspection anti-incendie (5,9 %) ainsi que les services sanitaires et de prévention des épidémies (5,6 %).

La répartition du marché de la corruption entre les différentes branches du pouvoir est intéressante : pouvoir exécutif 98,97 % ; pouvoir législatif 0,17 % ; pouvoir judiciaire 0,86 %. De sorte que les reproches envers les pouvoirs législatif et judiciaire prétendument embourbés dans la corruption et empêchant ainsi l'établissement d'un État de droit sont dénués de fondement. Comme nous le voyons, leur rôle a diminué et il ne fait que refléter l'arbitraire du pouvoir exécutif.

Les principaux gagnants sont, bien entendu, les fonctionnaires qui imposent leurs règles du jeu au monde des affaires, surtout aux PME. Ils ne prennent d'ailleurs pas que des pots-de-vin en espèces sonnantes et trébuchantes. Un fonctionnaire peut exiger pour paiement de ses services que son fils ou sa femme obtienne un bon poste dans l'entreprise qu'il est en train de contrôler ; ou demander un « partage » d'actions ou un don important dans la « fondation de bienfaisance » qu'il a créée ; ou encore demander qu'on lui procure un appartement luxueux. Le coût de ces cadeaux peut aller de plusieurs dizaines de milliers à 1 million de dollars.

Il va de soi que la corruption exerce une pression sur le développement des entreprises qui débutent en Russie, réduisant leurs chances de réussir. Elle renforce le monopolisme, affaiblit la concurrence, facilite la vie de « ses entreprises » sans les rendre lucratives à long terme dans la mesure où elle ne vise qu'à en tirer sans délai et rapidement le profit maximum tout en s'assurant de ce que « l'herbe ne pousse pas là-bas ».

Le niveau de corruption d'un pays dépend de son niveau de développement économique et de son niveau de démocratie : plus son économie et sa démocratie sont développées, plus le niveau de corruption y est faible. Aujourd'hui, alors que les institutions du pouvoir sont affaiblies en Russie, la corruption « mène le bal ». Selon les affirmations du procureur général de la Fédération de Russie, la police dispose d'informations sur la corruption de « personnages appartenant aux plus hautes sphères», mais elle ne tente même pas de lutter contre eux. 70 % des *procès intentés pour des histoires de pots-de-vin* l'ont été contre des médecins, des professeurs, des collaborateurs de structures commerciales, soit les citoyens les plus démunis et sans défense. Alors que les représentants des organes d'administration de l'État et les hauts fonctionnaires ne représentent pas plus de 1 % des concussionnaires pris «la main dans le sac», on n'ose tout simplement pas s'en prendre à eux[87]. Cette situation est souvent expliquée par le fait que la police, le parquet et les tribunaux sont eux-mêmes corrompus.

Une autre raison sérieuse réside dans le faible niveau de développement du marché russe et de la législation économique. À sa façon, la corruption aide à surmonter la «réglementation» superflue de l'*économie* héritée du système soviétique.

La raison essentielle de l'«indifférence» à l'égard de la corruption réside, bien entendu, ailleurs : dans les stéréotypes ancrés depuis des siècles dans la conscience des gens, dans le peu de contrôle de la part des forces spéciales ainsi que dans la présence d'une «économie de l'ombre».

Qu'est-ce que l'«économie de l'ombre»? Récemment, la Chambre des comptes de Russie a vérifié quels étaient les impôts versés «sur la vodka». Et elle a fait une découverte stupéfiante. Il se vend chaque année en Russie 185 millions de décalitres de vodka et il s'en boit 215 millions. Comment peut-on boire plus de vodka qu'il ne s'en vend? La raison en est très simple : la différence consiste en la production illégale d'«eau de feu». Et l'on peut citer encore d'autres chiffres stupéfiants : le fait, par exemple, que la Russie exporte annuellement *1 million de tonnes de gaz en moins* qu'il n'en est importé dans les pays où ce gaz est vendu[88].

Que signifient ces chiffres? Qu'une partie de cette économie est «souterraine», permettant ainsi d'échapper aux impôts, qu'il s'agit d'une production illégale, et ainsi de suite. Selon les estimations du Centre sociologique de l'Académie russe au service de l'État[89], le secteur souterrain (non contrôlé par l'État) a été multiplié par 5 au cours des dix dernières années et atteint à présent 50 % du volume total de la production en Russie. Bien entendu, il ne s'agit pas d'un mal spécifiquement russe, ce phénomène existe dans tous les pays. Mais alors qu'en Europe l'économie souterraine ne constitue que 6-8 % de la production globale, elle en constitue *la moitié* en Russie (!).

L'important n'est pas tant l'ampleur que la situation originale de cette économie « de l'ombre » qui amène les autorités à l'accepter, à fermer les yeux dessus, rendant vaine toute tentative de la combattre. En Occident, les choses sont plus claires, le commerce est soit légal (l'entreprise est enregistrée) soit illégal, il n'y a pas de zone intermédiaire.

En Russie, ce que l'on nomme le « commerce de l'ombre » est pratiquement indissociable du commerce légal. Toute entreprise a forcément sa composante de l'ombre. Et 81 % des dirigeants d'entreprise russes reconnaissent qu'ils ne pourraient mener leurs affaires avec succès s'ils n'enfreignaient pas les lois. Seuls 15 % d'entre eux affirment pouvoir réussir sans avoir à les contourner[90].

Toute la vie russe consiste à échapper aux impôts et aux statistiques, à dissimuler la production. Il ne faut pas pour autant penser que les données sur l'économie « souterraine » sont tenues secrètes en Russie. Lorsque le Comité d'État aux statistiques calcule ses indicateurs, il tient toujours compte de l'économie parallèle. Le pouvoir n'envisage toutefois pas de la combattre dans un proche avenir.

Il semblerait, à première vue, que l'*économie souterraine* ne présente aucun avantage, surtout pour les simples citoyens russes. Les producteurs, par exemple, se soustraient aux impôts, et de ce fait, les vieilles femmes perçoivent une retraite de misère, on manque de manuels scolaires dans les écoles, de médicaments dans les hôpitaux, etc. Les analystes, toutefois, voient les choses différemment. « Le secteur parallèle » permet à la population de Russie de survivre. Les revenus de ceux qui travaillent sont extrêmement faibles et l'*économie parallèle* leur propose des articles et des services bon marché. Elle offre, de plus, de très larges possibilités de gagner de l'argent. Les couches les plus modestes de la population aspirent au bien-être et n'ont pas la possibilité d'y accéder de façon légale. Si l'on détruit ce secteur, la vie de la population deviendra intenable. C'est pourquoi il n'est pas dans l'intérêt de l'État d'en finir rapidement avec lui. Il vaut mieux se résoudre à fermer les yeux sur le secteur de l'ombre afin d'amoindrir les tensions sociales et ne pas marginaliser les gens.

Les analystes du Centre sociologique[91] ont calculé qu'un *tiers* des dépenses officielles du ménage russe ne rentre pas dans les caisses officielles. Du reste, plus les salaires des gens sont faibles, plus leurs dépenses dans le secteur parallèle sont importantes. Le « chiffre d'affaires » de l'économie parallèle dans le budget des familles russes atteint en tout *40 milliards* de dollars par an, soit autant que le budget du pays. Et selon les experts, rien ne devrait changer dans les 10-15 prochaines années[92].

Et dernier point. C'est dans *l'industrie alimentaire, le commerce et les services* que le « commerce de l'ombre » est le plus prospère, c'est-à-dire là où il n'y a pas besoin de grandes surfaces de production, de grosses machines et de main-d'œuvre importante.

Ces secteurs de l'économie sont les plus risqués mais aussi ceux qui attirent le plus de profit.

3. Les différentes générations de Russes

Le passage à l'économie de marché et à la démocratie a entraîné la rupture de l'ancienne structure économique et de ses maillons : les centres scientifiques, les entreprises, les centres de production, les bureaux d'études, les organes de planification, etc. Les diplômes d'enseignement, la qualification, l'ancienneté, les honneurs, les décorations, la profession elle-même perdirent tout leur sens dans le nouveau contexte russe, ce qui porta un coup très dur au moral de nombreux citoyens. Les différences entre générations jouèrent un rôle de plus en plus important dans la différenciation sociale, notamment dans la perception du passé et du présent russes.

Les prises de position dans les sondages d'opinion[93] font apparaître trois *groupes* différents de personnes. Les individus les plus âgés et les plus jeunes expriment souvent des idées et des jugements opposés. Et pour ce qui est des individus d'âge moyen, les réponses des deux extrêmes sont souvent plus mesurées. Ils jouent ainsi le rôle de maillon de transition et de tampon social par leur vision équilibrée du monde.

Et aussi paradoxal que cela puisse sembler, la « position intermédiaire » n'est pas forcément liée à une tranche d'âge donnée. Les différentes générations pensent que « la démocratie occidentale, l'individualisme et le libéralisme sont des valeurs qui ne conviennent pas aux Russes» mais à des degrés différents. Ainsi, 24,4 % des jeunes de 16 à 24 ans, 40,7 % des 25-35 ans, 49,4 % des 36-45 ans et 62,9 % des gens de plus de 55 ans sont de cet avis[94]. Comme nous le constatons, le rejet des valeurs de la démocratie occidentale augmente avec l'âge.

Mais quand on demande aux gens *si la confiance entre les individus caractérisait la période brejnévienne,* le rapport est inversé : 27,4 % des jeunes de moins de 25 ans considèrent cette question comme désuète, alors que 71,8 % des plus de 56 ans – soit une écrasante majorité – ne sont pas d'accord avec la position des jeunes. Plus les gens sont âgés, plus ils se montrent tolérants vis-à-vis de leur passé.

Ainsi donc *sur le plan des valeurs morales et éthiques,* certaines choses ne veulent rien dire pour les jeunes, alors qu'elles perdurent pour les individus d'un certain âge. Il faudra l'avoir à l'esprit lorsque vous aurez affaire à des Russes de différents groupes d'âge. C'est une première conclusion.

Une *deuxième conclusion* est que les personnes d'âge moyen qui ont répondu aux différents questionnaires ont souvent des réponses fluctuantes, tantôt proches de celles des jeunes, tantôt proches de celles des gens âgés. Ce groupe d'âge joue un rôle *stabilisateur* dans le pays, empêchant ainsi l'incompréhension totale et la scission de la société en groupes de générations. C'est comme s'il cimentait la société bien que ce ne soit pas sur toutes les questions.

Voici les opinions *communes à presque toutes les générations de Russes.*

Tout d'abord, une écrasante majorité de Russes est fière de la victoire au cours de la Deuxième Guerre mondiale (plus de 80 %) et de la reconstruction du pays après guerre (70 %). 75 % des Russes sont fiers de leurs grands poètes, écrivains, compositeurs tout comme de leurs réussites dans la conquête spatiale et dans l'astronautique. 50 % des Russes admirent l'action de Pierre le Grand et ses réformes. Ne l'oubliez pas.

Deuxièmement, le mode de pensée traditionnel n'a pas changé en Russie. La majorité des Russes continue de penser que «l'individu doit s'efforcer de garder la conscience pure et l'âme en paix» (69,3 %) et que «l'important dans la vie est l'égalité des chances pour tous dans tous les domaines[95]» (56,8 %). Malgré les récents bouleversements dans la vie du pays et une appréciation différente des événements selon les générations, *le monde socioculturel russe, lui, n'a pas bougé.*

Et plus que l'idéologie, les intérêts, les valeurs et les objectifs communs, ce sont les épreuves et les émotions partagées qui soudent les générations. Cette unité de la nation est, bien entendu, fragile et peut s'effondrer au cours de brusques revirements de l'histoire... Elle sert, parallèlement, de rempart psychologique aux gens en ces temps incertains et permet aux Russes de conserver le sentiment – important pour eux – de *destin commun* et des concepts tels que celui de « nation ».

Ces dernières années, la succession des valeurs dans l'évolution de la société ne s'est pas faite normalement. Le respect traditionnel envers les personnes âgées a été ébranlé. À présent, les « jeunes » vont de l'avant et dominent, uniquement soucieux, selon les « seniors », de leur bien-être personnel.

Toutefois, il y a tout lieu d'affirmer que *le lien entre les différentes générations s'est maintenu en Russie.*

Il est vrai que les jeunes Russes, nés dans un contexte différent, sont plus *pragmatiques* et parfois plus *cyniques* que leurs aînés de 40 ans et, à plus forte raison, de 60 ans. On les surnomme la « génération de la perestroïka » et même la « génération Pepsi ». N'ayant pas connu la peur génétique de leurs aînés, ils sont plus dynamiques. Le plus important pour eux[96] réside dans « un travail intéressant » (42 %), « les amis » (37 %), « l'argent » (32 %), et, bien entendu, « l'amour ». La jeunesse actuelle est orientée sur la culture et l'éducation mais tentée par la richesse. L'*esprit d'entreprise*, la *volonté*, l'*aspiration à la richesse*, l'*indifférence* et la *paresse* les caractérisent particulièrement. L'*application au travail*, le *désintéressement* et le *patriotisme* sont des qualités moins développées chez eux. C'est la génération la plus « pro-occidentale », dépourvue de toute nostalgie de l'URSS. Dans l'*ensemble*, leur mode de pensée et leurs valeurs n'en sont pas moins proches de ceux de leurs frères aînés et de leurs pères. Du moins ne s'y opposent-ils pas.

Les représentants de la *génération intermédiaire*[97] *(entre deux âges)* ou, comme on les appelle, la « génération de la stagnation » ont aujourd'hui entre 40 et 50 ans. Ces individus sont orientés sur des valeurs telles que la *famille*, la *santé*, mais aussi le *travail* et l'*argent*. Les traits de caractère dominants de cette génération sont l'*honnêteté*, l'*application*, la *bonté* bien que de manière moins prononcée que chez les représentants de la vieille génération.

À leur tour, les gens de la *vieille génération*[98] (plus de 55 ans) qui se donnent parfois le nom de « soixantenaires » sont nostalgiques de la période de la « stagnation » et perçoivent de façon négative la situation actuelle. Ils idéalisent beaucoup moins que les jeunes la Russie d'avant la Révolution et la perçoivent généralement comme une société de crime, d'absence de spiritualité et de corruption. Leurs principales valeurs sont, comme pour les autres générations, la *santé* et la *famille*. Mais à la différence de celles-ci, c'est la *justice* (45 %) qui occupe la troisième place et non l'*argent* qui, lui, vient en dernière (septième) position. Cette génération est orientée vers une « haute spiritualité » et la « justice sociale ». Ses principaux traits de caractère sont l'*honnêteté*, l'*application*, la *bonté*, le *sens de la responsabilité*, le *désintéressement*, le *patriotisme* et le *collectivisme*, soit les qualités traditionnelles de l'archétype russe.

Ainsi, bien que les différentes générations de Russes présentent des traits différents, elles partagent néanmoins *des qualités et valeurs qui constituent le noyau de leur conscience.*

Cette unité des valeurs apparaît aussi sur un autre plan. Selon les analystes[99], la *période historique de référence* pour toutes les générations de Russes est la période soviétique. Cette période, bien connue de pratiquement tous les Russes d'aujourd'hui, leur fournit la réserve d'idées, de notions et d'impressions de vie directes constituant l'expérience sociale de chaque génération. Vient s'y ajouter, bien entendu, l'expérience de la nouvelle Russie. Mais cette nouvelle expérience apparaît comme « secondaire », venant se greffer sur l'expérience soviétique. La conscience des Russes est encore imprégnée du passé soviétique, quel que soit leur rapport à ce passé. Ce qui explique pourquoi les individus, dans leur caractère, leurs actes et leurs réactions, restent « soviétiques ».

Dans les faits, cela se traduit par la tendance des Russes à juger du présent et à évaluer les tendances de l'évolution du pays selon des « positions » spécifiquement « soviétiques ». Ces positions, du reste, ne sont pas forcément procommunistes, mais elles demeurent « soviétiques ».

Malgré le ton antisoviétique des médias influents, les Russes ne sont pas portés à systématiquement noircir la période soviétique. Seulement 18,4 % des gens reconnaissent que « l'histoire de l'URSS recèle peu de choses dont on puisse être fier », contre 75,5 % des gens qui sont d'un avis contraire[100]. Le stéréotype de la lutte des classes semble, en outre, de moins en moins concerner les Russes. Ils estiment qu'ils vivraient beaucoup mieux aujourd'hui s'il n'y avait eu la révolution de 1917. Malgré le « romantisme de la garde blanche » qui connaît une franche popularité au cinéma et au théâtre, ils ne sont pas toujours enthousiastes pour la lutte des officiers blancs contre les bolcheviques...

Les Russes, bien entendu, n'ont plus le sentiment de l'« exclusivité du régime soviétique », personne ne dit plus fièrement qu'il est « soviétique », mais le sentiment d'avoir personnellement participé à la « vie soviétique » demeure, même teinté d'amertume.

Encore une remarque importante. Dans la conscience de toutes les générations de Russes, se dessine très nettement une tendance tout à fait nouvelle, inconnue durant les décennies précédentes : le *patriotisme*. Malgré la situation difficile que traverse le pays, la plupart des Russes souhaitent se sentir les habitants d'une puissance riche, libre et jouissant du respect du reste du monde. Des notions telles que la « patrie », mais aussi l'aigle à deux têtes, l'hymne et autres symboles de l'État n'ont pas perdu leur sens pour les Russes.

La nouvelle tendance a des conséquences pratiques : la mode des prénoms, par exemple. Auparavant, les Russes donnaient aux enfants des noms exotiques (Marianne, Cruz, Iden) alors qu'aujourd'hui la tendance est aux prénoms russes traditionnels tels que Egor, Pakhom et Anfissa. Les amateurs de lecture facile ont depuis longtemps remarqué, quant à eux, que les romans policiers nationaux occupent en majorité les étagères à présent. Si les Simenon et les Chase russes sont en passe de dépasser leurs maîtres occidentaux, c'est qu'il semble aujourd'hui plus intéressant aux Russes de s'immerger dans les réalités nationales. Les séries télévisées étrangères ont soudain perdu de leur intérêt. Il y a seulement dix ans, les Russes éprouvaient une passion et un intérêt dévorants pour l'exotisme d'outre-mer et, du jour au lendemain, ils y sont devenus totalement indifférents.

Plus encore : les Russes sont de plus en plus agacés par les choses négatives qu'ils lisent ou entendent sur leur pays. Ce n'est pas tant la vérité à bout portant que le ton employé dénotant une attitude négative, arrogante, ironique ou critique envers leur pays qui les énerve.

De cette façon, le sens civique des Russes, leur patriotisme, le sentiment que leur destinée est indissociable de celle du pays sont très répandus et ne dépendent aujourd'hui ni de l'âge, ni de la situation matérielle des citoyens.

4. Les Russes et l'esprit d'entreprise

«Je vends en rigolant, je fais des comptes en pleurant»
(proverbe populaire russe).

Les économistes, sociologues et autres théoriciens ont fait couler beaucoup d'encre sur le sujet : l'esprit d'entreprise peut-il s'enraciner en Russie après plusieurs décennies d'oubli, d'interdits et de sanctions sévères ? Il semblait que les individus russes les plus actifs, les plus inventifs et les plus enthousiastes avaient été mis hors circuit... La vie a démenti ces affirmations.

En premier lieu, il est étonnant de constater que l'esprit d'entreprise n'est pas si étranger aux Russes malgré leur indifférence – déjà mentionnée – vis-à-vis du pragmatisme et de l'aspect matériel de la vie. 52,6 % des Russes ont déjà monté une affaire ou souhaiteraient le faire.

Au début des réformes, il y a plus de 10 ans, ils étaient encore plus nombreux – 63 %. Le nombre de ceux qui, de fait, gèrent leur propre affaire aujourd'hui (5,6 %), comparé à ceux qui le faisaient il y a dix ans (12,6 %, soit 1 sur 8), *a diminué environ de moitié*[101].

Les raisons de cette baisse sont évidentes : aucune des dix années écoulées n'a été favorable aux chefs d'entreprise. Les PME sont particulièrement concernées. À titre de comparaison[102] : aux USA, 7,3 millions des 7,5 millions d'entreprises sont de petite taille et constituent 50-52 % du PIB de l'Amérique. En Russie, on ne recense que 844 000 petites entreprises sur les 3 millions que comporte le pays et elles ne constituent que 10 % du PIB de la Russie. Elles n'emploient que 8,3 millions de personnes (70,2 millions employés dans les petites entreprises américaines), soit presque *10 fois moins qu'aux USA*.

Pourquoi y a-t-il si peu de PME en Russie ? Qu'est-ce qui les empêche de se développer ?

Tout d'abord, les nombreux obstacles bureaucratiques. Pour créer son entreprise, il faut remplir toutes sortes de documents, s'acquitter auprès du registre du commerce et du centre des impôts, accomplir toutes les formalités nécessaires auprès des organismes de retraite et de sécurité sociale, etc. En termes d'argent, ces démarches reviennent à 2 500 roubles et l'attente est au moins d'un mois.

Mais cela n'est rien en comparaison de ce qui les attend, une fois l'entreprise en activité. Les entrepreneurs sont alors régulièrement sollicités par les instances les plus diverses : police, service des impôts, sapeurs-pompiers, centre sanitaire et épidémiologique, organisme d'inspection gouvernementale, etc. Et il faut à chaque fois les payer…

On comprend mieux pourquoi le nombre de ceux qui prévoient de faire du commerce dans un avenir proche *a diminué de presque 4 fois*.

Ainsi peut-on conclure que *le capitalisme au cours de ces dix années de réformes n'est pas encore devenu une affaire nationale en Russie*. Et pas du tout parce qu'il est étranger aux Russes, mais parce que toutes les réformes entreprises n'ont pas réussi à en faire un type d'activité courant. Il donne comme auparavant beaucoup de tracas et demeure même une activité marginale que peuvent seulement entreprendre les personnes actives qui n'ont pas peur de prendre des risques.

Du reste, 4,5 % des Russes *ne voudraient surtout pas être chefs d'entreprise*. Il s'agit généralement d'individus qui ont toujours eu une approche traditionnelle du commerce : pour eux, il ne peut que s'agir d'une activité malhonnête. Selon eux, les gens riches sont généralement des criminels qui ne doivent leur liberté qu'au « chaos » régnant dans le pays. Ces Russes renonceraient volontiers à leur activité commerciale s'ils avaient le choix, mais la peur du chômage les *contraint* à poursuivre leur activité.

Enfin, les raisons de plus en plus invoquées par les entrepreneurs pour justifier le choix de leur activité sont le *bien-être matériel* et le désir de *montrer de quoi ils sont capables*. On est loin des motivations des premières années de la libre entreprise : les raisons alors invoquées par les chefs d'entreprise étaient l'« indépendance », l'« utilité de leur travail pour les autres », « leur autorité au sein de leur entourage », etc.

Ces réponses reflétaient mieux les valeurs traditionnelles des Russes, manifestement en voie de disparition.

5. Comment les Russes évaluent-ils leur situation matérielle et leur statut social ?

Il est extrêmement difficile de traiter de cette question de façon sérieuse et avec précision. D'une part, les médias abondent en chiffres sur la pauvreté effrayante des Russes. Par exemple, le leader du parti Iabloko (libéral) a annoncé récemment à la télévision à qui voulait l'entendre que 97 % des Russes vivaient dans le *dénuement*, à la limite de la pauvreté. Et personne ne l'a contesté. Peut-être parce qu'il n'est pas dans les habitudes des Russes d'être optimistes alors que gémir et se plaindre est « de bon ton », particulièrement au cours d'une bataille politique.

D'autre part, tout étranger ne peut qu'être saisi d'étonnement en jetant un coup d'œil, même superficiel, sur la Russie d'aujourd'hui. L'impression la plus frappante vient des innombrables nouvelles maisons et constructions, pas tant en ville que dans les quartiers de datchas. Il ne s'agit d'ailleurs pas même des palais des « nouveaux Russes » (ils ne sont pas si nombreux que cela), mais de maisons à un ou deux étages, souvent de brique.

Un haut fonctionnaire du comité d'État à la construction[103] affirme qu'au cours des dix dernières années, 15 millions de datchas non répertoriées ont été construites afin d'éviter les impôts. Et si l'on réfléchit une minute à ce que la moitié des propriétaires fonciers sont, malgré tout, respectueux des lois et ne souhaitent pas se soustraire à leurs obligations vis-à-vis de l'État, alors le nombre de nouvelles maisons en banlieue atteint 30 millions ! Et dans chaque maison vit une famille d'au moins trois personnes. Dans ces conditions, parler de l'« appauvrissement » et de l'extinction de la population dans une Russie « affamée » semble quelque peu déplacé.

Les chiffres que donnent habituellement les médias peuvent interloquer toute personne dans la mesure où ils contredisent la réalité quotidienne que chacun est en mesure de constater.

Il est, par exemple, difficile de ne pas remarquer les immenses marchés et les « centres commerciaux » qui envahissent le pays et ne désemplissent pas ; ils fonctionnent nuit et jour, et même les jours fériés. La foule dans les rues est bien habillée, le trafic automobile des villes russes est engorgé, le nombre de magasins de matériaux de construction et de meubles dépasse l'entendement. Pourquoi le nombre de Russes se rendant à l'étranger atteint-il *plusieurs dizaines de millions d'individus* (selon les données du service fédéral des impôts) ? Comment se fait-il que les Russes conservent dans leurs bas près de 140 millions de dollars (selon une étude des problèmes économiques et sociaux de la population menée par l'Académie russe des sciences[104]) ?

On pourrait encore citer de nombreux faits qui contredisent les affirmations pessimistes des médias et pour lesquels on ne peut trouver aucune explication logique. *Les mécanismes intérieurs de la Russie demeurent encore un mystère* pour beaucoup de gens. Personne ne connaît leur fonctionnement. Il appartiendra à l'avenir de les résoudre.

Pour revenir à la réalité des faits et chiffres concrets toutefois, il faut convenir que la situation matérielle des Russes aujourd'hui est extrêmement difficile. Les statistiques avancent que le salaire d'*un tiers* des Russes est de 100-150 $ mensuellement et que les très riches (plus de 5 000 $) ne constituent que 7 % de la population[105]. Les Russes, dans leur écrasante majorité, ne sont pas satisfaits de leur situation. Et il y a de bonnes raisons à cela.

Voilà déjà dix ans qu'a été créé le Conseil pour la politique extérieure et la défense, qui rassemble pas mal de « cerveaux ». En 2002, selon les calculs de cette organisation, le citoyen russe ne disposait que de 4 500 $, soit *15 fois moins* que les_indicateurs de vie aux USA. Ainsi, le Russe moyen est *15 fois plus pauvre* que l'Américain moyen[106].

Quel est le salaire moyen des Russes ? À première vue, cette question est dépourvue de sens. Selon le Comité d'État aux statistiques, il serait de 100-150 $ environ. Toutefois, ces chiffres ne tiennent pas compte de ce que l'on appelle la « rémunération cachée du travail », soit le montant qui, selon le Comité d'État aux statistiques, est versé au noir (argent comptant) et sur lequel le citoyen ne verse pas d'impôt sur le revenu.

On observe une très grande différence dans les salaires selon les régions : c'est au Daghestan (environ 30 $, soit *trois fois moins* que la moyenne nationale) et en Bouriatie (*2 fois moins*) que l'on trouve les salaires les plus bas. Et les régions *les plus riches* sont les centres d'industrie du pétrole et du gaz : districts de Yamalo-Nenetskij et Khanty-Manskitel (respectivement *3 et 4 fois plus* que la moyenne russe).

On constate que les dépenses salariales n'ont été qu'à hauteur de 1 926 $ en 2002 en Russie[107]. À titre de comparaison : en 1996, ces dépenses ont été de 57 009 $ en Allemagne occidentale et de 47 076 $ en France. Le coût du travail qualifié en Russie est donc presque *25-30 fois moins élevé* qu'en Europe ! Le coût du fret ferroviaire à travers la Russie est *14 fois moins élevé* qu'en Europe[108].

Cette différence dans les *frais de production* ne peut qu'attirer l'attention de ceux qui ont décidé de faire des affaires en Russie.

Mais laissons de côté ces statistiques. Les Russes se divisent en plusieurs groupes selon leur niveau de vie. Ce groupe est déterminé selon ces éléments : type d'entreprise où ils travaillent (secteur privé ou public), profession, tranche d'âge et lieu de résidence.

Ceux qui travaillent dans le privé sont mieux lotis que ceux du secteur public : le niveau moyen de revenu par membre de la famille pour un salarié du privé est *2 fois plus élevé* que celui d'un employé du public (respectivement 160 $ et 95 $!).

Les différences d'ordre social et professionnel ne sont pas si évidentes entre les différents groupes d'individus.

Dans l'ensemble, il est clair que parmi les *ruraux*, on trouve 1,5 fois plus de pauvres et 2 fois moins de nantis que parmi l'*intelligentsia.*

Les plus pauvres sont donc les ruraux (avec un revenu d'environ 60 $) ; les chômeurs, les retraités et les ouvriers ont des revenus un peu plus conséquents (70-86 $). Les militaires de carrière et les policiers ne gagnent pas beaucoup plus (105,20 $). Les employés, les enseignants, les médecins, les savants connaissent une situation difficile avec des salaires allant de 110 à 128,2 $.

Le principal facteur de différenciation de la population est l'*âge*. Le niveau de satisfaction de sa vie et de sa situation matérielle chute brutalement d'une tranche d'âge à l'autre.

Les « nouveaux Russes » n'ont *pas plus de 45 ans.*

Parmi les gens *d'âge mûr*, seulement 25 % ont un niveau de vie moyen ; on recense 33 % de pauvres parmi eux. Alors que seulement 3 % de jeunes de moins de 25 ans estiment qu'ils vivent en deçà du seuil de pauvreté.

Pour généraliser, on peut dire que toutes les réformes entreprises depuis le début de la perestroïka ont pénalisé en premier lieu ceux qui, à l'époque, avaient *plus de 40 ans* et principalement les *plus de 50 ans.* Ce sont eux les victimes de la perestroïka.

Le modèle soviétique de répartition des salaires tenait compte de l'ancienneté qui donnait différents avantages et privilèges. Le régime soviétique favorisait donc les anciens. Mais on a, depuis, assisté à un renversement des rôles sociaux qui « lèse » ceux de la vieille génération, même s'ils perçoivent le même salaire que les jeunes.

De plus, les Russes évaluent leur niveau d'aisance différemment : ils évaluent leur situation *par rapport à l'opinion de leur entourage* et ensuite seulement *par rapport à leur salaire.* Rappelons le principe le plus important de l'archétype russe : l'aspiration à « vivre comme tout le monde ».

Peut-on comparer l'impact de ce principe du temps de l'URSS et après ? La perception russe du monde a-t-elle changé au cours de ces dix dernières années ?

En 1990, la majorité de la population (61,3 %) vivait « comme tout le monde », 25 % « mieux que les autres », et seulement 7 % « plus mal ». Aujourd'hui[109], cette majorité s'est pratiquement maintenue (53,7 %), mais le plus effrayant est le nombre de ceux qui se sont mis à vivre plus mal que les autres : il est passé de 7 % à 29,6 % !

Le plus dramatique concerne ceux qui vivaient autrefois dans la pauvreté. Avec la baisse du niveau de vie, ils vivent aujourd'hui dans le plus profond dénuement.

Conclusion

En tenant compte de l'évolution du niveau de vie des Russes pendant les années de réformes, on peut distinguer 5 groupes de Russes :

1) Les « nouveaux Russes », dont la situation pendant les années de réformes s'est améliorée (10,5 %).

2) Les « anciens riches », qui autrefois vivaient mieux que leur entourage et qui à présent « vivent comme les autres » (4,7 %).

3) « Ceux qui avaient une situation intermédiaire » et à présent « vivent comme tous » (39,2 %).

4) Les « victimes » qui estiment que leur situation a empiré durant les années de réformes (27,1 %).

5) Les « nouveaux pauvres » qui estiment que leur niveau de vie a chuté de façon catastrophique durant les années de réformes (14,1 %).

De l'avis des experts[110], on assiste peu à peu à l'émergence d'une *classe moyenne* en Russie : elle comprend aujourd'hui environ *10 millions de foyers*. Ses représentants se distinguent, par ailleurs, de la classe moyenne des pays développés. Ainsi, les Russes de la classe moyenne disposent d'un statut socioprofessionnel déterminé : ce sont généralement des gens instruits – des managers, des dirigeants de niveau intermédiaire, des experts de haut niveau – qui gagnent 300-600 $ par personne. On recense *7,5 millions de foyers* appartenant à ce groupe en Russie.

2,5 millions de foyers appartiennent aux « privilégiés » de cette classe – avec un salaire d'environ 2 000 $ par foyer : il s'agit des dirigeants de PME, de juristes et de médecins qui ont prospéré.

L'important est la façon dont le Russe de la classe moyenne dépense son argent : 30 % part dans l'alimentation, le reste de façon égale – dans les services, les loisirs et l'habillement. Il a généralement un téléphone portable et une voiture. Chaque famille russe de la classe moyenne possède 4 000-4 500 $ d'économies, qu'elle épargne pour les « périodes de vaches maigres », pour les séjours à l'étranger, pour l'achat d'une automobile ou d'un manteau de fourrure pour la femme.

Il semble que ces chiffres arides ne reflètent pas toute la réalité. L'ingénieur d'hier fait du commerce aujourd'hui sur le marché et celui qui était tenu autrefois pour un spéculateur et était méprisé par la société a acquis aujourd'hui le statut de « travailleur de choc capitaliste ».

Psychologiquement, les Russes évaluent différemment leur situation, et ce jugement n'est pas forcément directement lié à leur aisance matérielle. Il ne faut, par exemple, pas perdre de vue des facteurs psychologiques aussi importants que, d'une part, la perte de confiance dans le lendemain, la perte du sentiment de sécurité, etc., et d'autre part, l'acquisition de la liberté personnelle, la liberté de conscience, de déplacement… Certains facteurs peuvent se compléter ou se neutraliser réciproquement.

Dans l'ensemble, à en juger par les données obtenues, la mobilité sociale *ascendante* concerne *un Russe sur dix* cependant que la mobilité *vers le bas* concerne 41, 2 %, soit près de la moitié de la population. Autrement dit, seulement *10 % de la population ont pu s'adapter aux nouvelles conditions et sont sortis gagnants des réformes* après avoir lutté contre la concurrence, ce qui n'est pas le cas pour presque la moitié des Russes.

Et si la plupart des Russes aimeraient devenir riches, ce n'est pas pour la richesse elle-même, mais pour les possibilités qu'elle offre : « une éducation, un travail intéressant, etc. ».

Le fossé qui s'est creusé entre les riches et les pauvres est perçu par les Russes comme une injustice criante.

Seulement 7 % des citoyens russes aiment vivre et travailler dans des conditions de compétition : ils préfèrent le hasard, le risque et le mouvement en avant. Et ce sont justement eux qui font avancer la société russe.

Comme nous le voyons, le progrès n'est pas l'œuvre de la majorité.

6. Qui sont les « nouveaux Russes » ?

« Celui qui a osé, celui-là a dévoré »
(proverbe populaire russe).

Qui sont ces gens que l'on appelle les « nouveaux Russes » ? L'économie de l'ombre semble avoir contribué à leur apparition. Ils forment deux groupes de personnes.

Le premier est composé de *chefs d'entreprise* qui ont une activité financière et économique. Le deuxième est formé des *propriétaires de biens immobiliers* qui ont secrètement pris part, au début des années 90, à la privatisation des grandes entreprises d'État : ils ont utilisé pour cela leur position dominante au sein de la nomenklatura à l'époque de l'URSS.

Dans l'ensemble, on peut dire que ce sont les couches de la population autrefois relativement privilégiées, tels les enseignants, les personnes exerçant dans la sphère culturelle et les chercheurs, qui ont le plus *souffert* du passage à l'économie de marché.

On a assisté à une relève des leaders et des « outsiders » au cours des réformes. Ceux qui avaient des professions prestigieuses ont perdu leur situation matérielle avantageuse (ou confortable) et leur rôle de leader, pour être remplacés par de modestes « petits ingénieurs » et « chefs de labo » sortis de l'ombre et traités de haut par l'intelligentsia. On peut dire que le scénario des années 20 s'est quasiment répété en Russie : « Celui qui est parti de rien est devenu omnipuissant. »

Le premier groupe, soit celui des *chefs d'entreprise* proprement dits, est le plus intéressant et celui qui a le plus de perspectives. Ce sont généralement des individus âgés de 45 ans au plus avec de hautes facultés intellectuelles. Comme il leur faut agir dans un contexte économique relativement incertain et instable, seuls des individus particulièrement énergiques, brillants et efficaces peuvent assurer le rôle de pionniers dans une économie en transition. *Ils ne doivent leur position qu'à leurs qualités personnelles et à leur volonté.*

L'apparition d'une classe d'entrepreneurs n'est pas encore appréciée à sa juste valeur. On ne peut que s'étonner de la vitesse à laquelle cette classe est apparue en Russie. Il y a encore dix ans, tous s'affligeaient en chœur de la perte de la classe d'hommes d'affaires, une perte irréversible de la Russie pré-révolutionnaire.

D'où vient que ces gens connaissent le droit fiscal, le cours de la bourse et les actions ? Personne ne le leur a jamais enseigné. Tout cela ne figurait pas dans la législation de l'URSS encore en vigueur lorsque la Russie est passée à l'économie de marché.

Les pionniers du monde des affaires, enfreignant toutes les lois, avançaient sur un champ miné. Il n'est pas étonnant que la première cohorte d'entrepreneurs ait été constituée des individus les plus dégourdis, les plus rapides et les plus audacieux, ceux qui, selon le dicton populaire, « connaissent tous les tuyaux ». Ils ont, en un temps record, mis en place l'infrastructure du pays : ils ont servi de « navettes » (dans le commerce), ont ouvert des magasins, ont créé des bourses (marchés de valeurs), des banques, des holdings, ont commencé à exporter des marchandises, à ouvrir des agences de publicité et de production, à émettre des actions et des lettres de change, à faire faillite et à se relever. Ils ont, au début, appris à commercer et à servir d'intermédiaires. À présent, ils apprennent à produire, à cultiver, à construire et à extraire.

Certes, un courant criminel existe depuis le tout début dans le monde des affaires en Russie. Toutefois, ceux qui sont entrés dans l'économie légale ne souhaitent plus se retrouver en conflit avec la loi. Il ne faut pas sous-estimer leur capacité de s'adapter, d'apprendre, et leur désir de respectabilité. Car diriger une affaire douteuse est un exercice dangereux et accaparant. Cela nous conforte dans l'idée que la situation économique de la Russie ne peut que se stabiliser à l'avenir.

Les anecdotes sur les « nouveaux Russes » (il en existe toute une série – voir 4e partie, § 4) les décrivant comme primitifs, sauvages et ne rêvant que d'une chose – transférer leur capital du pays et « se la couler douce » quelque part à Chypre – appartiennent peu à peu au passé. Ils ont probablement déjà réalisé leurs rêves.

Quant aux individus d'âge mûr qui ont sciemment choisi leur voie, ils ne sont sûrement pas enclins à dépenser leur argent à tort et à travers. La présence d'une catégorie de gens responsables, motivés pour construire, est de plus en plus manifeste. Loin de faire l'« étalage de leur richesse », ils soutiennent secrètement, par exemple, des orphelinats avec des dons privés.

Qui sont ces individus qui constituent la classe d'entrepreneurs russes qui ont pu faire leur chemin ?

Au cours des 10-12 dernières années, objectivement, ceux qui ont *gagné* et sont allés de l'avant sont, avant tout, ceux qui ont pu aller travailler dans les toutes nouvelles entreprises du *secteur privé*. Cela dépendait de l'âge, de la profession et du lieu de résidence. Dans les régions en dépression, il était, bien entendu, moins envisageable d'aller travailler dans le privé qu'à Moscou, Saint-Pétersbourg ou Nijni-Novgorod. La *fonction* occupée précédemment était aussi un facteur important : les dirigeants ont conservé, dans l'ensemble, leur position privilégiée, alors que les cadres moyens l'ont perdue. Ce groupe est principalement composé d'*hommes*. Les femmes, actives essentiellement dans la *sphère sociale du secteur public* (médecins, enseignantes, chercheurs scientifiques, ingénieurs, etc.), ont souffert plus que les hommes. Bref, les *perdants* sont ceux qui sont restés en dehors du « secteur du marché ».

Hormis les facteurs objectifs, il existe des *facteurs subjectifs* qui ont influé sur le bien-être croissant des Russes. Rappelons le syndrome conservateur russe qui consiste à « être comme tout le monde » et à « ne pas sortir du lot ». Seuls les individus brillants, non conformistes et aspirant à l'individualisme des sociétés occidentales sont sortis gagnants en occupant des positions leaders, les autres – les perdants – sont restés en marge de la société. La brusque relève des leaders et des « outsiders » n'est pas due au hasard, elle est liée à la mentalité et au comportement de l'individu.

Comment les Russes considèrent-ils les riches ? Selon des études sociologiques, le stéréotype le plus répandu – celui selon lequel les Russes ressentent méfiance et hostilité envers la richesse – est plutôt contradictoire. D'une part, plus de la moitié des Russes (58 %) ne font pas de différence entre les individus qui se sont rapidement enrichis au cours de ces dix dernières années et les autres, ils les considèrent même avec respect et intérêt. D'autre part, 30 % des Russes éprouvent de la méfiance et de l'hostilité envers eux. Plus que de l'envie, cette attitude est une réaction au comportement des riches, à leur arrogance, à leur besoin de faire étalage de leur réussite et de leur richesse.

Le « rêve américain » de devenir rapidement riche ne fait pas vraiment recette en Russie. Même ceux que les différences de revenus et la présence des riches stimulent ne sont pas totalement indifférents à la façon dont ces différences se traduisent matériellement. Des recherches menées par l'Institut de psychologie montrent que le Russe est prêt à accepter une *différence de revenus* de 5-7 fois entre les plus riches et les plus pauvres. Au-delà, elle est ressentie comme une injustice. Or, selon Natalia Rimachevskaïa, directrice de l'Institut de démographie de l'Académie russe des sciences, cet écart serait de 14. À titre de comparaison, il est de 7-8 aux États-Unis et de 4 en Europe[111]. Ces données ne laissent pas d'être inquiétantes.

À cela, rappelons que la *manière* dont on a gagné l'argent est très importante dans la mentalité russe : il faut que l'individu ait *travaillé, fait des efforts*. Il n'est pas moins important qu'il dépense l'argent « intelligemment » et ne le jette pas par les fenêtres mais l'utilise « pour le bien de la société ».

Les heurts et les énormes différences existant dans la situation sociale des Russes ne favorisent pas l'harmonie sociale, ils encouragent les gens pauvres à accéder au bien-être par tous les moyens possibles, fussent-ils illégaux et même criminels.

Quant à la *classe moyenne* censée consolider et stabiliser toute société, *elle est faible et peu nombreuse* en Russie. C'est pourquoi la société russe, à la différence de la française, se trouve dans un équilibre précaire, constamment soumise aux changements, et toute conclusion sévère comme tout pronostic à long terme peuvent avec le temps se révéler inexacts.

7. Quelles sont les valeurs morales importantes pour les Russes d'aujourd'hui ?

« Chacun vit à sa tête »
(dicton russe).

Longtemps les Russes se considérèrent comme « faisant partie du peuple soviétique ». La hiérarchie officielle était construite de façon identique, que ce fût à l'époque tsariste ou en URSS : le peuple – la collectivité (le collectif de production ou la communauté villageoise) – la famille – l'individu.

Voici la représentation symbolique du monde vue par les Russes : une solide pyramide avec à son sommet le leader (le patriarche, le tsar, le secrétaire général du parti, etc.) et le peuple à sa base. Les citoyens russes avaient une haute opinion de leur appartenance à une communauté puissante, c'est pourquoi la chute de l'Union soviétique fut ressentie si douloureusement par eux.

La perestroïka a en effet bouleversé non seulement la vie quotidienne, mais aussi nombre de valeurs et de principes dans la conscience des Russes. Sous le régime soviétique, les professions les plus « prestigieuses » étaient les suivantes : *diplomate, cosmonaute, ballerine, actrice, scientifique et enseignant, écrivain, poète ou musicien, c'est-à-dire des professions de l'intelligentsia relevant, entre autres, du domaine de la création.* Et cela bien que le salaire d'un ouvrier fût 4-5 fois *plus élevé* que celui d'un jeune médecin ou d'un professeur de l'enseignement supérieur. En dépit de toutes les injustices dans la rémunération du travail, la « réussite sociale » passait par l'obtention d'un diplôme d'études supérieures, la possibilité de créer ou de se réaliser.

À présent, à en juger par le classement des professions les plus prisées, on trouve en premier le métier de *banquier*, en second celui de *chef d'entreprise*, en troisième celui de « manager », en quatrième, celui de *top model*. Le corps d'officiers n'arrive qu'au *12e rang* et les corps professoral et enseignant respectivement *aux 14e et 15e rangs*.

Aujourd'hui, l'individu est évalué pas tant en fonction de ses capacités intellectuelles, de son potentiel ou des services qu'il a rendus à la société ou à l'État (comme cela l'était autrefois) qu'en fonction des biens et de l'argent dont il dispose. L'« obsession de la réussite », jadis inconnue des Russes, se propage peu à peu.

Comment les Russes se perçoivent-ils aujourd'hui : comme un « fragment » de la grande communauté d'avant qu'était le « peuple soviétique » ? Ou comme une ethnie ? Dans quel cercle de gens éprouvent-ils ce sentiment de communauté traditionnellement important pour eux ? Qui préfèrent-ils fréquenter ?

Les données des analystes[112] montrent que *la santé et la famille* (79,9 %), *les amis* (74,4 %) jouent un rôle déterminant dans la vie des Russes. En cas de crise générale au sein de la communauté, l'individu se réfugie auprès de son entourage le plus proche pour échapper aux tempêtes et aux bouleversements qui secouent le monde extérieur.

Le *deuxième groupe* par ordre d'importance est celui des *camarades de travail et d'études* (51,3 %), les gens avec qui l'on partage *la même conception de la vie* (52,9 %), les gens de la *même génération* (51,9 %) et *de la même profession* (50,7 %).

L'« appartenance nationale », l'« opinion politique », le « voisinage », l'« aisance matérielle et la richesse » jouent un rôle bien moins important dans les fréquentations des Russes : seulement 25-40 % en tiennent compte.

Des notions comme la « puissance du pays », le « progrès », la « prospérité » et la « démocratie » n'ont plus la même valeur qu'autrefois[113].

Une valeur comme la « probité » revient en force. Compte tenu de la protection sociale affaiblie et du manque de contrôle presque total de l'État, le développement illimité de la liberté individuelle a des aspects à la fois positifs et négatifs. Dans ce contexte, les gens se mettent à apprécier particulièrement tout ce qui peut réglementer leur vie et en premier lieu « la probité, l'honnêteté, l'honneur et la dignité ».

Ceux que l'on nomme les « nouveaux Russes » forment un groupe à part. Dans leur hiérarchie des valeurs, la « liberté », la « propriété », la « prospérité », la « stabilité » et la « richesse » occupent la première place. Des valeurs telles que l'« entente », la « justice » et la « spiritualité » comptent beaucoup moins pour eux. Ils sont plus égoïstes et plus soucieux de leur bien-être personnel, et leur système de valeurs fait qu'ils s'éloignent de la conscience traditionnelle.

Il est paradoxal que le travail ait disparu des valeurs importantes pour les Russes[114]. Surtout quand on pense à la place qu'il occupait du temps de l'URSS. Refuser de travailler pour le bien de la société était alors considéré comme un crime commis envers l'État socialiste avec toutes les conséquences qui en découlaient. Le slogan « Celui qui ne travaille pas ne mange pas » était alors rigoureusement appliqué.

Il est intéressant de comparer les différences dans le choix des valeurs entre hommes et femmes. Alors que les hommes privilégient la « liberté », la « légalité », l'« ordre », la « réussite professionnelle » et l'« aisance », les femmes, quant à elles, choisissent plus souvent la « famille », la « charité », la « santé », l'« amour », la « spiritualité », la « paix », le « compromis ». Les jeunes, eux, donnent priorité à l'« amour », au « succès » et au « professionnalisme ». Mais ces valeurs perdent de leur importance avec l'âge. En vieillissant, les individus accordent plus d'importance à la « spiritualité », la « stabilité », la « paix », l'« ordre » et la « légalité ».

Une particularité importante de la Russie de ces dernières années est l'apparition d'un nombre important de gens entreprenants économiquement. Pour la première fois depuis des décennies, on a eu affaire à *des gens qui avaient quelque chose à perdre* (et pas seulement au sens matériel). Et ils sont suffisamment nombreux pour que l'on écarte un retour des communistes au pouvoir aux futures élections. Indépendamment de leur situation économique, la plupart des gens comprennent d'où leur vient l'éventail des nouvelles possibilités, y compris celle de « voir le monde ». Quant aux individus exerçant une profession intellectuelle – *pas moins d'un tiers de la population* –, ils ont, indépendamment de leur situation matérielle, des idées et des valeurs caractéristiques de la *classe moyenne*. L'intelligentsia, elle, attache du prix à sa liberté et veut la conserver pour ses enfants et ses petits-enfants. De sorte que plus personne n'est en mesure de remettre la société sur ses anciens rails.

Ainsi, les Russes se trouvent imbriqués dans un système très complexe de rapports sociaux. Pour eux, l'ancienne définition de cette communauté en tant que « peuple soviétique » a perdu son sens. 40 % des Russes ne s'identifient déjà plus à l'idéal de la période brejnévienne : « Reste tranquille, ne sors pas du lot, attends un sort meilleur. » Les Russes, aujourd'hui, comptent essentiellement sur leurs propres forces et n'ont plus confiance qu'en eux-mêmes.

8. La morale des Russes d'hier, d'aujourd'hui et de demain

Les principes moraux sont toujours le résultat de l'histoire, des rapports politiques, économiques et autres dans la société. Pour cette raison, débattre de la moralité d'une nation est un exercice difficile. En effet, le même événement peut être jugé différemment selon son point de vue.

Le Russe d'hier, du point de vue de la morale, semblait pour le moins équivoque. En général (du moins en apparence), il affichait son mépris pour le mercantilisme et le pragmatisme, condamnait catégoriquement la prostitution (même s'il pratiquait l'adultère), observait les règles traditionnelles de la vie de famille (héritées du *Domostroï*), répétait comme pour plaisanter que « le poisson ne se pêche pas sans effort » et était secrètement fier de la « grande puissance » qu'était son pays. Indépendamment de cela, la duplicité mensongère de la vie soviétique lui apprit à ne pas être toujours sincère et même à mentir, à simuler, à se débrouiller, à feindre l'« enthousiasme au travail » ; elle lui enseigna aussi le mépris de la richesse, la haine de l'esprit petit-bourgeois et des spéculateurs qui avaient prospéré, ainsi qu'à être d'accord avec le régime... Et qui de toute façon pouvait se permettre de discuter avec le pouvoir en place ? C'était une question de survie...

Dans la Russie post-soviétique, ce ne sont pas seulement le système politique et les valeurs essentielles qui ont changé mais, imperceptiblement, la morale même, les notions de moralité, de probité ou non-probité de la personne. Les critères d'évaluation de la morale ne sont plus les mêmes.

Par exemple, une particularité des Russes telle que le mépris de l'aspect matériel des choses peut sembler, à première vue, comme quelque chose de totalement naïf. Et cette particularité peut, aujourd'hui, se révéler dangereuse dans vos relations d'affaires avec les Russes.

Posons-nous la simple question : « Pourquoi les Russes payent-ils rarement leurs impôts ? » À la différence des Européens, *les Russes n'observent pas les lois dans ce domaine*. Et ce n'est pas seulement parce qu'il s'agit d'une habitude qui remonte à la Russie tsariste : les lois étaient remplacées par les décisions du maître puis du fonctionnaire de parti à l'époque soviétique, du chef et ainsi de suite. Et ce stéréotype de comportement, inconsciemment ancré chez les gens, s'est renforcé et ressurgit dans toutes sortes de situations. C'est ainsi que nous avons aujourd'hui les piétons et les conducteurs de voitures les plus indisciplinés au monde. Pour les impôts, nous retrouvons le même stéréotype de comportement.

Le Russe peut être étonné par le comportement du Français qui, outre ses revenus, va par exemple jusqu'à déclarer la voiture ou l'appartement de fonction dans sa déclaration d'impôts. Persuadé que le fisc connaît tout de sa situation matérielle, tout étant informatisé de nos jours, il préfère ne rien lui cacher et dormir tranquille. Ce comportement est inhabituel aux Russes.

Tout d'abord, il faut noter que *les impôts en Russie sont les plus bas du monde* : ils n'atteignent que 13 % du revenu. Sur proposition du président de la Fédération de Russie, ces impôts sont constamment simplifiés – surtout pour ceux qui risquent de monter aujourd'hui une affaire en Russie. On se montre particulièrement indulgent envers les petites entreprises (pas plus de 20 salariés et 10 millions de roubles de revenus annuels) : elles sont exemptées de l'impôt sur les bénéfices, l'impôt sur les ventes et l'impôt social unique. Le gouvernement fait beaucoup d'efforts pour légaliser les entreprises et *habituer* peu à peu les citoyens à payer des impôts.

Mais cette entreprise n'est pas couronnée de succès, les gens s'efforcent de dissimuler leurs revenus et il est très difficile à l'État de collecter les impôts. L'*ignorance économique* de la population contribue, dans une grande mesure, à cette situation.

Sous le pouvoir soviétique, pendant des décennies, la population ne reçut même pas de notions élémentaires en économie, utiles ne fût-ce que pour gérer ses propres affaires. Tout le monde attendait péniblement sa paye et joignait, d'une façon ou d'une autre, les deux bouts. La science économique était l'apanage des professionnels : économistes, planificateurs et comptables. Ce système engendra un respect exagéré et même la crainte devant les individus érudits en économie. Le comptable devint le personnage-clé dans l'entreprise en Russie, c'est lui qui « menait le bal », alors qu'en Occident, il n'est qu'un simple rouage de la machine dans son ensemble.

Selon le témoignage d'hommes d'affaires étrangers et même russes, les normes de comportement d'affaires en Russie diffèrent de celles généralement admises dans le monde.

Bien entendu, le comportement vis-à-vis des impôts se met à changer de façon positive. Les Russes, avec peine, commencent peu à peu à réaliser que la coopération entre partenaires d'affaires ne peut être réglée uniquement par des dispositions dans le domaine économique et juridique. Elle doit aussi obéir à la culture du monde des affaires, aux « règles du jeu » généralement admises. Les hommes d'affaires russes sont les premiers intéressés à cela. C'est précisément sur leur initiative que les codes de l'éthique patronale ont été élaborés et la « Charte des affaires en Russie » adoptée.

Les codes existent, mais ils sont loin d'être observés et respectés... Pour le Russe, « rouler » en quelque sorte l'État est, par tradition, une bonne chose. Car l'État en la personne de ses fonctionnaires fut, pendant des décennies, toujours hostile aux intérêts du citoyen et ne les défendit jamais.

On sait que les Russes sont unanimes à constater *une baisse de la moralité* à la suite des changements intervenus depuis dix ans. Il serait, toutefois, plus juste de parler d'un *changement des priorités* sous l'influence des tendances et de la culture occidentale. Cela est particulièrement manifeste au sein de la jeunesse avec son « obsession de la réussite », son pragmatisme et son désir de bien-être matériel.

Mais un journaliste américain basé à Moscou[115] constate l'émergence d'un comportement « tout à fait nouveau », différent du passé et des nouvelles « tendances occidentales ». Ce phénomène récent va à l'encontre de la « morale du succès ». La star nationale Massiana en est l'exemple le plus frappant. Créée par l'artiste Oleg Kouvaev dans son studio de web-site à Saint-Pétersbourg exclusivement pour son plaisir, elle est devenue populaire sur Internet puis se fit même sa place à l'émission télévisée « L'autre jour » en Russie… Tout le monde en parlait avec enthousiasme, car « elle était la preuve que l'on pouvait exercer son activité préférée et faire beaucoup d'argent avec, ce dont on ne peut que rêver ». Cette philosophie de vie « je-m'en-foutiste » selon laquelle il n'est pas honteux d'être sans travail aujourd'hui a le vent en poupe en Russie, l'important étant de « gagner de l'argent », peu importe de quelle façon. À présent, le travail au sens traditionnel perd rapidement de sa valeur chez les Russes, particulièrement chez les jeunes.

Bref, les affirmations sur la baisse de la morale chez le Russe d'aujourd'hui ne sont pas sans fondement. Cette vérité n'a pas besoin d'être démontrée par des recherches sociologiques poussées.

Les sociologues ont réussi à mettre en évidence un paradoxe pas moins intéressant : les critères de moralité des Russes auraient, au cours de ces dernières années, régressé dans la sphère du *comportement social*. Par exemple, les individus sont bien moins nombreux à présent à condamner l'achat d'un bien volé, la spéculation, le non-remboursement d'un crédit ou d'un emprunt, l'appropriation d'argent trouvé et même le meurtre politique, c'est-à-dire des actes qui relèvent de la conduite sociale.

Mais pour ce qui concerne la *vie privée*, les Russes sont devenus plus sévères, du moins en paroles. Dans les sondages d'opinion publique, les Russes ont sévèrement condamné : le relâchement moral, le manquement à ses obligations familiales – particulièrement envers les enfants –, le manque de sincérité et la trahison envers les amis, l'arrogance des individus qui se sont rapidement enrichis. Ces réponses, loin de refléter le cynisme et l'immoralité croissante des Russes, confirment au contraire leur attachement aux valeurs traditionnelles dans le domaine de la vie privée.

Et même si des Russes ont un rapport particulier à la propriété (voir 2e partie, chap. 3, § 9), ils considéreraient comme particulièrement honteux qu'on leur apprenne à voler et à être malhonnêtes.

Si l'on applique le problème de la moralité au domaine de l'entreprise, on constate qu'on obtient les résultats les plus intéressants en comparant les estimations de certains actes amoraux et le fait de savoir si les auteurs de ces estimations *ont gagné ou perdu* aux réformes[116].

Il s'est avéré qu'en dépit de la baisse généralement admise de la morale publique et malgré la corruption de l'économie et de l'État, l'attachement aux valeurs morales traditionnelles reste *le modèle de comportement économiquement avantageux* pour les hommes d'affaires russes.

Ainsi parmi ceux qui considèrent normal de *donner des pots-de-vin, une fois et demie moins* de gens ont amélioré leur statut matériel que ceux pour lesquels cette pratique est inacceptable.

Parmi ceux qui *ne condamnent pas le fait de ne pas payer des impôts*, il y a *deux fois moins* de gens ayant réussi.

Les succès de ceux qui acceptent de *recourir à des relations sexuelles dans un but intéressé* sont quasiment nuls.

Seuls ceux qui acceptent que l'on *trompe sciemment* pour parvenir à ses fins ont réussi un peu mieux dans la vie que ceux qui repoussent ce choix moral.

9. Le rapport des Russes à l'État

«On s'est détaché de l'ancien mais on n'a pas adhéré au nouveau»
«L'économie exige une main de fer»
(proverbes populaires russes).

Une des questions les plus litigieuses dans la période de transition (allant du régime soviétique à l'économie de marché) est le rôle de l'État dans l'économie et dans la sphère sociale. L'analyse des principes traditionnels de l'archétype russe (voir 2e partie, chap. 3) suffit à nous convaincre des relations étroites entre l'individu et l'État. Toutefois, ces relations se sont modifiées avec le temps.

Ainsi, il y a seulement dix ans, l'État était encore perçu par certains groupes sociaux (notamment l'élite culturelle et techno-scientifique du pays) comme un «monstre», l'«empire du mal», etc. L'hystérie manifestée lors des meetings organisés au début de la perestroïka exigeait la «mise à mort du monstre» et le «ralliement au monde civilisé». C'était, pour beaucoup, la réaction naturelle d'une génération qui avait grandi sans connaître la liberté dans un État totalitaire réprimant en permanence l'initiative personnelle. Il n'est pas fortuit que toutes les transformations commencées dans le pays l'aient été sous l'étendard du «divorce» entre l'État et la société et l'ingérence minimale de l'État dans le domaine des intérêts privés.

La majorité de la population, toutefois, se rendait bien compte que l'État avait nécessairement un *rôle social à jouer* : protection sociale, santé et enseignement publics gratuits, régulation de l'économie à différents niveaux. Dans leur lutte contre l'État, les Russes lui reconnaissaient malgré tout ses *obligations* de « père » envers eux. C'est ainsi que naquit le conflit actuel entre l'État et la société. La seule issue à ce dernier semble être un « retour de l'État », principalement là où sa présence est largement déficitaire, c'est-à-dire dans la régulation des processus socio-économiques.

Après avoir renoncé à leurs idées de destruction de l'État, les Russes d'aujourd'hui commencent à comprendre que le « marché » est une institution sociale comme une autre et que son existence exige certaines règles que l'État est en mesure de contrôler. C'est pourquoi les représentants de presque tous les partis et groupes politiques (et dans une moindre mesure les « libéraux ») se prononcent[117] *pour le contrôle de l'État sur les principaux secteurs de l'économie* : les communistes (45 %), les socialistes (40 %), les nationalistes (43 %), et même les centristes (30 %).

Les Russes continuent à penser que *l'État doit occuper une place prédominante dans l'économie*[118]. Et ce ne sont ni le change (de monnaie) au début des années 90 ni la crise économique de 1998 qui ont pu les ébranler dans leurs convictions.

Ainsi, 88 % des Russes estiment qu'il revient à l'État d'exploiter l'énergie électrique, 63 % lui « restituent » aussi l'*exploitation du logement.* En 1998, ils n'étaient que 42 % à avoir cette opinion.

72 % des Russes pensent que les usines *métallurgiques et de machines-outils* doivent obligatoirement être sous le contrôle de l'État[119].

Près de la *moitié* des Russes partagent cette opinion pour ce qui concerne les *transports.* Mais pour ce qui est de la *fabrication des produits alimentaires,* 2/3 des personnes interrogées n'ont aucune hésitation à la confier au secteur privé.

La majorité des Russes est insatisfaite de ce que l'État ait pratiquement disparu de la *sphère sociale,* après avoir transféré aux individus la totalité de ses préoccupations en matière de santé, d'enseignement, de formation, etc. Sous le pouvoir soviétique, les gens s'étaient habitués à ce que l'État réponde du payement des retraites dans les délais, à ce que le payement de tout travail soit garanti, à ce que les invalides et les malvoyants soient socialement protégés et à ce que les criminels soient obligatoirement démasqués et punis. Tout cela allait naturellement de soi. Et lorsque tout ce système bien rodé s'est écroulé, les citoyens n'ont pas compris : soit l'État fuyait ses responsabilités, soit il n'était pas en mesure de fonctionner normalement. Ce qui explique les exigences extrêmement nombreuses et le profond ressentiment à son égard.

La plupart des Russes ont tendance à s'en prendre à l'État, responsable de tous les malheurs qui les frappent. L'État est, comme autrefois, perçu comme l'unique instance responsable de tout ce qui se passe dans le pays. Ils ne sont pas encore prêts à voir l'autre aspect du problème – l'*affaiblissement* de cette institution qu'est l'État russe. Et ce sont précisément les doutes des Russes quant à la capacité de l'État à fonctionner normalement qui influent sur la montée de l'opinion publique vers l'autoritarisme.

L'État affaibli a perdu à présent beaucoup de sa *force dissuasive*. Les citoyens russes disent qu'ils ne font, pour beaucoup, plus confiance à l'État, en particulier aux organes chargés de faire respecter la loi : ainsi, seulement 11 % de la population font confiance aux forces de police contre 71 % ; pour la justice, ces chiffres[120] sont respectivement de 12,5 % et 64 %.

La criminalité, à laquelle contribue la corruption des fonctionnaires à tous les niveaux, est galopante. C'est, malheureusement, une réalité indiscutable de la Russie actuelle. Dans cette situation, les citoyens exigent de l'État sa protection et sont pour un renforcement des organes de répression de l'État.

Compte tenu des approches répertoriées sur le rôle de l'État, il est tout à fait logique qu'à la question générale : « Quel est le modèle politique le plus avantageux pour la Russie ? » 37 % des Russes se prononcent pour une *économie mixte avec une forte participation de l'État*, 18 % pour une *planification centralisée (socialisme)* et seulement 8 % pour un *modèle libéral* avec une ingérence minimale de l'État. Il est intéressant de constater que ces derniers atteignaient les 12,5 % en 1994. Ainsi, la popularité du modèle libéral au niveau de l'économie est en chute libre[121].

Mais le plus étonnant est que le pourcentage des partisans d'une forte participation de l'État *n'est pas lié à la tranche d'âge* : les réponses des 18-55 ans sont sensiblement les mêmes. Il se peut que cela soit l'expression d'un certain *conservatisme* de la conscience russe.

De l'avis des analystes[122], l'idéal pour la majorité des Russes serait « un État social » fondé non pas tant sur la liberté individuelle que sur l'*idée de solidarité* comme « bien commun ». Ce modèle réunirait en lui, d'une part, un rôle actif de l'État dans l'économie et une forte protection sociale, et, d'autre part, la non-ingérence de l'État dans la vie privée et les libertés politiques et civiques.

Ce modèle ne leur semble pas être une projection dans l'avenir ou quelque chose d'irréalisable à long terme. Les Russes ont l'impression d'avoir déjà connu ce système de gouvernement en URSS, surtout sous Brejnev.

Plus de la *moitié* de tous les gens interrogés sont convaincus que « l'URSS a été le premier État dans l'histoire de la Russie à avoir assuré la justice pour les gens simples et à leur avoir donné une vie décente ». Une idée aussi paradoxale n'est pas le résultat d'un « lavage de cerveau » idéologique de la période soviétique. C'est la situation même dans la Russie de l'après-perestroïka qui n'a pas offert aux gens de modèle positif pour structurer leur vie. Elle les pousse donc à idéaliser leur passé.

Quels sont les *objectifs de développement social* que visent les Russes ?

Sur presque deux douzaines d'objectifs de développement, la *moitié* des Russes interrogés n'en ont choisi que deux : l'*augmentation de la qualité de vie* et la *remise en ordre du pays*. Les autres objectifs, y compris le renouveau moral de la société, le maintien des traditions russes, la création d'une économie de marché efficace, passent au second plan. Les Russes estiment que l'État doit donner la priorité aux deux premiers objectifs.

Selon les traditions russes, l'État s'en charge, faisant retomber sur lui le fardeau des obligations sociales, et cette charge augmente : ainsi, les dépenses budgétaires atteignaient en 1998 37 % du PIB (41 % du PIB en 2002). À titre de comparaison : dans les pays à forte croissance économique (Chine, Malaisie, Taïwan), ces dépenses ne dépassent pas les 15-20 % du PIB, comme les États de ces pays refusent de payer les retraites et autres moyens de protection sociale. Mais en Russie, ces dépenses sont la règle et il est impossible de s'y soustraire. Ce qui provoque une charge supplémentaire d'impôts sur les entreprises russes en plein essor.

Après la perestroïka, la société russe a adopté les valeurs démocratiques essentielles : l'égalité des citoyens devant la loi, la liberté de parole et de presse, l'indépendance de la justice, les élections libres des organes du pouvoir, etc. Les citoyens, toutefois, se sont encore insuffisamment approprié ces *instruments de la démocratie*. Ainsi le droit de choisir librement sa profession, celui de se déplacer à travers le pays et le droit de grève ne semblent toujours pas avoir de signification particulière pour les Russes. Et les médias soulèvent rarement ce problème.

C'est pourquoi, compte tenu du contexte, les Russes n'accordent pas trop d'attention, pour le moment, aux formes légitimes d'auto-organisation politique et économique. Ils espèrent plutôt que, pour des raisons obscures (« un miracle ? ! »), le pays connaîtra enfin un « pouvoir compétent », un « bon président » qui « fera tout », et que tout reviendra « à la normale ». Rappelons que l'archétype russe traditionnel repose sur l'État *paternaliste* (voir 2e partie, chap. 3, § 7 et 8).

En tout cas, les Russes repoussent catégoriquement tout moyen révolutionnaire de réorganiser la société. Seulement 12 % des personnes interrogées se prononcent pour une *transformation radicale du système*, cependant que 62,4 % optent pour des réformes progressives évolutives.

Ainsi, le mythe répandu de l'état d'esprit particulier des Russes qui les pousserait à « se révolter » n'est pas empiriquement confirmé. Au contraire, les Russes sont de plus en plus unis dans leur *aversion pour les expériences sociales.*

Ils cueillent les fruits du chemin amer qu'ils ont parcouru.

10. Le rapport des Russes au capitalisme

Comment les Russes jugent-ils les réformes économiques entreprises dans le pays ? Ils les considèrent « mauvaises », « médiocres » et même « totalement insatisfaisantes ». Seulement *1 Russe sur 8* estime qu'il sort *gagnant* de ces dix années de transformations. *1 sur 2* pense qu'il y a perdu et qu'il a été trompé. Les autres soit considèrent qu'ils ont perdu leur statut précédent soit hésitent.

Comme nous l'avons vu, les Russes ont une conception paternaliste de l'État et leur conscience en est encore largement imprégnée aujourd'hui. Pour cette raison, un État faible est chose impossible en Russie.

94 % des gens interrogés attendent de l'État qu'il leur garantisse la rémunération d'un travail en rapport avec sa durée et sa qualité. La moitié des citoyens toutefois (50,3 %) estime que c'est à chaque individu de se soucier du bien-être de sa famille sans compter sur l'État. Il est vrai que plus d'un tiers (36,5 %) des citoyens ne partagent pas cette opinion et comptent toujours sur l'État pour se soucier d'eux dans une économie de marché[123].

Il est intéressant que, de l'avis des Russes, le *secteur privé* ne puisse fonctionner de façon totalement autonome et indépendante (28,1 %).

Du reste, une certaine contradiction dans les chiffres ne doit pas décontenancer, cette même contradiction régnant dans la conscience des Russes en cette période de transition. C'est ainsi que se côtoient deux modèles dans l'esprit des Russes : 1) un *modèle paternaliste*, hérité du passé ; 2) un *modèle nouveau, individualiste*, imposé contre leur volonté par la réalité d'aujourd'hui.

Cet antagonisme dans la conscience des Russes s'est clairement exprimé dans leur rapport au secteur privé. Il semblerait que 47,8 % des sondés défendraient la « liberté de choix » dans le rétablissement de l'économie et 47,9 % la « liberté d'entreprendre » du secteur privé. Ce qui représente près de la *moitié* de la population ! Mais si cette économie de marché libre et concurrentielle *n'est pas régulée par l'État*, ils ne sont plus que 30 % !

Bien entendu, les chefs d'entreprise se prononcent pour l'économie de marché et ils n'acceptent pas que l'État fasse pression sur eux. Y sont également favorables les enseignants, les ingénieurs, l'intelligentsia scientifique et littéraire, les représentants du commerce et de la sphère des services.

Parmi ceux qui sont *catégoriquement contre* le privé, on trouve : les retraités (57,7 % sont pour une forte influence de l'État sur le secteur privé) ainsi que les ouvriers, les ruraux, l'armée et la police (presque la *moitié* d'entre eux).

La position des gens change aussi avec l'âge. Chez les Russes âgés de moins de 35 ans, les supporters d'un secteur privé indépendant sont *deux fois plus nombreux* que chez les individus plus âgés. Toutefois, dans toutes les tranches d'âge (hormis les jeunes de 16 à 24 ans), le nombre de partisans d'une intervention de l'État dans le privé est plus élevé que le nombre des opposants.

Ainsi, les partisans d'un *État social fort* sont nettement plus nombreux que ceux d'un modèle libéral et la régulation de l'économie par l'État rencontre un soutien beaucoup plus large que l'économie libre et concurrentielle. Dans l'ensemble, les citoyens de Russie aspirent à une *économie mixte fortement régulée par l'État.*

Il est intéressant de voir de quels domaines et de quels secteurs il s'agit.

Les données des analystes font ressortir que, pour les Russes, les *secteurs stratégiques* (matières premières, énergie, communications, transports ferroviaires) ainsi que la sphère sociale garantissant la santé et le bien-être de la nation (retraites, santé publique, éducation, science et culture) doivent être sous le contrôle de l'État. Pour la majorité des Russes, cette prédominance de l'État ne signifie pas pour autant le retour à l'économie planifiée d'avant avec le contrôle total de l'État.

Les Russes n'admettent la *prédominance du secteur privé* dans aucune sphère. La moitié d'entre eux préfèrent une économie mixte où secteur privé et secteur public se côtoient dans les secteurs à caractère non stratégique. Cela concerne le BTP, les médias, le logement, l'agriculture, la construction ferroviaire, la sphère financière et les industries légère et alimentaire. Dans la conscience des Russes, ce modèle économique s'appelle « capitalisme d'État ». Il prévoit que les fonctions suivantes incombent à l'État : des éléments de *planification étatique* dans les domaines stratégiques, l'octroi de *subventions* aux entreprises qui ont un rôle social important à jouer.

En résulte un modèle de rapports entre l'individu et l'État essentiellement différent de celui existant en Europe occidentale. À l'Ouest, l'État est avant tout le garant des droits de l'individu dans ses relations en société. En Russie, c'est le modèle traditionnel des relations État-individu, mais aussi société-individu, qui a été conservé : c'est la société, autrement dit le « peuple » représenté par « l'État », qui en est le point de départ.

Cette information est intéressante non seulement parce qu'elle montre l'attitude des Russes par rapport à la situation actuelle, mais aussi parce qu'elle donne une plus grande visibilité des perspectives d'évolution dans le pays.

Elle présente un intérêt particulier pour ceux qui s'apprêtent à faire des affaires en Russie. C'est précisément dans les domaines où prédominent secteur privé et économie mixte que leurs intentions peuvent le mieux se réaliser.

11. Le rapport des Russes aux différents groupes sociaux

Ainsi les Russes ne sont pas opposés à l'économie de marché (capitalisme), mais ils lui préfèrent sa variante mixte. Cette opinion est confirmée par leurs réponses à la question : « Qui contribue et qui freine le développement de la Russie actuellement ? »

L'opinion des Russes est approximativement la suivante[124] :

Les ouvriers, les paysans et l'intelligentsia (soit « les actifs ») sont « les plus utiles » à la Russie.

Les jeunes et les entrepreneurs sont « relativement utiles ».

La télévision, les journaux et les grandes banques sont « dans l'ensemble utiles ».

L'Église, les autorités régionales, les syndicats, le Conseil de la Fédération et les retraités sont « peu utiles ».

Le gouvernement, la Douma et les partis politiques ne sont « pas du tout utiles » et freinent plutôt le développement du pays.

Ainsi, selon les habitants, la Russie actuelle se maintient grâce à sa population active conjointement aux chefs d'entreprise et aux jeunes avec le soutien des médias.

Les principaux « parasites » dans la Russie actuelle sont les politiciens aux mains sales impliqués dans des scandales (75 % des personnes interrogées) et ne souhaitant qu'une chose : envoyer leurs capitaux et leur famille à l'étranger et ne venir en Russie qu'épisodiquement – pour leurs affaires et pour toucher de fabuleux revenus. Le manque de professionnalisme des dirigeants qui exercent dans les organes du pouvoir est perçu par les Russes comme tout aussi préjudiciable pour le pays.

Et ce n'est pas tout. Parmi les facteurs freinant l'établissement d'une vie normale, on trouve : le non-payement des impôts par les oligarches

(35,3 %), l'influence fortement négative des États occidentaux sur le pouvoir russe (31,1 %), la dégradation de l'environnement due à l'activité des entreprises industrielles (22,4 %).

Il convient de s'arrêter tout particulièrement sur les relations mutuelles entre les provinciaux et les centres fédéraux (Moscou et Saint-Pétersbourg). La très forte méfiance des provinciaux vis-à-vis du centre fédéral n'est que trop manifeste aujourd'hui. On considère qu'à Moscou « on s'engraisse » sans prêter attention à la misère et aux problèmes de la province, qu'on s'attribue tout ce qui a été gagné, etc. Du reste, ce n'est pas nouveau dans la mentalité russe. Rappelons-nous le proverbe russe connu de tous : « Moscou ne croit pas aux larmes. »

Tous les provinciaux ne sont pas unanimes dans leur hostilité envers le centre. Cela dépend des régions. Dans l'ensemble, il y a quelques années, 1 Russe sur 3 faisait plus confiance aux autorités locales qu'au centre. Il semble que cette tendance relève toutefois du passé, puisque le nouveau président de Russie dispose du soutien de presque 70 % des Russes.

Enfin, l'idée d'un démantèlement de la Russie en tant que tout uni est catégoriquement repoussée par la majorité des Russes[125].

12. Le rapport des Russes à la liberté et à la démocratie

« Chaque peuple a sa conception de la liberté qu'il distribue et façonne à son goût... »
(I. Ilyine, Sur la Russie future, p. 189.)

Nous avons déjà évoqué plus haut (2e partie, chap. 3, § 4) la *dualité des Russes dans leur rapport à la liberté.* Par tradition, on leur attribue aussi bien l'anarchie qu'un tempérament capricieux et une humilité d'esclaves.

Cette affirmation prend toute sa force lorsque l'on évoque le système totalitaire que les Russes ont connu pendant quelques décennies, le fait qu'ils se soient adaptés à la terreur de masse au temps de la guerre civile et que plus tard (sous Staline) ils n'aient jamais organisé de protestation de masse.

Cette affirmation est injustifiée : sans entrer dans des discussions inutiles, rappelons seulement que le nombre des victimes de la terreur stalinienne était effrayant. Il est évident que l'État recourait aux répressions non seulement pour briser l'opposition en tant que telle, mais afin d'anéantir toute idée même d'opposition.

Face à la brutalité de la terreur, l'opposition du peuple aux lois existantes prit une forme passive : les gens contournaient les lois dans la mesure du possible. Du reste, il en fut toujours ainsi en Russie : déjà au XIXe siècle, le marquis de Custine s'indignait que « les Russes obéissent aux ordres comme de bons soldats » et notait même que « la Russie serait d'un despotisme absolu si l'on y observait toutes les lois en cours ».

Et, plus récemment, les communistes ne purent venir à bout de la résistance passive du peuple. La résistance refoulée prit la forme d'un sabotage inconscient : le refuge dans la vie privée au lieu de la « construction de l'avenir radieux », l'indifférence envers la politique, le mépris envers les carriéristes (surtout membres du parti), la méfiance et même la raillerie de la propagande d'État, l'intérêt soutenu pour la culture occidentale, etc.

Le bolchevisme au cours de ces quelques décennies se putréfia peu à peu. Et finalement, en quelques jours, ce ne sont pas les armées étrangères (comme en Allemagne, au Japon, en France et d'autres pays) mais justement cette *résistance intérieure permanente* et le sabotage des citoyens qui retournèrent à la Russie la liberté si longtemps confisquée.

Bien entendu, la liberté reconquise de façon inattendue amena au simple citoyen son lot de problèmes, dont celui de la survie. Il peut même lui arriver de se plaindre d'être « fatigué de la liberté » et d'avoir la nostalgie de l'« ordre d'autrefois ». Ce n'est pas un hasard si, comme le montrent les sondages sociologiques, le nombre des partisans de Staline croît d'année en année. 50 ans après sa mort, seulement *un tiers* des Russes *désapprouvent son rôle*, 45 % de la population (il s'agit de gens de condition modeste) sont convaincus qu'il a joué dans la vie du pays « un rôle absolument positif » (GZT.ru – 7 mars 2003).

Le raisonnement de ces gens est compréhensible : la « liberté » nouvelle est perçue par eux comme la liberté de comportement en société, ce qui équivaut presque à « agir à sa guise » et peut se rapprocher de l'anarchie. Pour les Russes, la liberté est, dans une grande mesure, comprise comme la *liberté sociale* (la volonté !), la *liberté de décision*, la *liberté de choix et d'action*, la possibilité de vivre pour soi-même sans tenir compte de l'opinion de l'entourage, sans se conformer à quiconque.

Dans ce contexte (associé à de rudes conditions économiques de survie), des valeurs telles que l'*expression de la volonté* et la *liberté de conscience*, la *liberté de la presse*, la *liberté de mouvement*, les *élections libres* et autres *institutions démocratiques* ne sont plus aussi essentielles, dans la mesure où un problème plus vital se pose : comment s'adapter aux nouvelles conditions de vie, survivre, comment se relever et préserver ses enfants.

Toutefois, les personnes qui ont une activité d'ordre intellectuel (31,2 % de la population en Russie[126]) expriment les valeurs de la classe moyenne et chérissent la liberté, apprécient l'absence de censure, le boom éditorial et théâtral, la liberté de presse et de conscience, la possibilité de se déplacer « où bon leur semble », la liberté d'entreprendre etc.

Une étude psychologique intéressante a été menée il y a quelques années en Russie. On a demandé aux gens d'expliquer *quelle était leur conception de la liberté et s'ils étaient prêts à accepter une restriction de cette dernière*[127].

Il s'avère que près de la moitié des Russes sont prêts aujourd'hui encore à accepter une limitation de leurs droits à condition de recevoir en échange des garanties sur leur protection par l'État. 43 % des Russes, par exemple, estiment que certaines catégories de gens au travail n'ont pas le droit de faire la grève, quelles que soient les conditions ; 42 % se sont prononcés pour le maintien de la *propiska* (enregistrement de l'individu sur son lieu de résidence) ; 31 % se sont prononcés pour que les médias ne reflètent que les points de vue utiles à l'État et 22 % sont d'accord pour que l'État oblige tous les individus aptes au travail à travailler comme à l'époque soviétique.

Cette étude détruit totalement le mythe des Russes comme individus pour lesquels la liberté signifierait « anarchie », « n'en faire qu'à sa tête ». Dans la notion de *démocratie*, le plus important pour les Russes actuels réside dans les fondements mêmes de l'État démocratique : l'« égalité de tous et de chacun devant la loi » et l'« indépendance de la justice ». Et l'importance de ces deux principes ne fait qu'augmenter avec les années passant, respectivement de 54 % à 83 % pour le premier et de 41 % à 46 % pour le second[128].

La possibilité de la libre expression sur le plan politique (« liberté de presse », « élections libres des instances du pouvoir ») et les formes démocratiques d'organisation de la vie en société, etc., ne viennent qu'en deuxième position pour de nombreux Russes, à la différence des Européens, pour lesquels elles sont des valeurs de première importance.

Il serait naïf de croire (bien qu'on l'entende souvent) que les Russes n'en sont qu'au stade de l'« apprentissage » de la démocratie et qu'ils n'auraient pas suffisamment « bien assimilé » ses normes et ses règles. Les médias libéraux aiment à répéter ce mythe largement répandu en Russie et à l'étranger. En fait, il ne s'agit pas d'un processus d'« apprentissage » mais plutôt d'« adaptation » de la notion de démocratie à l'expérience russe, à ses traditions.

2/3 des Russes estiment que « les procédures démocratiques ne sont que de la poudre aux yeux et que le pays est dirigé par ceux qui ont l'argent et le pouvoir[129] ». Pour la majorité des gens, les intérêts de la communauté (société, peuple), les problèmes sociaux à résoudre et la défense des intérêts nationaux contre les oligarches sont bien plus importants que les problèmes de démocratie et de liberté. Ce n'est que dans ce sens que l'on peut parler de l'esprit collectiviste des Russes.

Notons que, pour la majorité des Russes, le collectif n'est pas l'instinct de troupeau, mais *un sacrifice volontaire de leurs droits au bénéfice de la communauté.* Dans ce sens, il est juste d'évoquer l'« esprit de sacrifice » comme trait distinctif des Russes.

Un sondage sur un problème qui soulève beaucoup de polémique a été effectué parmi les Russes. À la question : « Que préférez-vous : la démocratie totale avec de faibles garanties pour votre sécurité personnelle ou un pouvoir fort qui vous garantisse pleinement cette sécurité ? », seulement 10,5 % des gens ont choisi la liberté, cependant que 58,7 % des citoyens russes se prononçaient pour la *sécurité personnelle* et 30 % avaient du mal à répondre[130]. Comme nous pouvons le constater, en cas d'alternative, la démocratie perd de son importance.

Il faut savoir que la sécurité est l'une des premières exigences de l'individu et elle n'est, de toute évidence, pas satisfaite dans la Russie actuelle. Ce qui est étonnant n'est pas que 58,7 % des citoyens aient choisi la sécurité, mais plutôt que 41,3 % ne l'aient pas choisie. Ce qui signifie que pour la moitié des Russes, la *démocratie* est une *valeur essentielle* à condition que la sécurité personnelle soit déjà garantie.

Le choix entre la démocratie et la sécurité ne reflète pas tant le rapport à la démocratie que le prix donné à la vie humaine. Cela est très manifeste lorsqu'on analyse les réponses des Russes dotés d'une formation supérieure. Les gens éduqués et l'intelligentsia sont, plus que les autres couches de la population, orientés vers le « marché ». Mais ils ont, parallèlement, une position très ferme vis-à-vis de la « liberté totale ». La criminalité grandissante dans le pays fait qu'ils préfèrent sans hésitation un pouvoir fort, capable de garantir à l'individu le droit à la sécurité. Quitte à sacrifier pour cela certains droits démocratiques.

Et à la question de savoir s'ils préfèrent *une société de liberté individuelle* ou *une société où règne l'égalité sociale*[131], 26,6 % des Russes – des jeunes de moins de 25 ans – ont donné la priorité à la liberté individuelle (soit le modèle américain de « société de marché »). Plus de la moitié des Russes (54 %) ont choisi une société d'égalité sociale et 19,4 % ont du mal à se décider.

Ce qui montre bien qu'avec l'âge le modèle « américain » de société est perçu de façon négative. 61,8 % des plus de 45 ans se prononcent *contre*, et ce chiffre passe à une écrasante majorité (71,8 %) pour les plus de 55 ans. Mais attention ! L'*égalité sociale* chez les Russes n'est pas comprise au sens de l'*égalité des revenus* ou des *conditions de vie*, mais au niveau de l'*égalité des chances*. Même la génération des 25-35 ans, totalement convertie au « marché », préfère l'*idée d'égalité* à celle de liberté individuelle. Et ces réponses ne reflètent pas tant la conscience « anti-marché » des Russes que la spécificité de leur culture (voir 2e partie, chap. 3) au sens le plus large du terme, c'est-à-dire au sens des valeurs et des objectifs de l'existence qui leur sont propres.

Conformément au célèbre mot d'ordre de la Révolution française, l'*égalité* et la *fraternité* sont prioritaires pour les Russes. La *liberté* – comprise par eux au niveau individuel et non au niveau des institutions politiques – vient seulement après. De plus, c'est l'*État*, et non les forces ou partis politiques, qui doit exprimer l'intérêt général : il doit prendre tout d'abord en compte les intérêts de chaque individu, puis ceux des groupes sociaux, et mener de cette façon une politique axée sur *le bien du peuple tout entier*.

13. Le rapport des Russes à l'argent

Le rapport des Russes à l'argent est ambivalent. D'une part, *on évite de parler d'argent en société*, insister sur ce thème provoque chez les Russes un sentiment de gêne et même de honte. S'obstiner sur ce thème est aussi indécent que de parler de sexe. Cela est particulièrement vrai pour les générations précédentes.

La majorité des Russes a un fort préjugé contre les gens très riches, considérant qu'ils se sont enrichis illégalement ou avec de l'argent volé au trésor public ou provenant des richesses nationales. Et pour ceux qui travaillent dur et peuvent s'offrir la vie qu'ils méritent (appartement, voiture, repos dans les mers du sud et autres), les injures comme « spéculateur » sont nombreuses et l'on ne se montre pas tendre avec eux.

Certes, on a, pendant des décennies, enseigné aux Russes qu'il « était inconvenant de faire de l'argent » car l'argent doit être gagné sous forme d'un salaire fixé par la direction. À l'époque soviétique encore, tout individu qui essayait de faire preuve d'initiative et d'autonomie (comme coudre pour ensuite vendre ses confections) était sévèrement puni par l'État.

Par ailleurs, les lois actuelles du marché dictent de nouvelles règles de comportement et de nouvelles valeurs en Russie. Le désir de gagner de l'argent, de devenir riche et matériellement indépendant est de plus en plus ouvertement exprimé, surtout parmi les jeunes. 84 % des jeunes estiment qu'« il vaut mieux travailler plus afin de gagner plus ». Ils sont persuadés que « l'argent offre la liberté » en donnant accès à l'éducation, à la culture, aux voyages et autres choses.

Le culte de la réussite se renforce d'année en année et l'on affiche de plus en plus fièrement sa richesse et son pragmatisme. Un nombre croissant de Russes avouent qu'« il n'y a rien de honteux à être riche », bien au contraire : l'argent devient de plus en plus fréquemment le critère et même la clé de la réussite dans la vie. Le désir de s'enrichir est de plus en plus manifeste (ou secret). La lutte des classes est devenue quelque peu désuète et les propriétaires de Mercedes ou de beaux appartements n'agacent aujourd'hui plus que 21 % de la population. C'est avec un *respect* grandissant (*plus de la moitié de la population*) que l'on considère aujourd'hui « ceux qui savent gagner de l'argent ».

Le nombre de ceux qui restent campés sur des positions soviétiques demeure toutefois considérable. La devise « moins travailler et moins gagner plutôt que se surmener » demeure vraie pour un *quart* des Russes. L'argent peut être convoité et gagné, mais il est indécent de l'afficher. Cela montre la profonde différence qui sévit entre la Russie et l'Occident de même que l'attitude ambivalente des Russes vis-à-vis de l'argent.

Comment les Russes dépensent-ils l'argent?

On sait que les citoyens des pays développés préfèrent vivre à crédit et n'aiment pas avoir du liquide sur eux. Les Russes peuvent sembler avares en comparaison puisqu'ils passent leur temps à épargner : pour l'achat d'un logement (36 %), d'une voiture (34 %), pour les enfants (25 %), pour l'éducation (23 %), pour les congés (21 %) et les gens d'un certain âge (17 %), en dépit de la malheureuse expérience qu'ils ont vécue – avec leurs économies parties en fumée –, continuent, comme à l'époque soviétique, à thésauriser « pour les mauvais jours », « pour les funérailles ».

Bien entendu, tous sont loin de réussir à épargner la somme voulue. La plupart des Russes vivent au gré des salaires. Leur argent part, pour l'essentiel, dans la nourriture et une garde-robe modeste ainsi que dans l'éducation des enfants (13 %), la santé (8 %), et seulement 2 % dans les congés.

Que signifie actuellement l'argent pour les Russes?

Il y a encore quelques années, les Russes frappaient l'imagination des Français avec les liasses énormes de dollars qu'ils amenaient dans des paquets sous cellophane. Cette époque fabuleuse est désormais révolue. Les hommes d'affaires russes se sont civilisés et n'amènent dorénavant plus de sommes colossales sous papier cellophane mais transfèrent tout simplement leur argent sur leur compte à l'étranger en passant par des paradis « offshore ».

Les différences de comportement choquantes entre les hommes d'affaires occidentaux et russes se sont comme effacées, mais pas de façon définitive. Un coup d'œil attentif nous permet d'en relever encore quelques-unes.

Les Russes, par exemple, n'aiment pas utiliser les chèques, les chéquiers et les cartes de crédit, à la différence des Français qui utilisent souvent leur carte de crédit même dans le cas d'achats courants.

Pour les Russes, il y a plusieurs raisons à cela. En ce qui concerne les chèques, il est tout d'abord difficile aux Russes de remplir un chèque en langue étrangère!

Ensuite, en Russie même, prévaut un système corrompu où tout document peut être facilement fabriqué, alors que de vrais « titres » peuvent, en l'espace d'une minute, avoir perdu leur valeur à tout jamais. Il ne faut donc pas s'étonner de l'attitude sarcastique des Russes vis-à-vis des chèques, obligations, actions, etc. Combien de fois dans la vie le Russe s'est-il retrouvé dépossédé jusqu'au dernier centime de tout ce qu'il avait ! C'est pour cela que, dans la « jungle économique » qu'est la Russie d'aujourd'hui, les gens n'ont plus aucune foi dans les titres. Alors que l'argent comptant, lui, rassure psychologiquement et sécurise.

Ce sont approximativement les mêmes raisons qui poussent les Russes à ne pas faire confiance à la carte de crédit. Pas seulement par manque d'habitude. La raison en est plutôt qu'elle n'est pas sécurisée là-bas comme en Occident. Le mode de fonctionnement de la carte en Russie est en retard sur les normes occidentales. Il n'y a, par exemple, pas de code secret (ou « code pin ») à émettre pour avoir accès à son compte (obligatoire en Occident). Pour régler ses achats avec une carte de crédit en Russie, une simple signature suffit. Ce qui signifie que tout achat peut être réglé avec une carte volée. Le risque d'être volé réduit considérablement l'intérêt des Russes pour la carte. Du coup, ils l'utilisent généralement quand ils sont à l'étranger.

Ainsi, rien ne remplace l'argent comptant pour le Russe ! Il n'y a qu'avec lui qu'il se sent en sécurité.

14. Quelle image les Russes d'aujourd'hui ont-ils d'eux-mêmes ?

De nombreux mythes ont circulé sur le caractère des Russes, dont celui sur l'« énigmatique âme russe », au-delà des frontières de la Russie. Aujourd'hui, alors que la société russe se transforme, ces mythes se multiplient encore davantage. Et aux secrets non résolus de l'« âme slave » viennent s'en greffer encore de nouveaux. *Comment les Russes affrontent-ils la nouvelle réalité ? Comment réussir dans ce contexte ? Quel impact les nouvelles conditions de vie ont-elles eu sur les qualités traditionnelles des Russes ? Quelle perception ont-ils d'eux-mêmes ?*

Selon les données des analystes[132], les Russes, dans leur estimation d'eux-mêmes, relèvent principalement leurs qualités et beaucoup moins leurs défauts. Si l'on essaie, à partir de ces éléments, d'en dresser un portrait général, on obtient alors le tableau suivant. Les Russes sont des gens chaleureux et accueillants, généreux, confiants et courageux. La joie de vivre, la bonté (27,6 %), la modestie, l'honnêteté, la patience (22,1 %), l'hospitalité (28,9 %), la bienveillance (18,5 %) et la piété les caractérisent. Ils sont tout aussi actifs qu'inertes, paresseux que travailleurs, soumis devant l'autorité que sûrs d'eux-mêmes, emportés qu'équilibrés. Mais cela ne les empêche pas de reconnaître qu'ils manquent de ponctualité et de discipline, qu'ils sont portés sur la bouteille, qu'ils sont négligents et peu soignés.

Il n'est pas difficile de constater que le « modèle sociologique des Russes actuels » correspond quasiment à celui ancré dans la conscience de masse, y compris chez les autres peuples. Les Russes semblent porter un jugement objectif sur eux-mêmes.

Aussi tragiques et complexes qu'aient été les 10-15 dernières années pour les Russes (il s'agit d'une courte période de l'histoire), *les traits traditionnels du caractère national ont su résister aux changements.*

En comparant les traits du caractère russe à, par exemple, ceux de l'américain, on peut en déduire qu'ils diffèrent considérablement.

La culture américaine est plus brutale, orientée sur les « affaires » : les individus sont motivés par le commerce, le calcul, le succès, la carrière.

La culture russe, même dans le contexte actuel, apparaît moins agressive, les relations informelles, « cordiales » y jouent un rôle de premier plan. Le Russe ne possède pas la dureté, le dynamisme et l'esprit d'entreprise propre à l'Américain, mais il a, en revanche, la patience et de grandes capacités d'adaptation. Et si les rapports entre Américains sont construits sur l'*individualisme* et la *loi*, ils sont, chez les Russes, établis sur la *sociabilité*, la *confiance* et l'*entraide.*

Toutefois, sous l'influence des processus de ces derniers temps, les Russes se sont mis à acquérir des traits, jusqu'alors inconnus d'eux.

Ainsi, à l'époque soviétique, les Russes n'accordaient pratiquement aucune importance à leur identité nationale. Lors de l'effondrement de l'URSS, toutefois, il leur a été rappelé qu'ils étaient russes, parfois même de façon très brutale comme dans les républiques baltes. Ce fut le point de départ du nationalisme russe en tant que mouvement social et politique.

Le processus de cristallisation de ce mouvement devient de plus en plus visible. Par exemple, dans le fait que les Russes aujourd'hui ne se perçoivent plus en tant qu'État mais en tant que nation. Jusqu'en 1991, ils se percevaient en tant que « soviétiques ». À présent, ils préfèrent se désigner comme membres d'une ethnie.

La conscience d'une identité nationale rassemble et soude les Russes d'aujourd'hui. Une explication possible à cela est que les Russes trouvent humiliant de voir leur pays rabaissé par rapport à un passé récent. Selon des sondages, 64,7 % des Russes ont honte de l'état actuel du pays, 73,6 % ont un sentiment d'injustice par rapport à tout ce qui s'y passe, 49,5 % pensent qu'« il est impossible de continuer à vivre ainsi ». Seulement 11 % d'entre eux « sont satisfaits » ou pensent qu'« il suffit de patienter encore un peu et tout s'arrangera ».

Désormais, les Russes trouvent important de souligner leur appartenance à l'« ethnie russe » – surtout à l'étranger – pour constituer une diaspora ou simplement un cercle de fréquentation. Ces facteurs de consolidation ne sont pas encore bien en place. Il faut noter tout particulièrement ici le rôle de l'Église orthodoxe qui jouit d'une grande confiance au sein de la population. Autrefois (avant la révolution de 1917), l'appartenance à la communauté russe était déterminé par la foi orthodoxe. Cela ne veut pas dire qu'il en sera de même à l'avenir. En cette période de transition, de nombreux principes et concepts ne sont pas encore totalement structurés.

Il est aussi important de souligner que « la spécificité russe est une valeur » pour la majorité de la population, qui estime que *les valeurs et les recettes économiques occidentales* pour le renouveau de la Russie sont étrangères, pas appropriées et même néfastes au pays. Seulement 15 % de la population regroupant l'intelligentsia des sciences humaines et techniques sont toujours d'accord pour transformer l'« empire du mal » en un « pays civilisé » à l'occidentale.

Toutefois, parallèlement à ce *processus de consolidation russe* (importance de l'appartenance ethnique), les Russes ne font, dans l'ensemble, pas preuve de discrimination en raison de leur appartenance nationale : les mariages interethniques sont aussi bien tolérés qu'avant. 70-75 % des jeunes n'y mettent aucune restriction. Plus de 60 % des Russes voient la

Russie comme la « maison commune » à de nombreux peuples jouissant des mêmes droits. Mais au niveau du gouvernement, 48 % des Russes estiment que « tous les peuples sont égaux en droits… mais le Président doit tout de même être russe ». Pour l'autre moitié de la population, « cette question leur est indifférente ». Quant aux Tatars, Bachkirs et Ukrainiens qui vivent sur le territoire de la Russie, ils sont 34 % à désapprouver le choix d'un président russe.

La majorité des Russes s'en tiennent donc, par tradition, au modèle de relations bienveillantes envers leurs voisins. Et les Russes sont, aujourd'hui, orientés plutôt *vers une prise de conscience de leur identité* que vers une confrontation avec les autres nations. Toutefois, si les conflits interethniques venaient à s'aggraver, si les autres groupes ethniques renforçaient leur expansion (y compris économique) ou faisaient pression sur la Russie, une évolution différente de la consolidation russe n'est pas à exclure. Le facteur ethnique en tant que mode d'autodéfense pourrait alors intervenir dans ce processus.

Déjà des signes de ce revirement se manifestent sur l'horizon politique. Par exemple, de nombreux Russes sont actuellement inquiets des poussées défavorables *dans l'équilibre ethnique* de la population du pays, leur population *diminuant de près de 1 million de personnes par an.* Les individus qui ont un physique oriental prononcé n'ont pas toujours accès aux établissements d'élite après le *face control* (« contrôle de la face »). Il existe aussi un électorat nationaliste (de type « lepéniste »), fort d'environ 9-11 millions de personnes, qui pense que « la Russie doit être un État d'individus russes ». Parallèlement à des tendances analogues en Europe (en France, par exemple), les manifestations nationalistes d'extrémistes ont été particulièrement actives il y a quelques années (en souvenir d'Hitler). Et leur agressivité croît au fil des ans. Au point que le Président du pays a, pour la première fois depuis des années, fait allusion aux manifestations de « Skinheads » comme étant « une menace sérieuse pour la stabilité et la sécurité du pays » dans une lettre adressée à l'Assemblée nationale en avril 2002. Il a aussi souligné que c'était là « un des facteurs qui pouvaient gêner les citoyens et rendre le pays inhospitalier pour les étrangers ».

D'autres formes « adoucies » du nationalisme sont devenues encore plus populaires : selon elles, « les Russes constituant la majorité de la population, ils portent la responsabilité principale et doivent donc avoir plus de droits ». Cette position, défendue par 13,1 % de la population il y a dix ans, en rassemble plus de 20 % aujourd'hui.

Les fondements pour la progression politique du nationalisme russe ont ainsi été posés ces dernières années en Russie. De l'avis des analystes, « ce nationalisme en forte expansion aujourd'hui est une idéologie de *quête* en Russie. Il expérimente les différents modèles de mobilisation politique, ce qui le différencie notablement des idéologies tant communistes que libérale. »

15. Quelle est, aujourd'hui, l'attitude des Russes envers les autres pays ?

Les relations des Russes vis-à-vis de l'étranger ont brutalement changé ces 10-15 dernières années : si, durant la perestroïka, la « vague démocratique » les incitait à clamer des slogans pour « faire de la Russie un pays civilisé » (comme en Occident), ces mots d'ordre ne sont plus d'actualité aujourd'hui. De plus, les Russes se sont, ces derniers temps, davantage persuadés que les recettes étrangères pour sortir le pays de la crise économique et sociale aiguë sont *inacceptables* pour la Russie. Favorisant l'enrichissement de certains oligarches et les transferts de capitaux à l'étranger, elles ne servent, en d'autres mots, qu'à enrichir l'Occident.

Cela semble encore plus paradoxal si l'on considère que la majorité des Russes perçoit la situation actuelle de la Russie de façon très critique et la compare même à un pays en voie de développement.

Il est intéressant de voir comment les Russes se perçoivent eux-mêmes... Sont-ils plus *proches de l'Occident ou de l'Orient*? Il peut y avoir plusieurs réponses à cette question en raison des différents aspects qu'elle présente : s'agit-il de la proximité de culture, de mentalité ou du système économique ?

Sur le plan culturel, 26,3 % des Russes estiment qu'ils occupent *une place intermédiaire* entre l'Occident (Amérique, France et Allemagne) et l'Orient (Chine, Japon et Inde). Toutefois, c'est de l'Allemagne (17 %) et de la France (14,9 %) qu'ils se sentent le plus proches. *Sur le plan économique*, 25,9 % des Russes estiment qu'ils sont à mi-chemin entre l'Occident et l'Orient, mais le système économique de pays comme la Chine et l'Inde semble beaucoup plus proche à 10-12 % d'entre eux et celui de l'Amérique le plus étranger (2,4 %). Pour ce qui est du *caractère national*, près de 40 % des Russes se considèrent comme étant à mi-chemin entre l'Occident et l'Orient tout en se sentant un peu plus proches du caractère allemand (10 %) et américain (7,1 %).

Les Russes sont, de toute évidence, nettement plus *conscients de l'aspect européen de leur culture*, surtout lorsqu'il s'agit du caractère national. Toutefois, sur le plan économique, *moins d'un quart de la population du pays* pense qu'une économie de type occidental pourra se développer dans le pays. La concurrence, l'individualisme et la non-ingérence de l'État dans l'économie sont contraires aux anciennes traditions russes.

Étant donné l'actualité du thème eurasien dans les discussions politiques, il convient de s'arrêter sur la tendance *eurasienne*. C'est dans la culture qu'elle est le moins exprimée et de façon un peu plus prononcée, quoique sensiblement au même niveau, dans l'économie. Ensuite 40 % des Russes se sentent effectivement eurasiens pour ce qui concerne le caractère national. On ne peut donc parler du caractère « purement *eurasien* » des Russes. Eux-mêmes voient la Russie comme « un pays européen-eurasien ». La composante asiatique de leur conscience est trop faible et il ne faut pas la comprendre comme une attirance ou une sympathie particulière pour le Japon, la Chine, l'Inde ou les pays arabes, mais plutôt comme leur sentiment d'être « presque européens mais pas tout à fait ». La meilleure preuve que l'Orient ne les attire pas particulièrement est qu'ils ne songent jamais à y émigrer. Pour cela, ils choisissent les USA ou l'Europe occidentale.

Toutefois, bien que persuadés de l'origine européenne de leur culture et de la proximité relative des mentalités européenne et russe, les Russes n'aspirent pas vraiment à faire partie de la « maison européenne ». On n'observe rien qui rappelle, même de loin, l'euphorie dans les pays d'Europe orientale ou les États baltes à l'égard de l'Europe. Il y a encore quelques années, la question de savoir si la Russie faisait partie de l'Europe était vivement débattue dans les médias. Des conférences à caractère « scientifique » furent même plusieurs fois organisées sur le sujet. Aujourd'hui, en regardant la carte du monde où l'Europe apparaît comme une petite presqu'île de l'immense continent asiatique, le Russe se contente de hausser les épaules en réponse à cette question. Le regard des Russes sur eux-mêmes est en train de changer notablement et rapidement.

Les Russes comprennent bien que la perspective d'une fusion de la Russie avec une « Europe unie » dans un futur proche est impossible tant pour des raisons politiques qu'économiques. Parallèlement, cette éventualité a peu d'attrait pour les Russes qui ne la voient pas comme l'objectif à atteindre coûte que coûte prochainement. En tout cas, seulement 2 % des Russes ont déclaré être pour l'intégration de la Russie dans l'Union européenne, même si cette dernière jouit d'un degré de confiance des Russes (20 %) bien plus élevé que celui qu'ils ont en leur propre gouvernement. Les Russes *s'éloignent* progressivement du « monde occidental » par l'esprit et cette tendance ne fait que se renforcer. Leur état d'esprit peut se résumer ainsi : « Faites ce que vous voulez chez vous et nous ferons aussi tout ce que nous voulons chez nous. »

L'attitude des Russes vis-à-vis d'une possible intégration des ex-républiques d'URSS témoigne de leur scepticisme grandissant vis-à-vis de cette perspective. L'idée, autrefois en vogue, de la création de la troïka « Ukraine + Russie + Biélorussie » a essuyé un sérieux revers. Aujourd'hui, seulement 12 % des Russes se prononcent pour (20 % de moins qu'en 1995). Le plus intéressant est que ce sont les jeunes de moins de 25 ans qui se montrent le plus hostiles à l'idée d'une telle union. La génération plus âgée (les plus de 55 ans) se prononce pour la création de la CEI (Confédération des États indépendants) et le « rétablissement de l'URSS ». On peut donc supposer qu'avec la relève des générations, la *tendance en faveur de l'indépendance* de la Russie ne fera que s'affirmer de plus en plus. L'*isolationnisme des jeunes* s'accorde singulièrement dans leur esprit avec l'idée d'un élargissement des frontières dans le domaine des affaires, des opportunités de travail à l'étranger et du tourisme. Les jeunes Russes rappellent en cela les Américains qui se contentent d'informations superficielles, partielles et d'ordre purement pratique sur les autres pays et peuples. Ces informations ne font qu'effleurer leur conscience, sans y pénétrer profondément, sans transformer leur mentalité. Il est pour le moment difficile de dire à quel point cette tendance à l'isolationnisme des jeunes est solidement ancrée. Si elle continue à se développer, elle changera en principe les paramètres de la culture et de la mentalité russes.

Aujourd'hui, les Russes ne cherchent plus à s'identifier au reste du monde et ils aspirent encore moins à « le sauver », comme cela l'a été dans le passé. Et il n'est pas exclu qu'à l'avenir, la transformation de la Russie en un système économique « ouvert » soit contrebalancée par un « enfermement » culturel et psychologique, une autarcie renforcée et l'opposition de sa « spécificité » au reste du monde.

Il convient toutefois de souligner que cela ne signifie pas une baisse des relations économiques avec les autres pays. Il ne s'agit ici que d'un revirement psychologique dans la conscience des Russes. C'est ainsi que, dans la perception du Russe, le rapport au monde occidental est partagé entre deux extrêmes. D'une part, le modèle général de l'« Occident » est *négatif* pour lui : les Russes (surtout les personnes âgées) sont contre l'influence géopolitique étrangère, la pression sur eux de l'extérieur, l'ingérence dans leurs affaires intérieures, le pragmatisme et l'« absence de spiritualité de la société de consommation ». Ils sont méfiants vis-à-vis des bonnes intentions à leur égard en provenance des hommes politiques occidentaux.

À côté de cela, les pays développés économiquement sont, au niveau de la culture matérielle et technique, a priori perçus *de façon positive* grâce à la proximité culturelle, à l'histoire commune et l'adresse traditionnelle des Russes à s'approprier les nouveautés. L'Allemagne est perçue de façon très positive : c'est sur son expérience que furent instaurés l'État après le règne de Pierre le Grand et le système d'éducation. Avec sa culture raffinée, l'Italie apparaît habituellement comme une patrie spirituelle pour la moitié des artistes et écrivains russes du XIXe siècle. Même l'Angleterre leur est sympathique avec son conservatisme, son respect de la monarchie et les séduisantes manières des « gentlemen » anglais. Toutefois, la France est, pour les Russes, le pays phare dans l'Europe. Elle a une histoire et une architecture qui sont riches, une cuisine raffinée et surtout des affinités culturelles avec la Russie. Là, comme nulle part au monde, un intérêt particulier pour la Russie et tout ce qui est lié à ses racines et à sa culture est de mise. Et il n'est pas près de disparaître… Et ce n'est pas un hasard si, selon les données de l'Institut des études sociales ARN, à la question : « Quel pays vous plaît le plus ? », les Russes ont d'abord cité la France (68,1 %), l'Allemagne (64,1 %), l'Angleterre (62,8 %).

QUATRIÈME PARTIE

La coopération commerciale avec les Russes

« C'est le temps qui nous apprend. »

1. La participation de l'Occident à l'industrie russe

De nombreuses entreprises russes sont aujourd'hui aux mains des étrangers. L'État est propriétaire à 100 % des monopoles de ressources naturelles tels que *Gazprom*, le secteur énergétique, celui du gaz et les combinats métallurgiques. Le ministère des Voies de communication, les transports maritimes et aériens et les entreprises de la défense nationale lui appartiennent aussi. Toutes ces entreprises sont pratiquement inaccessibles aux étrangers, dans la mesure où la participation dans ces sociétés apporte des bénéfices extrêmement importants et beaucoup d'influence. De façon générale, l'élite russe des affaires s'est depuis longtemps réparti toutes les branches liées à l'exportation.

Même là où il y a le plus fort afflux d'étrangers – dans l'*industrie alimentaire* –, les sociétés russes travaillent avec succès aux côtés des sociétés étrangères.

Dans l'*industrie des cosmétiques*, la part des fabricants russes s'est réduite de 40 %. Il existe encore quelques usines importantes de cosmétiques russes (*Nevskaïa kosmetika*, *Svoboda*, *Novaïa Zaria*) qui fabriquent une production bon marché. Mais elles sont talonnées par les Français qui remportent la palme dans ce secteur et sont particulièrement appréciés de la clientèle aisée et capricieuse.

Les fabricants russes à l'esprit patriotique ne cherchent pas vraiment à obtenir de capitaux étrangers, contrairement aux déclarations des experts gouvernementaux reprises par les médias. Le responsable financier de l'usine *Nevskaïa Kosmetika*, par exemple, affirme sans détours que les profits de l'usine suffisent à financer une production plus importante, la formation et la publicité. Et si l'argent venait à manquer, il demanderait un crédit à la banque mais en aucun cas il ne recourrait à des emprunts, intérêts ou cautions étrangères.

Il en est de même pour l'*industrie de la viande*, où quasiment toutes les entreprises sont russes. Et il n'y a pas de capitaux étrangers dans l'industrie du *blé*.

La concurrence sur le marché russe du travail s'est renforcée, les bons experts en marketing et en management font défaut et les sociétés sont prêtes à payer le prix pour les services de ces spécialistes. Les employeurs s'arrachent les collaborateurs de valeur. *Les juristes, spécialistes d'assistance technique et cadres du personnel ont vu leurs salaires brusquement grimper.* Leurs salaires atteignent six chiffres (en dollars).

2. Le style des relations d'affaires

Comment parvenir à une compréhension mutuelle dans le cadre d'une collaboration d'affaires entre Français et Russes ?

Il convient, tout d'abord, d'analyser les spécificités de votre propre culture. Il est très important d'être conscient que les Russes perçoivent les Français comme des individus hautains qui aiment « jeter de la poudre aux yeux ». Ce comportement les rebute et suscite leur hostilité. Et il ne s'agit pas là du « regard superficiel du touriste ».

« Pourquoi les Russes préfèrent-ils construire des relations à long terme avec les Américains, les Allemands et les représentants d'autres pays plutôt qu'avec des Français ? » À cette question posée par l'auteur du livre à la Chambre de commerce et d'industrie à Moscou, la directrice générale de la fondation nationale « La culture commerciale russe » Galina Konstantinova nous a répondu de la façon suivante.

Elle nous a déclaré qu'outre des raisons purement économiques, les aspects psychologiques jouent aussi un rôle important. Selon elle, les Français, en plus de leur condescendance et de leur froideur apparente, donnent l'impression aux Russes d'être guindés, de manquer de sincérité et d'être peu concernés par le développement du commerce franco-russe.

Comparés aux Français, les représentants d'autres nations semblent aux Russes plus accueillants, plus sincères et dynamiques. Et l'apport des autres pays dans les affaires conjointes leur semble sans commune mesure avec celui des Français. Peut-on vraiment comparer l'activité des Français à, mettons, celle des Américains, des Allemands ou des Italiens sur le marché russe ?

L'immense marché russe attire aujourd'hui l'attention d'une quantité extrêmement variée de pays donnant aux Russes l'embarras du choix dans la sélection d'un partenaire. À conditions égales, ils choisiront donc celui avec lequel ils se sentent le plus à l'aise pour établir des relations d'affaires. Et les Français ne sont pas les mieux placés en la matière.

Selon l'expert en management interculturel D. Luce, « le formalisme dans les relations d'affaires » est une particularité des mœurs françaises. Cela s'exprime, par exemple, dans le fait que les Français arrivent en costume cravate aux rendez-vous d'affaires, ne supportent pas la désinvolture de celui qui retire sa veste et qu'on s'adresse à quelqu'un en l'appelant familièrement par son prénom. Ils ne témoignent, par ailleurs, aucun intérêt pour la vie personnelle et familiale.

Ils arrivent aux rencontres avec de lourds dossiers préparés d'avance, ce qui agace les Russes qui ne sont pas habitués à cela et même méprisent tout ce « tas de paperasses ».

La logique prévaut dans l'argumentation des Français lors des pourparlers commerciaux ; pour cette raison, les pourparlers avec eux semblent trop longs aux Russes qui, eux, recourent à l'intuition. Pour les Russes, les Français, avec leurs longs discours, veulent détourner l'attention et abuser le partenaire.

Pour formuler un argument logique, il faut bien plus de mots et de temps que pour résoudre une question avec son intuition. Les Français, de plus, « chicanent » habituellement sur toute déclaration non logique de la partie adverse, s'y accrochent et font traîner la discussion, sondant minutieusement les faiblesses de l'autre. Dans une situation contestable, ils s'obstinent, voulant imposer leurs conclusions logiques.

Cette manière d'étudier longuement, point par point, les dossiers peut exaspérer les Russes, individus au tempérament fougueux. Ce « pinaillage » sur des points de détail peut être perçu par eux comme de la « mesquinerie » et finir par les lasser.

De plus, le Russe a généralement une solution toute prête qui, souvent, a été décidée par son chef. Et si, au cours des pourparlers, un problème surgit concernant le choix ou la modification de certains points du contrat, les

Russes peuvent interrompre les pourparlers sans discuter plus avant. Car parfois ce n'est pas le participant aux négociations qui prend la décision mais un responsable au-dessus de lui qui peut être absent à ce moment précis.

Pour cette raison, vous n'êtes jamais sûr de pouvoir résoudre un problème concret d'un seul trait.

Les reproches et les déceptions dans la coopération commerciale peuvent être réciproques. Car les habitudes des Russes agacent suffisamment, de leur côté, leurs partenaires d'affaires.

Premièrement, les hommes d'affaires russes n'ont pas encore en tête de schémas bien élaborés dans la conduite des affaires. De nombreuses raisons (y compris historiques et économiques) font que de nombreux hommes d'affaires russes n'ont tout simplement pas encore l'expérience adéquate.

D'autant plus que les qualités peu brillantes des hommes d'affaires russes – déjà abordées dans les chapitres précédents – sont entretenues par les particularités de leur mentalité. Faire des affaires avec les Russes peut se révéler parfois extrêmement difficile et décevant. Même une règle aussi élémentaire que répondre dans les temps aux lettres et demandes d'information n'est pas coutumière aux chefs d'entreprise !

Deuxièmement, les affaires pour les Russes relèvent souvent d'un pari, ce n'est pas pour eux une activité assidue et à long terme. Les entrepreneurs russes attendent de leurs collègues étrangers des profits importants et rapides, sans cela ils perdent aussitôt tout intérêt à l'affaire. Ces deux constatations ne sont pas pour sécuriser les hommes d'affaires occidentaux.

Les entrepreneurs russes attendent généralement de leurs partenaires étrangers que, « sur leur territoire », ils se conforment à leurs habitudes dans la conduite des affaires et non l'inverse. Il ne leur est pas facile de construire quelque chose selon les normes européennes.

À ce sujet, nous rappelons les aspects connus (et déjà abordés) du caractère russe tels que *le manque de précision et de ponctualité, de rigueur, de pur professionnalisme* et – par ailleurs – une *émotivité inutile*, une trop grande *dépendance vis-à-vis de l'humeur et des relations personnelles avec les collègues.*

En dépit de toutes les difficultés et tentations, la tendance aujourd'hui est de *renforcer inexorablement les normes éthiques de conduite des affaires* dans le milieu des affaires russe. La publication de textes tels que celui de P. N.

Chikharev, « Règles de la conduite des affaires en Russie » (Moscou, 1998), ainsi que *Programme national : la culture des affaires russe* (Moscou, 1997) et d'autres, en dit long à cet égard.

Encore plus symptomatique est la nouvelle tendance des chefs d'entreprise russes à l'ouverture et à la transparence des affaires. Dès que la société *Youkos* a annoncé sa transparence en l'an 2000 et promis des garanties à ses partenaires, ses actions ont aussitôt grimpé de 30 %.

Il faut croire qu'il devient tout simplement avantageux d'être honnête en Russie.

3. Le problème de la ponctualité et de la précision chez les Russes dans les relations d'affaires

En abordant les particularités ethniques des Russes dans la deuxième partie du livre (voir 2e partie, chap. 3, § 12), nous avons évoqué leur rapport *singulier* – ou plutôt *subjectif* – au temps, qui rappelle le caractère « méridional ».

En cela, ils se distinguent beaucoup des Européens et en particulier des Anglo-Saxons avec leur *perception linéaire du temps.* Le temps, pour ces derniers, est axé sur les « affaires », sur l'accomplissement successif d'une tâche donnée, étape par étape. Le temps non utilisé dans l'action est pour eux une « perte de temps » irrémédiable.

À la différence des Européens, le temps pour les Russes est lié non à des buts fixés mais aux événements et aux gens. De plus, les tempéraments « actifs » préfèrent faire plusieurs choses en même temps, la vie leur semble ainsi plus intéressante et mieux remplie. Les Russes répartissent leurs occupations non en fonction de leur utilité mais avant tout de l'importance que ces rencontres peuvent avoir sur leur vie au niveau personnel et affectif. Ce sont ainsi plus les émotions que les affaires qui décident de la répartition du temps chez les Russes.

C'est pourquoi des qualités « professionnelles » telles que la ponctualité, la précision d'exécution d'un emploi du temps ou d'un projet ne revêtent pas tant d'importance à leurs yeux. Plus exactement, ils peuvent parfois faire semblant d'observer les horaires ou de respecter un plan mais, au fond d'eux-mêmes, ils sont persuadés que la vie réelle qui change constamment au gré des circonstances est infiniment plus importante que tout accord ou emploi du temps. Ils respectent la ponctualité d'autrui, mais elle ne les enchante pas outre mesure.

Les Français – bien que de façon moins marquée que les Anglo-Saxons – se distinguent aussi par leur orientation linéaire du temps. Et il leur est très difficile de pardonner à celui qui « oublie » tout simplement le rendez-vous fixé, le change au dernier moment, ne remplit pas le plan de travail dans les délais et – détail important – ne présente même pas ses excuses après. L'interruption du programme établi par la faute de l'autre, le fait de ne pas pouvoir aller jusqu'au bout du but fixé les met hors d'eux. Ils considèrent cela comme du temps perdu.

Et parfois surgissent de sérieuses frictions entre partenaires russes et français. De l'aveu même des Français qui ont une expérience de travail en Russie, il vaut mieux avoir des solutions de rechange au cas où le rendez-vous prévu est annulé sans même que l'on vous appelle pour s'excuser. Ou c'est les Russes qui changent leurs plans au dernier moment sans excuses ni explications en dépit d'accords fermes et précis. Il vaut mieux être psychologiquement préparé à ces revirements de situation et par souci d'efficacité prévoir des alternatives à son séjour, d'autres options dans son emploi du temps.

Durant la conduite des pourparlers, il convient de tenir compte des particularités des Russes. Dans la mesure où les Russes sont plus concentrés sur les gens avec lesquels ils traitent que sur l'affaire elle-même, ils ne peuvent supporter que le partenaire interrompe brusquement la conversation sous le prétexte que « le temps, c'est de l'argent » et que le partenaire craint d'arriver en retard à son rendez-vous suivant. Pour eux, le plus important est que la rencontre se termine dignement, même s'ils n'en retirent aucun avantage matériel. Du reste, la conversation peut aussi bien porter sur une question personnelle que professionnelle.

Lors d'une première rencontre avec une délégation ou des collègues étrangers (département, service), les Russes cherchent tout de suite à repérer l'homme-clé, celui qui dispose d'un pouvoir important et est mandaté pour décider d'une question. En cela ils sont réalistes : presque tout, en effet, dépend du chef.

Avec leur conception linéaire du temps, les Occidentaux se représentent la vie comme une route qu'il faut parcourir à une vitesse déterminée, poursuivant un but après l'autre. Pour eux, le futur n'a rien d'une énigme, il est programmé, planifié. Et pour y parvenir à son but, il suffit de travailler consciencieusement, et méthodiquement.

Mais les Russes, avec leur représentation cyclique du temps, croient au destin et ne sont pas aussi présomptueux dans leurs projets d'avenir. Ils considèrent qu'il est impossible de gérer le futur. Et ils ne se représentent pas la vie comme une route droite menant au but fixé mais comme un chemin tortueux dans une contrée inconnue où l'on ne sait pas ce qui vous attend au tournant.

On comprend à présent pourquoi les Russes évitent de faire des projets d'avenir à long terme. Ils ne sont pas suffisamment sûrs de cet avenir, ils en ont même une peur superstitieuse. Même s'ils font de grands projets, ils ne sont jamais certains de pouvoir les réaliser. Et cela pas seulement en raison de leur fatalisme ou des changements radicaux intervenus ces derniers temps dans la vie du pays.

Il est clair que cette divergence dans la perception du temps entre Russes et Européens dans les relations d'affaires cause de gros désagréments et un agacement réciproque.

Il est vrai qu'on peut se demander laquelle des deux positions est la plus respectable. En fin de compte, les deux n'ont pas la même signification. On peut et on doit reprocher aux Russes de ne pas savoir se concentrer sur l'essentiel, d'être indisciplinés et non fiables dans les relations d'affaires. En tout cas, il faut les contrôler dans le cadre d'une coopération et vérifier chaque étape du travail effectué.

Toutefois, il ne faut pas chercher à éliminer ni à discuter cette particularité du caractère russe qui consiste à savoir dépasser les limites de son quotidien routinier, en refusant la « course derrière le leader » tout comme la réussite « à tout prix ». Il faut en tenir compte afin d'agir avec tact.

4. Le rapport des Russes au travail

Le rapport original des Russes au temps influe sur leur comportement vis-à-vis du travail. En côtoyant des Russes, les partenaires étrangers sont souvent agacés par leur désinvolture et, plus encore, par leur exécution approximative des tâches quand le travail est fait, d'une certaine façon, « par-dessous la jambe » et que les vices cachés sont découverts trop tard avec des conséquences extrêmement fâcheuses.

Souvent, les partenaires étrangers prennent ces « particularités de la mentalité russe » pour de la « paresse », un manque d'intérêt pour la réussite de la coopération, une absence de réel professionnalisme. Et, comme le notent les étrangers, le plus frappant est qu'il est impossible d'éradiquer ces aspects du caractère russe. Ce seront plutôt les Européens qui changeront leur rapport à la vie et au travail sous l'influence des partenaires russes, aussi comique que cela puisse sembler.

Il est aisé, bien entendu, de répliquer aux différentes conjectures sur la « paresse naturelle » des Russes. Elles ne sont pas justes dans la mesure où l'on sait que les Russes considèrent eux-mêmes les paresseux avec mépris.

Certes, les Russes apprennent vite et acquièrent de nouvelles professions, ils progressent rapidement dans l'informatique et les nouvelles technologies, sont formés à l'organisation et au management européens. Mais leur psychologie du travail reste inchangée. Et cela non en raison de leur entêtement, mais parce que leurs particularités ethno-culturelles, formées il y a plusieurs siècles, influent sur leur psychologie. Ce n'est qu'après la rupture radicale de ces dernières années qu'une évolution du comportement stéréotypé des affaires est à observer en Russie.

Il est donc plus judicieux de s'investir non tant pour lutter contre ces particularités des Russes que pour essayer de se familiariser avec eux, de les accepter et, en fin de compte, de les utiliser au mieux.

Si un Russe ne s'intéresse pas à son travail, il fera tout ce qui lui plaît durant la journée sauf travailler – il organisera des pauses-cigarette, boira du thé, discutera avec ses collègues –, ou alors il fera semblant de travailler jusqu'à ce que retentisse enfin le signal du départ.

Mais si son travail l'intéresse et lui plaît, il s'investira plus que quiconque, oubliant le temps, la famille, sa vie privée, ses projets pour la soirée… et sera prêt à travailler jusqu'au matin s'il le faut. Du reste, la satisfaction matérielle n'est pas le plus important pour lui. Si son travail lui procure satisfaction, il est prêt à accepter un salaire modeste et ne cherchera pas un autre emploi.

Un sondage d'opinion publique a montré que la moitié des employés acceptait de travailler pour un salaire élevé, peu importe que ce travail fût très prenant ou non. Mais pour l'autre moitié des personnes sondées, le plus important était « une atmosphère de bienveillance au sein du collectif de travail », « des possibilités d'évolution » (formation professionnelle, stages de qualification, etc.), « la protection de la santé », « du travail et des journées de travail non réglementées », etc. Toutes ces préférences reposent sur la *motivation personnelle* et non sur l'attrait de revenus élevés ou l'espoir d'une carrière rapide.

Mais si le travail n'est pas intéressant, s'il est monotone, non créatif, sans perspectives, si les relations de travail entre les membres du collectif sont conflictuelles, même un salaire décent ne suffira pas à retenir le Russe à son poste.

En commençant à travailler en Russie, il faut se faire une idée précise des problèmes économiques mais aussi des problèmes nationaux liés à la psychologie et aux comportements stéréotypés des Russes. Il n'est pas seulement très difficile pour quelqu'un qui ne connaît ni la psychologie, ni la culture ni la langue russe de travailler en Russie avec des partenaires russes, c'est carrément irréaliste.

5. La collecte de l'information

Il est intéressant de constater que même le moyen d'obtenir l'information diffère chez les Russes et les Français. « Les Français tirent leur information d'ouvrages de référence, d'Internet, de statistiques, de bases de données, de comptes-rendus et ainsi de suite. »

En somme, ils arrivent au rendez-vous d'affaires, « armés jusqu'aux dents » avec un volumineux dossier sous le bras comprenant un préambule, des colonnes de chiffres, des arguments fondés sur des statistiques et des prévisions. Ils *en imposent* ainsi aux Russes en les abreuvant de faits et de chiffres.

Bien sûr que les chiffres sont importants. Toutefois, ils ne représentent, pour les Russes, qu'un aspect de la réalité, dans la mesure où ils ne reflètent pas les relations avec les clients. Or, selon eux, celles-ci sont le principal gage de réussite dans les affaires.

De plus, les informations données par la presse et les bases de données sont rapidement périmées. Alors qu'on peut obtenir dans l'« antichambre du pouvoir » ou au cours d'entretiens de confiance aux bains russes les informations qui ne circulent pas dans la presse…

Les Russes sont plus orientés vers le dialogue, et l'information leur semble plus fiable si elle est de première main et obtenue de vive voix. C'est précisément au cours de discussions dans leur cercle d'amis, de camarades de promotion, de relations d'affaires ou de parents, à partir de « leur clan » dans l'antichambre du pouvoir qu'ils obtiennent des informations concrètes sur l'évolution de la situation économique, les prévisions sur le cours des devises et le taux d'inflation, des renseignements complets sur les personnalités, y compris les ragots.

Ils observent les mêmes événements et prévisions que leurs partenaires occidentaux, seulement dans un « contexte plus large » comme ils disposent d'un nombre impressionnant d'informations rassemblées à travers leurs canaux de renseignements privés. À la recherche d'informations ou pour la résolution d'un problème, les Russes n'hésitent pas à recourir à tous les moyens et il est parfois tout simplement impossible de suivre leur logique ou leur mode de motivation.

Dans une affaire, les Russes font appel à leurs relations personnelles les plus diverses, trouvent un protecteur (une sorte de « parrain »), préfèrent résoudre un problème « de personne à personne ». Dans la mesure où la société russe est construite sur un modèle clanique (formé de parents et de relations personnelles), il est très important pour un Russe d'avoir des parents, amis ou camarades de classe fidèles et influents pour la résolution de tout problème.

En conséquence, ils confient les affaires les plus complexes et les plus importantes non tant à des professionnels et à des collègues compétents – comme le font par exemple les Français – qu'à des gens de « leur réseau » en qui ils ont confiance et sur lesquels ils peuvent compter sans courir le risque d'être trompés.

6. La manière de travailler et le comportement au travail

Il y a deux modes de développement en Europe.

Le *premier mode* : les ethnies disposant de frontières naturelles et entourées de puissants voisins ont fixé une limite à leur expansion territoriale et, bon gré mal gré, ont recouru à *un mode intensif de production*. Ils ont peu à peu appris à travailler méthodiquement, sans à-coups, ont imaginé des milliers de pratiques et de technologies utiles et ont été finalement récompensés après avoir créé une civilisation extrêmement riche, enviée tant sur le plan technologique que spirituel ou social.

Les Slaves orientaux se sont, eux, manifestement inspirés du *deuxième mode*. Ils n'avaient pas de frontières clairement définies, sauf au sud-ouest avec la chaîne des Carpates et le sud avec sa redoutable plaine sauvage. Des forêts pratiquement inexplorées s'étendaient ailleurs. On pouvait aller de plus en plus loin à l'est et au nord et s'établir le long des innombrables fleuves. Il était plus simple de défricher des champs et des bois encore vierges que de fertiliser des sols appauvris. Une semaine suffisait à construire une nouvelle habitation de bois sur tout nouvel emplacement. En présence d'une telle abondance de forêts et d'espaces vierges, il ne serait venu à l'idée de personne de construire une maison de pierre, fixant l'homme à un endroit précis.

C'est ce facteur *géographique* qui explique la tendance des Russes à se répandre, leur absence d'aspiration à s'enraciner « pour longtemps et pour de bon » au même endroit qui leur a permis de peupler d'immenses espaces. Tout peuple qui se serait trouvé dans cette partie du monde aurait, indépendamment de sa langue et de sa race, agi pareillement.

L'État et l'économie russes se sont par la suite servis de cette faculté d'expansion propre à la majorité des individus. Toute l'histoire de la Russie suit ce modèle, parsemée de tentatives pour y échapper. C'est là un des facteurs qui ont déterminé la manière originale de travailler des Russes.

De plus, les Russes mêlent souvent *la vie professionnelle, la vie sociale et la vie privée* – à la différence des Français qui font une distinction très nette entre le professionnel et le privé. Sur son lieu de travail, le Français ne fait que travailler. Il ne révèle rien de ce qui a trait à sa vie privée et sociale à ses collègues.

Il n'en est pas de même pour le Russe qui, au travail, vit aussi *sa vie sociale et privée.* Le travail ne se résume pas pour lui à un gagne-pain, c'est aussi « un moyen d'acquérir un statut social plus important, d'être reconnu socialement », ce qui peut s'exprimer de différentes façons : sous forme de primes, de présents de valeur, de décorations, de photographies en première page, d'une publication dans la presse, etc. Il est très important pour un Russe d'être lié à chacun des membres du collectif par des liens étroits de sympathie et d'antipathie, bref des liens d'ordre affectif.

Lors d'entretiens d'affaires, les Russes ont aussi un comportement stéréotypé : ils peuvent vous interrompre inopinément si une idée intéressante leur est venue à l'esprit. Ils peuvent très facilement passer d'un examen de vos idées à un jugement sur votre personne, sur vos erreurs. Mais s'ils réalisent leurs torts, ils s'excuseront sans chercher à « sauver la face » à tout prix.

L'attitude différente des Français et des Russes au travail peut engendrer de sérieux conflits et une incompréhension mutuelle entre les représentants des deux pays. Les Français ne cessent de s'étonner : « Pourquoi ont-ils soudainement changé l'heure prévue pour les rencontres ? Pourquoi n'ont-ils pas terminé le travail dans les temps impartis ? Pourquoi est-ce qu'ils ne respectent pas les délais d'exécution de la commande ? »

De leur côté, les Russes sont aussi en droit de se demander : « Mais pourquoi s'en tenir à ce plan si les circonstances ont soudainement changé ? Et pourquoi tant se fâcher si je suis en retard au rendez-vous : si vous aviez seulement pu voir les embouteillages sur la route ! Ne vous imaginez surtout pas que vous êtes le seul à vouloir traiter avec moi ! Et à quoi sert-il de s'en tenir aux délais fixés si cela porte préjudice à la qualité (ou au prix) ! Pourquoi ne pas changer le prix du produit si les prix mondiaux des matières premières ont changé ? »

Tant qu'une partie ne fait pas l'effort de s'adapter à l'autre, ces conflits issus d'une incompréhension mutuelle continueront à surgir.

Le passage d'un système de pensée à un autre n'est pas chose aisée, mais c'est possible si l'on met de la bonne volonté.

Un compromis entre les deux manières de travailler peut donner de bons résultats. Il vous faut simplement savoir utiliser dans votre intérêt les qualités individuelles de vos partenaires d'affaires.

Mais pour cela, il faut les connaître, les accepter sans s'énerver et avoir en permanence leurs aptitudes personnelles à l'esprit.

7. Les relations hiérarchiques

«Tel maître, tel valet»
(dicton populaire russe).

Dans la société russe, les formes traditionnelles de pouvoir, les relations *entre supérieur et subordonné* ont connu une érosion notable au cours de ces dernières années.

Essayons d'énumérer les différents styles de direction en cours d'élaboration ces derniers temps.

1) Le dirigeant peut agir sur ses subordonnés «par la peur» en recourant aux cris et aux menaces, par exemple, afin que le travail soit bien exécuté. Ce comportement était fort répandu à l'époque soviétique. Selon un sondage d'opinion publique, la majorité absolue des personnes interrogées tolère encore aujourd'hui la sévérité d'un dirigeant dans le cas d'un travail mal fait.

Dans les années 60, des normes ont été introduites dans les relations «supérieur/subordonné» qui défendaient la dignité humaine. Leur influence a été renforcée au cours des réformes de l'économie de marché de ces quinze dernières années. Diriger les gens en usant de la peur ne contribue pas nécessairement au développement d'une production concurrentielle.

On peut, toutefois, constater que certains hommes d'affaires européens, bien que loin d'imaginer l'existence d'un tel comportement chez eux, n'hésitent pas à recourir à un style de management brutal en Russie, sachant très bien qu'ils resteront impunis en tant que patrons. Ils ne réalisent pas toujours que ce style de direction est un héritage du passé et que les Russes supportent très mal d'être humiliés.

2) Il est aussi possible d'agir sur ses subordonnés en recourant à la *tradition*. Dans les rapports de type traditionnel, l'exécutant croit que son responsable officiel a le droit incontestable de lui donner n'importe quel ordre et que lui doit s'y plier sans rechigner. L'influence de la tradition était jadis très forte.

Dans les années 70, le régime soviétique a renforcé le pouvoir des chefs, qui devaient être obéis, quelle que soit leur compétence. Cette pratique n'a fait que consolider la base bureaucratique du régime totalitaire. Par tradition, le chef doit être sévère, dur. Un chef « indulgent » est perçu comme quelqu'un qui n'a pas confiance en lui, qui manque de caractère, qui est faible. Plutôt que d'être apprécié, son comportement sera réprouvé et même raillé par ses subordonnés. Il ne faut pas systématiquement condamner le mode traditionnel de direction étant donné qu'il peut fort bien « fonctionner » dans une économie de marché, ce dont témoigne l'exemple du Japon.

Lors du passage de la Russie à l'économie de marché, ces comportements traditionnels s'érodent très rapidement et, selon toute évidence, tendent à s'aligner sur les modèles européens et américain. Cette évolution n'est pas toujours facile.

Les relations d'affaires de *style autoritaire* sont plus souvent prônées par les individus âgés ou peu instruits que par les jeunes et les gens éduqués. Ceci est manifestement dû à leur âge ou à leur manque d'instruction. Les dirigeants de haut niveau, les fonctionnaires du gouvernement, les militaires et les retraités adhèrent parfaitement à ce style de relations. Les chefs d'entreprise, eux, considèrent qu'elles sont en contradiction avec les principes mêmes de l'économie de marché.

3) Avec le développement des relations de marché, on peut s'attendre à l'établissement rapide de nouvelles normes de comportement avec le recours à des « stimulants matériels » par le dirigeant.

Toutefois, un sondage d'opinion publique n'a pas encore confirmé cette tendance. Sans doute l'hostilité croissante des Russes vis-à-vis de l'inégalité matérielle y est-elle pour quelque chose.

4) Le modèle du dirigeant qui doit son poste à son « expertise » se consolide. Le dirigeant idéal apparaît comme celui qui possède *le savoir* lié à son domaine professionnel. Et si l'exécutant lui obéit, c'est parce qu'il est convaincu *de la grande compétence* de son chef. Que le dirigeant ne pense qu'aux « affaires », qu'il « se tue au travail » et qu'il soit en même temps ouvert aux critiques de ses subordonnés est considéré comme normal. Ce modèle de dirigeant relève toutefois plus du domaine du souhait que de la réalité : il se fait encore rare dans les entreprises publiques et de nombreuses firmes privées.

5) Les Russes ont, de plus, activement ancré dans leur conscience le modèle du chef au *pouvoir charismatique.* Ce modèle, d'une certaine façon, s'oppose à celui du dirigeant « expert » dans son domaine. Le chef, dans ce cas, ne doit son pouvoir qu'à sa *volonté* et à sa *personnalité.* Pour être charismatique, un individu doit être énergique et capable de « faire partager » sa passion à son entourage. L'action charismatique permet à l'exécutant, séduit par les idées et la personnalité du leader, de s'identifier à lui.

Pour diriger les gens, le leader idéal doit être *énergique* ; il doit savoir *organiser, prévoir, contrôler* ses subordonnés et *maintenir la discipline,* prendre des décisions rapidement et endosser la responsabilité en cas de difficultés.

Sont aussi très importants : *un physique imposant,* l'*indépendance de caractère,* l'*art de bien s'exprimer* et la *confiance en soi* en toute situation. La *sociabilité* et la *politesse* comptent aussi. Un leader se laisse rarement démonter, il se sent à l'aise quand on l'admire sans pour autant se montrer arrogant ou prendre de grands airs.

Si deux époux travaillent dans la même entreprise, ils ne doivent conserver que des relations d'ordre professionnel sur le lieu de travail. 69,4 % des personnes interrogées – plus souvent des femmes que des hommes – désapprouvent le fait qu'une femme travaille sous les ordres de son mari. À l'époque soviétique régnait une forme de « népotisme » qui pouvait concerner époux, parents et enfants. Les relations parentales au travail étaient, dans la majorité des cas, nuisibles à l'entreprise et expliquent la très forte désapprobation de la population vis-à-vis de ce « fléau ».

Toutefois, dans l'économie de marché, où les revenus de l'entreprise et de son dirigeant sont directement liés à l'apport efficace de chaque collaborateur, les bases mêmes du népotisme ont disparu. Les relations familiales en affaires, loin de gêner, peuvent au contraire être bénéfiques à l'entreprise. On sait que la forme la plus efficace d'organisation du petit commerce est l'entreprise familiale – que ce soit dans l'exploitation d'une ferme, d'un restaurant, d'un hôtel ou d'une boutique.

Pour conclure, n'oublions pas que la conscience de masse des Russes est encore imprégnée de l'héritage du passé. Telles sont, pour l'essentiel, les exigences normatives qui apparaissent en Russie vis-à-vis du dirigeant qui veut agir efficacement sur ses subordonnés russes. Dans un certain sens, cet ensemble de qualités requises vis-à-vis du dirigeant reflète momentanément la conscience russe à une période transitoire de son histoire.

8. La psychologie des entrepreneurs russes d'aujourd'hui

Il est intéressant et quelque peu surprenant que l'idée d'être entrepreneur n'ait pas été perçue en Russie comme quelque chose de totalement étranger. 52,6 % des Russes sont chefs d'entreprise ou aimeraient le devenir. Il est vrai qu'ils étaient plus nombreux encore au début des réformes en 1992 – leur nombre atteignait alors 63 %. C'est essentiellement le nombre de ceux qui gèrent une entreprise qui a diminué – ils sont *deux fois moins nombreux*. Les raisons de cette baisse sont évidentes : ces dernières années, les conditions économiques et politiques en Russie ne se sont pas montrées favorables aux entrepreneurs. Dans certaines régions du pays, ce sont des secteurs entiers du petit commerce (de masse) qui ont été frappés d'interdit.

Pour ces raisons, le nombre de ceux qui prévoient de se lancer prochainement dans les affaires a été divisé par quatre.

Ces chiffres nous amènent à conclure que le capitalisme n'est pas devenu une affaire nationale en Russie. Non parce qu'il est étranger aux Russes, mais parce que les réformes ne lui ont pas permis de devenir une activité comme une autre. On recense aussi 4,5 % de Russes *contraints* de monter une entreprise uniquement sous la menace du chômage. Rien ne les y aurait poussés autrement.

Actuellement, les PME se développent lentement et de façon très contradictoire en Russie, ce qui est caractéristique de la période de transition que traverse la société russe. Cet aspect de la vie russe est devenu l'objet de recherches intensives de la part des sociologues, économistes, psychologues et même historiens. Les chercheurs essayent de se faire une idée des qualités psychologiques et des motivations des chefs d'entreprise ainsi que du rapport que ces derniers entretiennent face au risque, à l'échec et à la concurrence ; ils s'intéressent aussi à leurs atouts personnels et à savoir ce que les entrepreneurs pensent d'eux-mêmes.

Selon les données des analystes, l'âge moyen de l'entrepreneur russe d'aujourd'hui est de 35-45 ans. Il s'agit le plus souvent d'un homme. Au début des années 90, ils constituaient 96 % des effectifs ; les années suivantes ce chiffre descendait à environ 80 %, ce qui indique un taux de plus en plus important de femmes dans leurs rangs. 85 % d'entre eux possèdent une éducation supérieure et nombreux sont ceux qui sont passés par deux établissements d'enseignement supérieur ou possèdent un diplôme scientifique.

En réponse à la question : « Qu'est-ce qui vous attire dans une entreprise aussi risquée que celle de monter son affaire ? », les entrepreneurs ont indiqué la possibilité de *se réaliser sur le plan personnel* (56 %), l'*indépendance* (44 %), l'*aisance matérielle* (40 %), l'*autorité au sein de son entourage*, l'*utilité de leur travail pour les autres* (11 %), ainsi que la *nouveauté* de ce type d'activité. Il leur faut travailler dans un environnement très incertain, prendre des décisions risquées et être personnellement responsables en cas d'échec – aussi bien sur le plan matériel que sur le plan moral – pour l'avenir de leurs employés.

Tous sont d'accord pour dire que prendre des risques est désagréable et stressant. Pour bien vivre, il vaut mieux l'éviter. On est alors en droit de se demander : *Qu'est-ce qui amène les chefs d'entreprise à choisir ce type d'activité ? Qu'est-ce qu'ils préfèrent : posséder leur propre affaire et travailler intensivement ou prendre des risques pour gagner gros ? Ou encore avoir un revenu modeste mais stable et sans risques ?*

Paradoxalement, les réponses des Russes à cette réponse varient au cours du temps. *Au début des années 90*, 32,9 % des entrepreneurs préféraient *risquer gros*. Ce chiffre est à présent tombé à 8,6 %. L'attitude vis-à-vis du risque a changé, la majorité des gens préfèrent « y regarder à deux fois avant de se lancer ». Et 84,3 % des individus préfèrent aujourd'hui avoir une affaire qui demande beaucoup moins de temps et d'efforts tout en leur procurant *un revenu confortable et stable*. Et seulement 7,1 % des Russes sont prêts à accepter un revenu stable modeste sans risque particulier. En cela ils se distinguent des Français qui, dans la plupart des cas, préfèrent amasser dans la mesure du possible sans prendre de risque inutile.

Dans les années 90, le nombre d'entrepreneurs russes qui essuyèrent d'importants revers en affaires *tripla*. Mais un sondage montre que cela n'ébranla pas pour autant la détermination de la moitié d'entre eux (51,5 %) à vouloir « tout recommencer à zéro ». Seulement 30 % d'entre eux se mettraient à la recherche d'un partenaire fiable en cas d'échec. Et seulement 17 % renonceraient à leur activité. *Aucun d'eux* n'a exprimé le désir d'aller *travailler pour une entreprise publique ou auprès d'un autre chef d'entreprise.* Après avoir connu l'échec, les hommes d'affaires préfèrent, soit monter seuls une nouvelle affaire, soit chercher un partenaire solide.

Il a ensuite été demandé aux entrepreneurs d'évaluer la concurrence dans le pays et *leurs propres capacités concurrentielles.* Selon les chefs d'entreprise, la compétition est élevée en Russie et n'a fait qu'augmenter depuis les années 90. Ce climat tendu a rendu les jeunes hommes d'affaires encore plus dynamiques et agressifs : il n'y a pas de place pour les faibles.

Un quart des chefs d'entreprise, bien qu'incertains de leurs capacités concurrentielles, continuent néanmoins à diriger leurs affaires. *Un dixième* ne supporte pas la concurrence, stressante psychologiquement. Mais près de la *moitié* d'entre eux (soit la majorité) assurent qu'« ils aiment entrer en compétition avec les gens » et « préfèrent vivre et travailler dans un environnement concurrentiel ».

Pour résumer, les individus qui sont attirés par la compétition sont des gens énergiques, sûrs d'eux, aimant prendre des risques et ne s'arrêtant pas une fois le but atteint. Ces qualités socio-psychologiques font partie intégrante de leur personnalité.

CONCLUSION : Quelques conseils utiles à l'attention de ceux qui s'apprêtent à aller travailler en Russie

La coopération commerciale

1. Pour les petites et moyennes entreprises, la Russie offre le plus de perspectives d'avenir dans l'industrie alimentaire, les cosmétiques, le commerce et le secteur des services.

2. Actuellement, la Russie manque cruellement de l'expérience occidentale en matière de marketing et de management.

3. Seulement *un quart de la population* pense que l'on peut développer une économie de type occidental dans le pays. La majorité accepte mal les

idées de la concurrence, l'individualisme et la non-ingérence de l'État dans l'économie. Les jeunes acceptent plus facilement les normes occidentales et c'est sur eux qu'il faut miser.

4. Pour les Russes, l'économie et le social sont indissociables. La réussite d'une société n'est pas perçue comme le résultat du génie de son dirigeant, mais comme celui des efforts communs de travail.

5. Les particularités du climat ont influé sur la manière de travailler des Russes, par « quanta » et à-coups : un travail intense, exécuté dans la fièvre mais de courte durée doit alterner avec des pauses pour la détente. Un travail régulier et pondéré les ennuie. N'essayez pas de les reprendre et de les contrôler à chaque instant, c'est perdre votre temps et votre énergie et c'est eux qui s'empresseront de vous montrer comment travailler.

6. Les Russes ont des fêtes différentes des nôtres. En tenant compte des « ponts » du calendrier russe (hiver et printemps) qui peuvent durer 2-3 semaines, essayez d'éviter les périodes allant de mi-décembre à mi-janvier et de mi-avril à mi-mai avant de planifier toute activité commerciale.

7. Rappelez-vous qu'au cours des pourparlers commerciaux, les Russes ne sont pas aussi motivés que vous par l'argent. C'est pourquoi il leur est généralement plus facile de refuser un marché ou une coopération commerciale.

8. Les Russes ont leur notion du « temps », ils évitent de construire des projets fermes à long terme et des pronostics pour le futur, car ils n'ont pas trop confiance en l'avenir. Et si un rendez-vous d'affaires tombe à l'eau, si la livraison n'est pas faite dans les temps ou si vous rencontrez un autre désagrément encore, c'est plutôt le résultat de circonstances qui sont intervenues entre-temps et auxquelles ils ont réagi plus vite que vous.

9. Les Russes sont plus orientés vers les gens que vers les affaires et le profit. Mettez toutes les chances de votre côté pour les séduire et gagner leur sympathie et leur confiance par vos qualités humaines.

10. Le conformisme russe qui consiste à vouloir « être comme tout le monde » au niveau individuel se manifeste à travers le désir de s'entendre avec son entourage, par son esprit de solidarité avec le collectif de travail et l'habitude de supporter les privations. Cela ne peut que rassurer l'employeur : le Russe cherche rarement le conflit au travail, il préfère endurer une situation afin de conserver une « bonne atmosphère » au travail

plutôt que « gâcher » les relations avec ses collègues et la direction. Il ne faut pas non plus oublier le penchant des Russes pour la cohésion de groupe et leur tradition de la caution solidaire si elle leur est favorable.

11. Essayez d'établir des relations informelles avec les Russes sur le lieu de travail. Le Russe « vit » au travail et est lié aux autres collaborateurs par un réseau complexe de relations personnelles dans lequel il lui est beaucoup plus facile de s'orienter que vous. Il pourra ainsi vous servir de guide dans cet environnement... Ne négligez pas ses conseils, faites-lui confiance. Ou mieux encore, confiez-lui une affaire tout en en gardant le contrôle. Personne mieux qu'un Russe ne saura trouver la solution à votre problème en Russie.

12. Il convient de donner de l'importance aux locaux (bureau, cabinet) où travaille un groupe de Russes. Le Russe n'apprécie pas tant le confort que l'idée de bien-être, de chaleur et de sécurité. Il est très important pour eux d'avoir un endroit où ils peuvent se retrouver pour « boire du thé » et discuter. Il est inconcevable pour un Russe de travailler dans un « open space » à l'américaine, même si des parois de verre séparent les salariés les uns des autres dans ce même espace. Pareil pour ce qui est de travailler dans un bureau en laissant les portes ouvertes... Dans les trois cas de figure, un Russe se sentirait surveillé et ressentirait cela comme une humiliation. Mais cette réaction est compréhensible si l'on tient compte de l'expérience de vie des Russes dans un État totalitaire.

13. N'attendez pas d'un Russe qu'il coopère facilement pour vous donner des informations confidentielles sur les autres, comme cela se fait dans les sociétés américaines ou allemandes. Une longue expérience de la filature et de la dénonciation ont inculqué aux Russes une forte hostilité envers de tels actes. Les mots « délateur » et « délation » sont presque des injures, ceux qui se livrent à ces pratiques sont méprisés par la communauté et finissent par en être exclus.

14. Le principe collectif d'« être comme tout le monde » est fortement ancré dans la conscience des Russes. Il engendre la jalousie au sein d'une corporation et le principe de justice égalitaire. En isolant un membre du groupe, pensez aux conséquences de votre décision. L'envie envers le succès d'autrui est aussi un trait du tempérament russe.

Notes

1. Mentalité : caractérise les personnes vivant dans une culture concrète avec leur perception du monde, leur mode de pensée, leur hiérarchie des valeurs, leurs modes de comportement usuel et social – voir l'ouvrage *La Mentalité des Russes. Conscience propre aux grands groupes de population en Russie*, Moscou, publié par l'Institut de psychologie de l'Académie russe des sciences, 1997, p. 10.

2. L'analyse fondamentale de K. G. Jung, *Du rapport de la psychologie analytique à la création poético-artistique*, dans l'ouvrage *Le Phénomène de l'esprit dans l'art et la science*, Moscou, 1992.

3. La psychologue russe N. L. Smirnova se consacre à l'étude de ces problèmes dans « Le modèle de l'homme intelligent : étude russe », dans l'ouvrage *La Mentalité russe : questions de théorie et de pratique psychologique*, Moscou, édité par l'Institut de psychologie de l'Académie russe des sciences, 1997.

4. Une méthodologie d'analyse semblable est donnée dans l'article précédemment cité de N. A. Smirnova, p. 123.

5. R. D. Lewis, *La Civilisation du monde des affaires dans le commerce international*, Moscou, éd. Delo, 2001, p. 280 ; se référer de même au livre de Théodore Zeldin, *The French*, Collins Harvill, 1988 (traduit en français et en russe ; parution à Moscou, éd. Progress (« Du Progrès ») en 1989).

6. I. A. Djidarian, article « Le problème du bonheur dans la mentalité russe », tiré de l'ouvrage *La Mentalité russe : psychologie de l'individu.*

Conscience. Représentations sociales, Moscou, publié par l'Institut de psychologie de l'Académie russe des sciences, 1997, p. 44.

7. N. A. Berdiaïev, *La Conscience de soi. Expérience d'une autobiographie philosophique*, Moscou, éd. Mysl (« La Pensée »), 1991, chap. X : « La Russie et La civilisation de l'Occident », p. 255.

8. N. A. Berdiaïev, *L'Idée russe. Problèmes majeurs de la pensée russe du XIXe et du début du XXe siècle*, tiré de l'ouvrage *Sur la Russie et la culture philosophique russe : les philosophes de l'étranger de l'après-Octobre 1917*, Moscou, 1990, p. 44.

9. *Dictionnaire encyclopédique*, Moscou, 2000.

10. Voir note 2.

11. *Les Régions de Russie*, recueil de statistiques, Comité d'État aux statistiques de la Fédération de Russie, tomes 1 et 2, Moscou, 2000, p. 154.

12. Voir note 11.

13. Revue *Rousskii Vestnik*, 2001, n° 9, Paris.

14. Sondage *AiF* (hebdomadaire *Argumenty i Fakty*), 2002, tableau 3.

15. L. N. Goumiliov, *La Russie ancienne et la grande steppe*, Moscou, éd. Mysl, 1993, p. 32.

16. Extrait du livre de A. I. Bogdanov, *Trois siècles de bains pétersbourgeois*, Saint-Pétersbourg, 2000, p. 22.

17. Sondage *AiF*, tableau 1.

18. Revue *Mégapolis*, 1993, n° 1.

19. *Finansovie Izvestia*, 11 juin 2002, n° 638.

20. Revue *Profil* (en partenariat avec *Business Week*), 2002, n° 21.

21. Revue *Profil*, n° 33, 2002.

22. Théodore Zeldin, *The French*, *op. cit.*

23. Sondage *AiF*, 2002, tableau 2.

24. H. Smith, *The Russians*, New York, 1976, p. 161, 163.

25. Sondage *AiF*, tableau 2.

26. *La Mentalité des Russes. Conscience propre aux grands groupes de population en Russie*, *op. cit.*, p. 114.

27. Site Internet monitoring. Ru – *AiF*, n° 37, 2002 – sondage *AiF*, tableau 5.

28. Sondage *AiF*, tableau 8.

29. Site Internet politkom. ru – 4 octobre 2002.

30. Sondage *AiF*, tableau 9.

31. Sondage *AiF*, tableaux 4 et 5.

32. Sondage *AiF*, tableau 6.

33. Sondage *AiF*, tableau 7.

34. *La Mentalité des Russes. Conscience propre aux grands groupes de population en Russie*, *op. cit.*, p. 199-200.

35. Sondage *AiF*, n° 10.

36. *Les Régions de l'URSS*, recueil de statistiques, *op. cit.*, tableau 1.

37. Sondage *AiF*, tableau 11.

38. Sondage *AiF*, tableau 13.

39. H. Smith, *The Russians*, *op. cit.*

40. Sondage *AiF*, tableau 10.

41. *Les Russes : vie familiale et sociale*, Moscou, publié par l'Académie des sciences de l'URSS, éd. Nauka (« La Science »), 1989, p. 6.

42. *La Mentalité des Russes. Conscience propre aux grands groupes de population en Russie*, *op. cit.*, p. 112 et 276.

43. Sondage *AiF*, tableaux 14 et 15.

44. « Les navettes » : une nouvelle profession dans la Russie post-soviétique – dans le domaine du « tourisme économique » pour ainsi dire. L'écrasante majorité des « navettes » actuelles est constituée de femmes d'âge moyen qui étaient ingénieurs, enseignantes et travailleurs scientifiques. Après la désagrégation de l'URSS, elles se sont retrouvées sans travail et faire la navette leur a permis de gagner un salaire convenable et de nourrir leur famille.

45. Analyse socio-psychologique des différentes catégories de femmes au travail dans le livre *Psychologie sociale du comportement économique*, édité par l'Institut de psychologie de l'Académie russe des sciences, Moscou, éd. Nauka (« La Science »), 1999, p. 183.

46. Données du Palais des mariages publiées dans *AiF*, 1997.

47. La majorité des récits se rapportant à ce thème figurent dans la revue *Iabloko'* (mars 2002), de même que dans la revue *Cosmopolitan*.

48. *Les Russes : vie familiale et sociale*, *op. cit.*, p. 75.

49. *Ibid.*

50. V. Volovik, *Les Secrets du geste*, Moscou, éd. Astrel-Ast, 2001.

51. N. A. Berdiaïev, *La Conscience de soi. Expérience d'une autobiographie philosophique*, *op. cit.*, chapitre « La Russie et le monde de l'Occident », éd. DEM, 1990, p. 236.

52. H. Smith, *The Russians*, *op. cit.*, p. 5-7 ; R. Kaiser, *Russia : the People and the Power*, New York, 1976, p. 390-393.

53. L. G. Potchebut, *Introduction à la psychologie ethnique*, Saint-Pétersbourg, 1995, p. 105-106.

54. A. Karmin, *Étude des civilisations*, Saint-Pétersbourg, éd. Lang', 2001 : *Étude des civilisations : questions et réponses*, Moscou, éd. Gardariki, 2000, p. 250.

55. N. Tikhonova, « L'état général de la société et les valeurs des Russes » (résultats d'un sondage d'opinion public sur le thème « les orientations prisées par les Russes »), dans le journal *Izvestia*, 1997.

56. R. M. Rilke, *Vorpsvede. Auguste Rodin. Lettres*, Moscou, éd. Iskusstvo, 1994.

57. I. Ilyine, *Sur la Russie future* : sélection d'articles, sous la direction de N. P. Poltoratskiï, Moscou, éd. Voenizdat, 1993, p. 118 et 120.

58. A. I. Soljenitsyne, *La Russie sous l'avalanche*, Moscou, éd. Russkiï put', 2001, p. 114.

59. Voir le livre de N. Losskiï, *Le Caractère du peuple russe*, livres 1 et 2, éd. Posev, 1957, livre 1, p. 49.

60. *Les Citoyens de Russie : leur sentiment de bien-être et la société dans laquelle ils aimeraient vivre*, analyse faite à la demande de la représentation moscovite de la fondation Ebert, Moscou, 1998, p. 20.

61. I. Ilyine, *Sur la Russie future*, *op. cit.*, p. 278-279.

62. *Ibid.*

63. K. A. Aboulkhanova, « La Mentalité russe : approches interculturelle et typologique », tiré de l'ouvrage *La Mentalité russe : questions de théorie et de pratique psychologique*, Moscou, publié par l'Institut de psychologie de l'Académie russe des sciences, 1997, p. 23.

64. Voir note 60.

65. Recueil de Mémoires des participants à la Deuxième Guerre mondiale : *Les Allemands à propos des Russes*, recueil, Moscou, éd. Stolitsa, 1995.

66. Voir note 63.

67. Faits tirés du livre de A. Gorianin, *Les Mythes sur la Russie et l'esprit de la nation*, Moscou, éd. Pentagraphic, 2002, p. 138 et 249.

68. Faits tirés du livre de S. Valianskiï et D. Kalujnyï, *Une autre histoire de la Russie : de l'Europe à la Mongolie*, Moscou, éd. Vetche, 2001, p. 402-405.

69. L. P. Korsavin, *L'Idée russe : l'Occident et l'Orient*, dans le livre de N. Losskiï, *Le Caractère du peuple russe*, livre 1, p. 5, éd. Posev, 1957, p. 5 et autres.

70. « La vodka brûlée comme arsenic » – *www.utro.ru* – 28 novembre 2002.

71. Commentaire de Vladimir Noujnii, directeur du laboratoire de toxicologie du ministère de la Santé publique de la Fédération de Russie – *AiF*, 16 avril 2001.

72. Sondage d'opinion publique – revue *Ogoniok*, juin 1997.

73. *La Mentalité des Russes. Conscience propre aux grands groupes de population en Russie*, *op. cit.*, p. 98.

74. S. Valianskiï et D. Kalujnyï, *Comprendre la Russie par l'esprit*, Moscou, éd. Algorithme, 2001, p. 232-233.

75. Site Internet SMI. ru – *Megalopolis – Express*, n° 58, 2002.

76. www.Cronicle.ru/2002/10/sac/01opinion/index.html

77. *Izvestia* du 16 janvier 1998.

78. Voir note 67.

79. Journal *Vremia Novostei*, 5 mai 2002.

80. V. Kostikov, « Anatomie de la corruption », *AiF*, nos 22 et 24, 2002.

81. Sondage *AiF*, n° 21.

82. V. Lobanov, « Qui est aux commandes de la machine d'État? », *Komsomolskaia pravda*, 28 août 2002.

83. Voir Note 80.

84. *Ibid.*

85. Article « L'économie de l'ombre prospère et se propage », *AiF*, n° 18-19, 2002.

86. *Ibid.*

87. Voir note 80.

88. Exposé de l'Institut d'experts, « La charge de l'État et la politique économique » (23 octobre 2002), dans le journal *Finansy* (« Finances »), novembre 2002.

89. V. Oustinov, *Notre tâche principale : la défense de la personne*, *Rossiskaia gazeta*, 5 mai 2002.

90. Voir note 88.

91. Voir note 89.

92. Voir note 85.

93. Voir note 64.

94. Voit note 63.

95. « Monitoring d'opinion publique par l'Institut indépendant russe des problèmes sociaux et nationaux dans l'article de N. Thikhonova "L'état général de la société et les valeurs des Russes" », dans le journal *Izvestia*, 1997.

96. Voit note 63.

97. *Ibid.*

98. *Ibid.*

99. *Ibid.*

100. *Ibid.*

101. Sondage *AiF*, n° 16.

102. M. Tchijov, « Les particularités du monde russe des affaires », *www.AIF.ru* – n° 40, 2 octobre 2002.

103. Voir note 81.

104. *AiF*, 13 mars 2002.

105. Voir note 14.

106. Article « Dynamique et évolution du climat politique en Russie », message du Président à l'Assemblée nationale, revue *Moskva*, 27 juin 2001.

107. Voir note 81.

108. Voir note 67.

109. Voir note 63.

110. V. Sivkova, « Comment la classe moyenne a changé en une année », *AiF*, juillet 2002.

111. V. Sivkova, « Le salaire : stimulation et démotivation », *AiF*, n° 49, 2001.

112. Voir note 64.

113. *Ibid.*

114. Voir note 63.

115. Gaï Tchazan, correspondant du *Wall Street Journal* à Moscou, « La réponse à la BBC et à Batkhed », dans *Moskovskie Novosti*, n° 45, 19-25 novembre 2002.

116. Voir note 63.

117. Voir note 101.

118. Chiffres extraits du rapport de l'Institut d'experts « La charge de l'État et la politique économique, *op. cit.*

119. *Ibid.*

120. *Ibid.*

121. *Ibid.*

122. Voir note 63.

123. *Ibid.*

124. *Ibid.*

125. *Ibid.*

126. Sondage *AiF*, n° 18.

127. Voir note 35.

128. Voir note 34.

129. Voir note 36.

130. Voir note 63.

131. *Ibid.*

132. A. Karmin, *Étude des civilisations*, *op. cit.*, p. 116.

Tableaux et résultats des sondages d'opinion publique réalisés par l'hebdomadaire Argumenty i Fakty (Faits et Arguments)

1. « Avez-vous une voiture ? »

Je possède une voiture.	42 %
Non, et je ne m'apprête pas à en acheter une.	23 %
Je m'apprête à en acheter une.	17 %
J'en possède plusieurs.	16 %

2. Dans quels « fast-food » mangez-vous habituellement ?

McDonald's	54 %
Elki-palki	13 %
Rostiks	6 %
Rouskoe Bistro	5 %
Blini	5 %
Kartockka	4 %
Sbarro	4 %
Des snack-bars dans le métro	3 %

3. « Votre revenu mensuel est en moyenne de... »

moins de 100 $	24 %
100-200 $	7 %
250-500 $	16 %
1 000-5 000 $	21 %
plus de 5 000 $	7 %

4. « Où irez-vous vous reposer cet été ? »

À l'étranger.	32 %
Je resterai chez moi.	30 %
À la datcha.	21 %
Dans une station thermale.	11 %
Dans une maison de repos ou un sanatorium.	4 %

5. « Comment projetez-vous de passer les longs jours fériés de mai ? »

À la datcha, à bêcher dans le potager et à me reposer.	25 %
Je m'allonge sur le divan avec un bon livre entre les mains.	12 %
Je serai à la recherche d'un nouvel amour car c'est le printemps.	10 %
À boire de la vodka.	8 %
J'irai rendre visite à des amis.	8 %
J'irai me bronzer sur une plage à l'étranger.	5 %
Je consacrerai ce temps à l'éducation de mes enfants.	5 %
J'irai me reposer en Europe.	5 %
Je m'apprête à voyager en Russie.	3 %

6. « Dans quel pays vous êtes-vous souvent rendus en vacances ? »

En Italie	26 %
En Espagne	22 %
En Finlande	11 %
À Chypre	10 %
En Turquie	10 %
En Grèce	10 %
En Bulgarie	7 %

7. « QUEL PAYS VOUS PLAÎT LE PLUS ? »

La France	78 %
L'Allemagne	68,1 %
L'Angleterre	64,1 %
L'Inde	62,8 %
Le Canada	58,9 %
Le Japon	55,5 %
La Chine	42,7 %
Les USA	38,7 %

8. « QUEL EST LE GENRE DE CINÉMA QUE VOUS AFFECTIONNEZ ? »

La comédie	38 %
Le mélodrame	20 %
Le fantastique	13 %
L'érotique	12 %
Le grand film à succès	8 %
Le film d'horreur	7 %

9. « QU'EST-CE QUI VOUS EMPÊCHE DE FAIRE DU SPORT ? »

Le manque de disciplines nous intéressant à proximité	58 %
Le prix	33 %
Le manque de choix dans les différentes disciplines	7 %

10. « QU'EST-CE QUI EST LE PLUS IMPORTANT POUR VOUS DANS LA VIE ? »

La famille	58 %
La santé	29 %
L'argent	7 %
Le travail	3 %
La maison, le logis	1 %

11. « AVEZ-VOUS DES ENFANTS ? »

Oui, un enfant	33 %
Oui, deux enfants	27 %
Non, mais je m'apprête à en avoir	26 %
Non, et je n'en prévois pas	12 %

12. « À QUI CONFIEZ-VOUS L'ENFANT ? »

Au jardin d'enfants	31 %
Au grand-père ou à la grand-mère	23 %
Je m'en occupe moi-même	14 %
À la nounou	12 %
Au frère (ou à la sœur) aîné(e)	6 %
Je l'emmène au travail	1 %
Aux voisins ou à d'autres parents	1 %

13. « POURQUOI LES HOMMES SE MARIENT-ILS ? »

Par amour	37 %
Le temps est venu	28 %
Pour faire comme tout le monde	17 %
À cause du bébé à naître	9 %
Par calcul	3 %
Pour la carrière	0 %
Pour répondre à la volonté des parents	0 %

14. « Qu'est-ce qui pour vous est le plus important chez la femme ? » (question posée uniquement aux hommes)

L'esprit	27 %
La sexualité	26 %
La bonté	24 %
Le physique	11 %
L'entretien d'une maison	9 %

15. « Quelles femmes vous plaisent le plus ? » (question posée aux hommes)

Les femmes minces	66 %
Les femmes enrobées	33 %

16. « Vivez-vous mieux depuis un an ? »

Un peu mieux	35 %
Pareil qu'avant	20 %
Beaucoup mieux	16 %
Un peu moins bien	15 %
Beaucoup moins bien	11 %

17. « En qui croyez-vous le plus au monde ? »

En moi-même	45 %
En Dieu	29 %
En personne	12 %
En mes proches	10 %
En mes amis	2 %

18. « Quel est votre souhait le plus cher ? »

Vivre en harmonie avec moi-même et mon entourage	23 %
Atteindre le succès dans la vie	15 %
Améliorer ma situation financière	12 %
tre vraiment heureux dans la vie	11 %
Avoir confiance en moi	8 %
tre heureux en ménage	7 %
Avoir fait le bon choix au niveau spirituel	6 %
Monter son affaire	4 %
N'envier en rien les autres	3 %
Faire carrière	2 %
Réaliser une bonne affaire	1 %
Ne pas être envieux	1 %

19. « Pensez-vous qu'il vaut mieux payer les impôts et dormir l'esprit tranquille ou ne pas les payer et vivre sereinement ? »

Il vaut mieux les payer	57 %
Il vaut mieux ne pas les payer	42 %

20. « Pourquoi vous faut-il gagner de l'argent ? »

Pour pouvoir profiter au maximum des plaisirs de la vie	51 %
Pour entretenir la famille	39 %
Le travail est un plaisir en soi et l'argent n'est qu'un moyen de le rémunérer	6 %
Pour rien, mais ça me convient	1 %

21. « Faites-vous confiance au parquet ? »

Non	90 %
Oui	9 %

Bibliographie

A. A. Aboulkhanova et A. N. Slavskaïa (dir.), *La Conscience de l'individu dans une société en crise*, recueil d'articles, Moscou, publié par l'Institut de psychologie de l'Académie russe des Sciences, 1995.

K. A. Aboulkhanova et R. R. Enakaïeva, « La Mentalité russe : un jeu sans lois ? (Études et dialogues interculturels franco-russes) », tiré de l'ouvrage *La Mentalité russe : psychologie de l'individu. Conscience. Représentations sociales*, Moscou, publié par l'Institut de psychologie de l'Académie russe des sciences, 1996.

K. A. Aboulkhanova, « La Mentalité russe : approches interculturelle et typologique », tiré de l'ouvrage *La Mentalité russe : questions de théorie et de pratique psychologique*, Moscou, publié par l'Institut de psychologie de l'Académie russe des sciences, 1997.

B. Akounine, *Altyn-Tolobass*, Saint-Pétersbourg, éd. Neva, 2002.

Les Allemands à propos des Russes, recueil, Moscou, éd. Stolitsa, 1995.

N. A. Berdiaïev, *L'Esprit religieux russe et l'athéisme communiste*, Paris, éd. YMCA PRESS, 1934.

N. A. Berdiaïev, *La Conscience de soi. Expérience d'une autobiographie philosophique*, Moscou, éd. DEM, 1990.

N. A. Berdiaïev, *L'Idée russe. Problèmes majeurs de la pensée russe du XIXe et du début du XXe siècle*, tiré de l'ouvrage *Sur la Russie et la culture philosophique russe : les philosophes de l'étranger de l'après-Octobre 1917*, Moscou, 1990.

A. I. Bogdanov, *Trois siècles de bains pétersbourgeois*, Saint-Pétersbourg, 2000.

A. O. Boronoïev et P. I. Smirnov, *La Russie et les Russes. Le caractère du peuple et la destinée du pays*, Saint-Pétersbourg, éd. Lenizdat, 1992, p. 144.

M. Boulgakov, *Le Maître et Marguerite*, Moscou, éd. Khudojestvenaïa literatura, 1973.

P. N. Chikharev, « Règles de la conduite des affaires en Russie », Moscou, dans le journal *Finansi et Statistika*, 1998.

Les Citoyens de Russie : leur sentiment de bien-être et la société dans laquelle ils aimeraient vivre, analyse faite à la demande de la représentation moscovite de la fondation Ebert, Moscou, 1998.

Marquis de Custine, *La Russie de Nicolas Ier*, Moscou, éd. Terra, 1990.

N. Danilevskiï, *La Russie et l'Europe*, Saint-Pétersbourg, 1871.

Dictionnaire des usages russes, Moscou, éd. Vetche, 2001.

Dictionnaire encyclopédique, Moscou, 2000.

Dictionnaire encyclopédique de la démographie, Moscou, 1985.

I. A. Djidarian, « Le problème du bonheur dans la mentalité russe », tiré du livre *La Mentalité russe : psychologie de l'individu. Conscience. Représentations sociales*, Moscou, publié par l'Institut de psychologie de l'Académie russe des sciences, 1997.

G. V. Dratch (dir.), *Questions et réponses à l'étude d'une culture*, éd. Gardariki, 2002.

Étude de la civilisation. Théorie et histoire d'une civilisation (comme moyen d'étude), Moscou, 1998.

V. P. Felitsina et Iu. E. Prokhorov, « Les proverbes, dictons et expressions russes devenues proverbiales », Moscou, éd. Russkiï iazyk (« La Langue russe »), 1979.

I. N. Gorelov et K. F. Sedov, *Les Fondements de la psycholinguistique (comme moyen d'étude)*, Moscou, éd. Labyrinthe, 2001.

A. Gorianin, *Les Mythes sur la Russie et l'esprit de la nation*, Moscou, éd. Pentagraphic, 2002.

N. Gorin, « La mentalité particulière des habitants de Russie », dans le journal *Questions d'économie*, 1996, n° 2.

L. N. Goumiliov, *De la Russie vers la Russie*, Moscou, éd. Ekopros, 1992.

L. N. Goumiliov, *La Russie ancienne et la grande steppe*, Moscou, éd. Mysl, 1989.

L. N. Goumiliov, *Le Recommencement perpétuel*, Moscou, éd. Airis-Press, 2001.

P. S. Gourevitch, *La Mentalité. Vocabulaire d'une nouvelle forme de pensée*, Moscou, 1989.

P. S. Gourevitch, *Étude des civilisations*, Moscou, éd. Gardariki, 2001.

I. Ilyine, *Sur la Russie future* : sélection d'articles, sous la direction de N. P. Poltoratskiï, Moscou, éd. Voenizdat, 1993.

Exposé de l'Institut d'experts, « La charge de l'État et la politique économique » (23 octobre 2002), dans le journal *Finansy* (« Finances »), novembre 2002.

V. Jelvisse, *Ces Russes étranges*, Moscou, éd. Egmont Russie Ltd, 2001.

A. M. Jigouliov, *Proverbes et dictons populaires russes*, Moscou, éd. *Moskovskiï rabotchiï* (« L'Ouvrier moscovite »), 1965.

A. L. Jouravliov et N. V. Kotchetkova, « La dynamique des entrepreneurs russes d'aujourd'hui au niveau social et psychologique », dans l'ouvrage *Psychologie sociale du comportement économique*, Moscou, éd. Nauka (« La Science »), 1999.

K. G. Jung, *Du rapport de la psychologie analytique à la création poético-artistique*, dans l'ouvrage *Le Phénomène de l'esprit dans l'art et la science*, Moscou, 1992.

R. Kaiser, *Russia : the People and the Power*, New York, 1976, p. 390-393, 482-484.

A. Karmin, *Étude des civilisations*, Saint-Pétersbourg, éd. Lang', 2001.

N. N. Kolesov, *Vie vient du mot...*, Saint-Pétersbourg, éd. Zlatooust, 1999.

L. P. Korsavin, *L'Idée russe : l'Occident et l'Orient*, dans le livre de N. Losskiï, *Le Caractère du peuple russe*, livre 1, p. 5, éd. Posev, 1957.

V. Kostikov, « Anatomie de la corruption », *AiF*, n°s 22 et 24, 2002.

L. M. Koulikov, *Les Fondements de la sociologie et de la politologie*, Moscou, dans le journal *Finansi i statistika*, 2002.

R. D. Lewis, *La Civilisation du monde des affaires dans le commerce international*, Moscou, éd. Delo, 2001.

D. S. Likhachiov, *On ne peut échapper à soi-même : histoire de la conscience de soi et de la civilisation russe*, dans le journal *Novyi Mir* (« Le Nouveau Monde »), 1996, n° 6.

V. Lobanov, « Qui est aux commandes de la machine d'État? », *Komsomolskaia pravda*, 28 août 2002.

N. Losskiï, *Le Caractère du peuple russe*, livres 1 et 2, éd. Posev, 1957.

La Mentalité des Russes. Conscience propre aux grands groupes de population en Russie, Moscou, publié par l'Institut de psychologie de l'Académie russe des sciences, 1997.

La Mentalité des Russes : l'état d'esprit particulier aux principales catégories de la population russe, Moscou, publié par l'Académie russe de l'enseignement, Institut de psychologie, éd. Image-contact, 1997.

La Mentalité russe : questions de théorie et de pratique psychologique, Moscou, publié par l'Institut de psychologie de l'Académie russe des sciences, 1997.

« Monitoring d'opinion publique par l'Institut indépendant russe des problèmes sociaux et nationaux dans l'article de N. Thikhonova "L'état général de la société et les valeurs des Russes" », dans le journal *Izvestia*, 1997.

A. Parchev, *Pourquoi la Russie n'est-elle pas l'Amérique? (Ouvrage à l'attention de ceux qui restent ici)*, éd. Krimskii most 9d, Moscou, 2002.

O. Perepiolkin, « L'entrepreneur russe : ébauche d'un portrait social », dans l'ouvrage *Études sociologiques*, 1995, n° 2, p. 35-40.

R. Pipes, *La Russie sous l'ancien régime*, traduit de l'anglais, Cambridge, Massachusetts, 1981.

L. G. Potchebut, *Introduction à la psychologie ethnique*, Saint-Pétersbourg, 1995, p. 105-106.

Programme national : la culture des affaires russe, Moscou, éd. Chambre de commerce et d'industrie de la Fédération de Russie, 1997.

Les Régions de Russie, recueil de statistiques, Comité d'État aux statistiques de la Fédération de Russie, tomes 1 et 2, Moscou, 2000.

R. M. Rilke, *Vorpsvede. Auguste Rodin. Lettres*, Moscou, éd. Iskusstvo, 1994.

P. Ripert, *Dictionnaire des maximes et proverbes français*, 2002.

Les Russes : vie familiale et sociale, Moscou, publié par l'Académie des sciences de l'URSS, éd. Nauka (« La Science »), 1989.

La Russie et l'Occident : dialogue des cultures, éd. Université d'État de Moscou, Centre d'enseignement sur l'impact interculturel entre nations, Moscou, 1994.

Z. Sikevitch, *Les Russes : image du peuple*, Saint-Pétersbourg, 1996.

V. Sivkova, « Le salaire : stimulation et démotivation », *AiF*, n° 49, 2001.

V. Sivkova, « Comment la classe moyenne a changé en une année », *AiF*, juillet 2002.

A. N. Slavskaia, « Les notions de droit de la société russe », dans l'ouvrage *La Mentalité russe : questions de théorie et de pratique psychologique*, Moscou, édité par l'Institut de psychologie de l'Académie russe des sciences, 1997.

N. L. Smirnova, « Le modèle de l'homme intelligent : étude russe », dans l'ouvrage *La Mentalité russe : questions de théorie et de pratique psychologique*, Moscou, édité par l'Institut de psychologie de l'Académie russe des sciences, 1997.

H. Smith, *The Russians*, New York, 1976, p. 139-140, 151-152, 161,163, 332.

A. I. Soljenitsyne, *La Russie sous l'avalanche*, Moscou, éd. Russkiï put', 2001.

N. Tikhonova, « L'état général de la société et les valeurs des Russes » (résultats d'un sondage d'opinion public sur le thème « les orientations prisées par les Russes »), dans le journal *Izvestia*, 1997.

G. V. Touretskaïa et V. A. Khachtchenko, « Analyse sociale et psychologique des différentes catégories de femmes au travail », tirée du livre *Psychologie sociale du comportement économique*, édité par l'Institut de psychologie de l'Académie russe des sciences, Moscou, éd. Nauka (« La Science »), 1999.

S. Valianskiï et D. Kalujnyï, *Comprendre la Russie par l'esprit*, Moscou, éd. Algorithme, 2001.

S. Valianskiï et D. Kalujnyï, *Une autre histoire de la Russie : de l'Europe à la Mongolie*, Moscou, éd. Vetche, 2001.

V. Volovik, *Les Secrets du geste*, Moscou, éd. Astrel-Ast, 2001.

V. Vorobiov, *Études culturelles et linguistiques. Théorie et méthodes*, Moscou, UDN (Universitet drujby narodov), 1997.

A. P. Zabrovskiï, « Le modèle de l'étranger dans la littérature russe », dans l'ouvrage *La Russie et l'Occident : dialogue interculturel*, publié par l'Université d'État de Moscou, faculté des langues étrangères, 1994.

T. Zeldin, *Tout sur les Français*, traduit du français, Moscou, éd. Progress (« Du Progrès »), 1989.

Sommaire

TROISIÈME PARTIE.
LES VALEURS SOCIOCULTURELLES CONTEMPORAINES DES RUSSES 213

QUATRIÈME PARTIE.
LA COOPÉRATION COMMERCIALE AVEC LES RUSSES 273

Cet ouvrage a été achevé d'imprimer en avril 2006
dans les ateliers de Normandie Roto Impression s.a.s.
61250 Lonrai (Orne)
N° d'impression : 06-1120
Dépôt légal : avril 2006

Imprimé en France